发现李希贵
FAXIAN LIXIGUI

毕唐书 著

山东文艺出版社

前　言

一个平常人的教育传奇
——发现李希贵和潍坊教育

> 他来自远古的潍河之滨
> ——黎明的河边"红高粱"的故乡……
> 这片演出过多少威武雄壮慷慨悲歌话剧的沃野
> 在齐鲁文化的交汇地带耕耘
> 耕耘，是为了在复苏的田野上收获
> 收获一个民族沉甸甸的未来
> 和站立于地球村的傲岸

他是一个平常人。

貌不惊人，个子也不高大，很瘦弱的样子，看不出什么才气、英雄气。如果许多人和他在一起，你不会第一眼就注意到他，第一眼就留下印象。就连他的名字也很普通：李希贵——一个标准的农家名字，带着中国农村的乡土气，既不文雅，也不响亮。

我认识他纯属偶然，或者说是一种缘分。

那是1995年，好像是5月份，我到青岛参加一个中学语文教改会。会上他有个15分钟的发言，介绍他所在的高密四中的ACT语文教改经验。当时他的发言没有引起我的注意,印象里只有一口并不标准也不中听的带有浓重山东地方口音的普通话,当时甚至还有些反感——"ACT"?又搞什么新名堂?所以也就没有认真听下去,甚至于连他的名字也没有留意。

中午吃饭时无意之中我们坐到了一起。本来,萍水相逢,坐到一起吃顿饭,彼此之间点点头也就完了,不会有什么故事的。碰巧,当时山东潍坊市教研室高中语文教研员秦若可先生也在这一桌。秦知道我是山东教育社的,他又是一个热心人,所以就主动介绍大家相互认识。当介绍到希贵时,他说,这是高密四中校长李希贵,是我们潍坊市普通高中中最年轻的校长,今年才35岁。这些话也并没有触动我作为记者的所谓新闻敏感。年轻——说明不了问题。看来秦对希贵是情有独钟的,又不断地说下去:"高密四中是一所乡镇上的农村高中,高考升学率却在70%以上。希贵校长已经拿了两个本科学历,现在还在读在职研究生。"听到这里的时候,我的心动了。拿了两个本科学历,还在职读研究生,以功利为目的者是断不会如此的。看来这位貌不惊人的年轻校长不可小视。碰巧,希贵就在我身边,于是就随意地聊了起来。

他进一步介绍了学校的情况,我向他提出了一个问题。我说,我并不怀疑你们学校办得不错,但我更想知道的是你们学校的男青年教师能否找上对象,我说的"对象"是国家正式职工。他说,没有问题!来之前我刚刚为8对青年搞了一个集体婚礼,为办这个集体婚礼,我们把市人大、政协的轿车都借来了。现在,连高密城里的姑娘都托人到高密四中找对象。

——为什么?

——她们都说,四中的老师人好,可靠。

我被震撼了。虽然事情并不大,但它足以说明这所学校的办学魅力,她的社会认可度,这比什么"规范化学校"之类的荣誉称号是更有说服力的。要知道,那是1995年,那个时候一所农村中学的男青年教师要解决好婚姻问题是相当困难的。冥冥之中我感到我发现了一块值得开掘的宝藏,遇到了一个值得关注的人。那个时候我正筹办《山东教育》中学版,一个刊物要想一炮打响,当然要靠重头文章,要靠重大典型报道,而这,首先要选好典型。几个月来,我苦于找不到这样的典型,而现在,第六感觉告诉我:我找到了。

后来,我到了高密四中。在四中,希贵讲的两件事终于激发了我的写作灵感。

——一位家住高密城区、父母都是干部的学生来到四中,不久给父母写信,谈对四中的感受,告诉爸爸、妈妈:"在四中短短几个月的时间,我感到我成熟了。"

——一位名叫徐文燕的同学,过去在高密市内很有"名气",高密市所有的高中几乎都上遍了,谁也不敢收留,谁也不愿收留,连她自己也觉得"自己不值得被关怀、帮助"。一位教过她的师长曾恨铁不成钢地发誓:徐文燕要能考上大学,我倒过来走。最后,她被当作包袱甩给了四中,结果竟奇迹般考入大学。徐文燕从自己曲折的生活经历,特别是在四中的经历中得出了这样的结论:"四中,对每一个懒惰、想混日子的人都是沉重的压力,因为四中是生气勃勃的,给人的感觉是蒸蒸日上的,一切的老气横秋、消极、甘于落后都是与四中不协调的。四中给每一个追求着的人提供了一个巨大的精神支撑,那就是:永不屈服!……生活是复杂的,命运是变幻的,如果我真的从四中学到了什么,那么我就该是不屈不挠、热爱生命的人。"

读着这两位同学的信,我的眼睛一下子亮了:这不正是我们所需要的教育吗?于是,我回来后写成了2万多字的长篇通讯报道《风景这边独好——高密四中教育改革纪实》,发表在1996年元月《山东教育》中学版创刊号上。通过这篇文章,我要告诉读者:什么样的教育才是真正的教育;在山东农村一个偏僻小镇,一所普通中学的普通校长是如何把这样的教育变为现实的。我要告诉读者:"发展教育,旨在提高国民素质",并不是一个只有大人物们才能考虑的理论问题,而是一个就在我们眼前,普通的学校、普通的校长、普通的教师完全能够付诸实践的现实问题;真正意义上的教育——教育家是完全能够从中国落后的农村崛起的。

四中的故事还正在进行,1995年暑假,希贵又被调到高密一中任校长。当时的一中是个老大难,但是,短短两年时间,他便让高密一中这所处于低谷的普通高中一跃成为全潍坊市乃至全山东的实施素质教育的"龙头"学校,让许多人认为在普通高中实施素质教育是不可能的事情变成了可能。后来，他当了高密市教委主任，再后来，又当了潍坊市教育局局长。从高密一中校长到高密市教委主任再到潍坊市教育局局长，平均3年就换一个岗位。时间虽短，但在每一个岗位上他都做出了只有具有教育家境界和眼光的人才能做出的业绩。这些，我在《志当存高远——山东高密一中李希贵校长的教改大思路》《生命，在读书中成长——山东高密一中的"语文实验室计划"写意》《东风夜放花千树——山东高密市课程体系改革纪实》《高密教育人物》《走进教育的本质——山东潍坊市普通高中教育写意》《一个城市的金色名片——潍坊教育揽胜》《这种体验不曾有过——感受潍坊市实验学校"实践基地"教育》等文章中已经说了许多，希贵在他出版的收入"中国当代教育家丛书"的《为了自由呼吸的教育》一书中，也有更多的具有教育经典意义的故事。我想，这些，是可以佐证他作为中国当代教育家是名副其实的，所以，我也就不想再多说什么。这里我想说的是，希贵做的许多事情，他所进行的一系列改革，其意义不应当仅仅局限于教育本身。他所搞的改革，其意义固然在结果，但更在过程、方式。因为一提改革，许多人马上就会想到"金戈铁马，气吞万里如虎"的英雄壮举，想到两派对阵、剑拔弩张的矛盾冲突，想到"大动荡、大分化、大改组"，想到闹事、交学费甚至流血，仿佛不如此就不叫改革。希贵走到哪里，就把改革带到哪里，但不管什么改革，都没有造成动荡和负面影响，没有付出什么代价。他把改革变成了一个个合情合理、富有人情味的故事，用他的话来说，他所进行的是没有"压力"的改革。例如他到高密一中上任，就没带一个所谓亲信，从学校领导班子到教职员工，用的全是原班人马；也没有发表什么施政演说，宣布的唯一戒律就是不准非议前任领导。但是，不到两年时间，从四制改革到教学改革，都取得了成功，而且没有人闹事，甚至没有人不满。就连前任领导都说："这校长就该人家当。"其中奥妙，发人深思。再如，他担任一中校长期间，每学期只开一次全体教师会，担任潍坊市教育局局长期间每年只搞一次、每地只限一天的"三位一体"的综合评估，这对各行各业的领导者也很有启迪意义。在改进会风、文风的当下，尽量不开会或少开会，不检查或少检查，照样可以干好工作，而且干得更好，这是希贵的又一值得研究之处。我想，什么时候领导干部学会了这样的领导方式，我们的管理成本就会大大降低。如此，则国家幸甚，百姓幸甚。

但对于希贵，我最为欣赏、最为看重的还是他的人品，他的基于人品的处理各种人际关系和社会公共关系的能力。他是这样一个人：不管走到哪里，都是只有朋友，没有敌人——无论是私敌还是公敌。他善于和各种各样的人交朋友，从上级领导到同事下属，从党政干部到工商界的经理、老板，从学生、普通教师、学生家长到司机、伙房工人，他的朋友无处不有。他处理各种人际关系和公共关系有这样几个特点：一是真诚；二是尊重；三是从事业、前途到生活，处处替对方想；四是不流于世俗，不汲汲于功利。他的一个叫栗瑞莲的学生（高密四中毕业，现在北京大学附中任教）曾在一篇文章中这样谈自己的"李老师"：

> 高一时曾主办过一份班报，第一期的前言是李老师写的，以后便时常拿过去请他过目。而李老师也总是很恰当地给我们一些鼓励，告辞时无论多忙他必起身相送，末了也从不会忘记叮嘱一句：有什么问题来找我……
>
> 上大学后终于压抑不住满腔遗憾与仰慕，我给李老师写了一封长长的信。当时并没有想到他会回信，却很快收到了。在信中，他很真诚地告诉我要充分利用时间，多读好书（四年里，李老师曾无数次告诫我要多读书，而靠着李老师的告诫，我没有成为让自己都不喜欢的人）；末了的一句话让我感动不已：有什么困难告诉我，我帮你解决。另外在北京我们有不少朋友和校友，我让他们帮你。后来遇到一位师兄，他问我：你认识李希贵老师？他前些日子给我的信里要我多照顾你一下。我一时愕然，继之而来的是深深的感动……
>
> 我念大一时李老师调任市教委主任，几年来一直想去看他，但直到寒假才得偿夙愿……走时李老师一直把我们送到教委门口，路上还叮嘱我：工作的事给我打电话，我不能给你做决定，但是可以给你参谋一下。我频频点头，心里踏实了许多……后来跟哥谈起李老师，我说，我觉得李老师最难能可贵的一点是，不管在什么位子上，他的真诚与修养竟一点不改。

对学生如此，其他方方面面关系的处理也都十分周到，且又不落俗套。

在高密一中任校长时，他上任不到半年时间，高密市各个部门主动向一中捐款近100万元，连市公安局都捐了3万元给一中图书馆添置图书。而他让学校专门刻了一个"高密市公安局赠书"的图章，逐一盖到每一本图书的扉页上。每年到年节，他也给关系单位送礼，但他送的"礼品"是装裱好了的学生书画作品。在高密一中任职期间，还发生了这样一件似乎很小的事。这一年的年终，学校搞福利，给每一位职工发100斤大米，大米拉来后，正好教职工下班，后勤上的人就让每个教职工顺便用自行车把大米带走。恰好被希贵看到了，他立即让后勤上的人停止了发放，并告诉他们，应当先把大米给学校退休人员送到家里，再给在职的教职工发放……

这是一种品质、修养，还是一种能力、智慧？应该说都是，也都不全是。正确地说，这是一种品质、修养，也是一种人生境界、人生智慧——洞彻人性、参透人生的大境界、大智慧。有真品格、真修养，才会有大境界、大智慧；反之，有了人生的大智慧、大境界，才会有真修养、真品格。希贵常说，要进行没有"压力"的改革，要试着做不可能的事；别人也都这样评价他：没有李希贵办不成的事。其实，进行没有"压力"的改革也罢，试着做不可能的事也罢，主要是跟人打交道。只要会做人，善于与人打交道，不管做什么事情，自然也就能"随心所欲"了。所以，我常常想，像希贵这样的人，不管干什么事情，都会是一个成功者；不管是从事何种职业，也都会是一个成功者，而且绝不是一般意义上的成功者——他永远是一个有故事的人。从事教育工作，他成了教育家；如果从政，他会成为一个成功的政治家——一个具有现代政治文明修养的政治家；即使办实业，他也会是一个成功的实业家，而且会是一个引领潮流的实业家……

但他的确又是一个平常人。

说他是个平常人，首先是不管什么时候，他都是低姿态。他从来不自以为能，更不会为了抬高自己而否定其他。随着事业的一个又一个的成功，他的影响越来越大，许多人劝他要构建自己的教育体系，对此，他总是不置可否；他也从来不承认他有自己的"教育思想"。给我印象很深的是他经常说的这样一句话：我们现在做的，其实都是中外教育家已经说过、已经做过的。据我观察，他这样说并不是作秀，以此表现自己谦虚，而是很真诚地这么看。对此，我深表赞同。我所以赞同，是基于这样一个现实：很长时间以来，中国的教育多少年来"英雄辈出"，纷纷呼风唤雨，自立门户，称孤道寡，而又昙花一现，速生速灭，别说"创新"，就是离教育的本来面目——教育的"常识"也越来越远。所以，中国教育迫切需要的不是"创新"，而是回归"常识"。或者说，在一个相当长的时期，教育"创新"就是回归教育"常识"。所以，对于希贵，我认为他对中国教育的最大贡献不在于他是否提出了自己的教育思想，而在于他让教育恢复了自己的本来面目，回归了教育"常识"——教育是培养"人"的，而不是培养"工具"的；是"自由呼吸"的、自为的，而不是"灌输"的。这是他的"平常"之处，也是他的"非常"处。

教育是培养人的，这是人人都会说的话。问题是你到底培养出了什么人，这才是衡量教育成功与否最重要的尺度。可悲的是，我们至今对这样的"常识问题"还没有清醒的认识。

想到这些问题，我常常一方面忧心忡忡，但另一方面又不愿意做批判家，所以我选择了另外一条路：过去教育上的功过是非少讲，多谈今后应该怎么办，特别是从教育实践方面能够让大家看清前面的路到底应当怎样走。这也就是10多年来我一直尽自己之所能宣传希贵和他的教育实践的初衷。当然，他的改革还有许多文章可做，但能达到目前这样的深度和广度，已经是难能可贵的了。中国需要像他这样的实践型的教育思想者，像他这样的教育家。

说希贵是平常人，还因为他始终甘于像平常人那样生活。他现在是名人了，但他似乎并没有意识到自己是个名人，并没有进入名人角色，举手投足还是老样子。即使做报告、写文章，也仍然是过去那种平平淡淡拉家常的语气。到潍坊市任职后，父母还住在高密，除了出差在外，到了周末，便携夫人一起回高密和父母过星期天。前些日子我到高密四中开座谈会，他过去的同事们谈起他，也都是一种老朋友的口气，全然没有那种"仰视"的感觉，用他们的话说，我们干的那些事都是些"庄稼地里的事"。后来我和希贵谈起这些,他笑了,说:那时候我什么没干过啊!只要出门开会,就背个书包,里面装的都是校办工厂的产品。只要碰到同学、熟人,就忙着搞推销。我得挣钱给老师发奖金啊!

——淡泊以明志,宁静以致远。

——无为,而无不为。

希贵的为人处事,如果作一个总结性的评价,还是这两句话最为妥帖。

后来,大约是2006年的10月份,希贵离开了潍坊市教育局局长的位子,进京受命负责组建教育部所属的基础教育质量监测中心。大大出人意料的是,一年之后,当监测中心基本成形后,他突然辞去了厅局级的监测中心负责人的职务,到北京十一学校当了校长。他的这一选择让许多人大惑不解。不过我理解他的这一选择——他是想在有生之年实现以自己的教育理想办一所国内外知名学校的梦想,用他的话说,就是想办一所"受人尊重的伟大学校"。他为十一学校提出的教育目标是:培养"具有世界眼光、中国灵魂和多元文化理解能力的社会栋梁和民族脊梁"。他的勃勃雄心让我感动。这期间,我曾经写了一封信给他,并附了一首诗赠给他,对他寄予了希望。其中有这么几句:

明星作秀成名易,
国士立人救国难。
世上已无蔡元培,
谁能无愧对先贤?

后来,我到十一学校参观,并和老师们交流。科学实验班的班主任王笃年先生的话给我留下了深刻的印象:

科学实验班的培养目标是"未来科技界的领军人物",所以我经常思考和带领学生讨论未来领军人物的基本素养要求,并把要求付之于教育教学的实践之中,坚持并努力落实自己的如下观点:1. 尊重学生的主体地位,尤其是尊重学生集体的决策,让学生在集体决策中学会民主,学会妥协,学会理性思考。所以首届科学实验班入学之初，第一次班会课上，我就跟学生交代，我一个人的智慧肯定比不上大家的智慧，所以我们班的重大事项一定是由集体讨论决定的，我这个班主任一定会尊重大家的意见……2. 培养合作精神和领导力。前面说过，十一学校科学实验班的培养目标是"未来科技界的领军人物"，所以，我经常带领学生讨论未来领军人物的基本素养要求。大家意识到，合作精神非常关键，领导力非常重要。我问学生"你们觉得自己具有合作精神吗"，学生说"基本具有"。我说"不对，你们还差得远呢"——自习课说话，美其名曰"讨论问题"，可是你不知道你已经在侵犯别的安静自习同学的权益；值日生"忘了擦黑板"，于是影响老师的正常授课，耽误大家每个人1分钟的宝贵学习时间；进出教室"忘记"关门或随手摔门弄出大声，于是影响到了靠门口近的同学的注意力……这些都是合作不力的表现。合作的基础是考虑到周围人的感受，不给别人添麻烦；领导力的基础是沟通和理解。这些素养在我们目前以独生子女为主的学生群体里的确非常欠缺。所以，我经常让全班就某一同学选举时得票率高的根本原因深入讨论。除了学习刻苦、成绩优异外，引导他们看到最为重要的一点——有他人意识，合作精神强，时常想到集体、想到别的同学，而不是只想自己的事。一个心中只有自己而没有他人意识的人是可怕的，他将来有可能成为"宁使我负天下人，不使天下人负我"那样的灾星，特别是他成了未来某个方面的"领军人物"。我们决不会让这样的人从十一学校的科学实验班走出去。作为教师，应当有这样的责任感。

王笃年先生的话让我切切实实地感受到了一所"伟大的学校"所应有的精神高度。

看来，希贵的教育理念正在得到全面的实施。

毕唐书

2019年12月修定

目　录

风景这边独好 ... 1
　　——山东高密四中教育改革纪实

志当存高远 ... 28
　　——山东高密一中李希贵校长的教改大思路

生命，在读书中成长 ... 51
　　——山东高密一中"语文实验室计划"写意

东风夜放花千树 ... 67
　　——山东高密市课程体系改革纪实

高密教育人物 ⓘ100

走进教育的本质
——山东潍坊市普通高中教育写意 ⓘ128

一个城市的金色名片
——山东省潍坊市教育览胜 ⓘ185

这种体验不曾有过
——感受山东潍坊实验学校"实践基地"教育 ⓘ206

"潍坊样本"对中国教育的示范意义 ⓘ225

后　记 ⓘ237

风景这边独好
——山东高密四中教育改革纪实

今天,李希贵已经成为中国教育改革的一个标志性人物。但谁也不会想到,这位引领教育改革潮流的教育家,是从一所位于偏僻乡镇的普通高中起步的,而且不鸣则已,一鸣惊人。

> 一个人就是一部历史，这部历史的撰写者就是我们自己。我们没有理由不写好它，就像我们没有理由践踏自己的生命。我们活在这个世界上能有多久，那是难以预测的。但这部"自画像"的历史写得成功与否，则全部取决于我们自己。
>
> ——高密四中校长赠言

山东高密市，我国春秋时期大政治家晏婴的诞生地。

高密市双羊镇，我国东汉大经学家郑玄的故里。

双羊镇地处高密西乡，潍河东岸，距离高密县城25公里，典型的农村偏僻小镇，高密四中这所农村普通高中就坐落在这里。

没有一流的校舍——唯一的一座旧教学楼仅三层，其余皆为平房，50年代的建筑；没有一流的教学设施——微机室、语音室等现代化的教学设备至今还在纸面上……就是按县级水平衡量，其办学条件往高处说也仅属二流。

基础呢？尽管该校已有38年的历史，但1990年之前，在潍坊市普通高中教育教学综合质量评比中，坐的却是冷板凳。普通得不能再普通了！但就是这样一所农村中学却在短短的几年之内传奇般地崛起了，在整个高密市引起了轰动，成了高密市和该市所隶属的潍坊市人们关注的热点。在潍坊市，谈到高密四中，人人似乎都有说不完的话题，都有一种神秘感。迄今为止，该校尽管还没有引起新闻媒体的特别关注，但桃李不言下自成蹊，省内外的参观团却慕名而来，络绎不绝。

来自沂蒙山区的校长教育考察团在省内各地考察之后最后来到这里，了解了四中各方面的情况后感慨万千，挥笔写下了这样的赠言：

"在这里，我们学到了真经。"

真经是什么？是连续三年位居全市第一的高考升学率，还是严格而又科学的管理——马斯洛的"需要学说""二八定律""热炉原理"？对此，考察团的同行没有说，他们只是凭直觉感到了四中的特殊分量，但要讲清楚却又感到困惑。

记者在高密市采访时，凡是接触到的人仿佛都有一种四中情结，一谈到四中，就来情绪：谈校长李希贵的独特思维，谈四中青年教师的集体婚礼……滔滔不绝，但要对四中做出一个全面而又准确的评价，他们也都感到困惑。

一个难解的谜！

还是让我们一起来深入领略高密四中这一独特的教育景观，共同来破解这个四中情结——高密四中之谜吧！

一、 校训——校魂： 永不屈服

与校徽的雄鹰遨空相辉映，体现了一种激励、感召、奋发上进的总格局……象征着我校面对国家科学文化不发达的现实，穷且益坚，不坠青云之志，为使我们民族的科学文化列入世界之林发奋努力的信念和追求。

——高密四中校训说明

说来让人难以置信。

一位家住高密市内，父母都是干部的学生来到四中，不久给父母写信，谈到对四中的感受，告诉爸爸妈妈："在四中短短几个月的时间，我感到我成熟了。"

一位叫徐文燕的女同学，过去在高密市颇有"名气"，高密市的所有高中几乎都转遍了，谁也不敢收留，谁也不愿收留，连她自己都觉得"自己不值得被关怀、帮助"。一位教过她的师长对她完全失去了信心，恨铁不成钢地发誓：徐文燕要能考上大学，我倒过来走！最后，她被当作包袱甩给了四中，在四中读到高中毕业，结果竟奇迹般地考入高校。

而这，对于徐文燕来说，并不是最重要的。什么是最重要的呢？徐文燕从自己曲折的生活经历，特别是四中的经历中得出了结论。升入高校后，她几次给自己的校长写信，谈起四中，句句动情：

"四中,对每一个懒惰、想混日子的人都是沉重的压力,因为四中是生气勃勃的,给人的感觉是蒸蒸日上的,一切的老气横秋、消极、甘于落后都是与四中不协调的。四中给每一个追求着的人提供了一个巨大的精神支撑,那就是:永不屈服!"

"生活是复杂的,命运是变幻的,如果我真的从四中学到了什么,那么我就该是不屈不挠、热爱生命的人。"

"永不屈服"——徐文燕从自己的切身体验中得出的这一结论,一语道出了四中情结的秘密。

"永不屈服"!简单而又普通的四个字,写在纸上,挂在嘴上,贴到墙上,并不难,但要把它写到每一个教职员工和每一个学生心上,化作每一个人的活的灵魂,就不容易了。

而这,高密四中做到了。

四中的经验概括起来就是:设置诱因,引导动机——改变机制,强化行动——创造环境,熏陶渗透。

设置诱因,引导动机
——马斯洛学说:变"要求"为"需要"

马斯洛的"需要学说"告诉我们:一个人存在这样那样的需要是正常的,既不是非分之想,更不是大逆不道。有需要才有追求,而一旦没有了需要,也就失去了努力的心理动机,那才是真正令人担忧的。对于管理者来说,需要的是以敏锐的眼光去发现这些"需要",并根据这些"需要"去设置诱因,引导动机,激发活力,把领导者单方面的"要求"转化为被领导者为满足自身"需要"的自动追求。

"需要"又是分层次的。有低层次的物质需要,有高层次的精神需要——尊重的需要和自我实现的需要。对于人来说,固然有满足物质需要的追求,更有满足精神需要的追求。四中的经验告诉我们,领导的艺术在于,针对变化的现实,应不断设置新的诱因,激发新的活力,并不断提高"需要"的层次,从而使每一个人为满足新的需要不停顿地去奋斗、追求。当然，这种努力必须融合到学校工作的大目标中去。四中实施的方案——设置的诱因，都清清楚楚地告诉大家："需要"的满足不是等来的，更不是要来的——你要满足自己最突出的"需要"，就必须干好最重要的工作。

于是，在改革起始阶段的1992年，教代会提出了事关教职员工"需要"的"五子登科"，即"房子、孩子、妻子、炉子、勺子"——着眼于物质生活方面的需要；而随着学校的发展，这些需要已经得到了满足和基本满足，教代会又及时提出了"需要"的新"五子"，即"帽子、担子、房子、孩子、票子"——着眼于精神方面的尊重的需要和自我实现的"需要"。于是，实施了人事聘任方案、教师绩效考核方案，制定了《关于鼓励教师从事教改课题研究的实施方案》，做出了《设置教育教学研究员或主任研究员》规定，成立了青年教师"2000年而立研修班"，每年开展"功勋四中人"、教学带头人、"我最热爱的教师"等十几项评选活动。

四中的绩效考核方案中，有一个在校内晋升一级职称的条款——每年对师德一流、素质一流、工作一流的教职工晋升一级职称，工资随之提高，学校发文件通报表彰，同时把喜报送到教职工家庭及所在乡镇党委政府和村支部，以提高其社会声誉。这样做自然不是无缘无故的。"如果我们仅仅每月发给多少钱的补贴，那就大大降低了教职工的需要层次……这就是'五子登科'中的'戴帽子'，这顶帽子当然不是随便给你的，必须努力工作才能得到。"采访时，李希贵校长对"戴帽子"的意义特别予以强调。

四中还有一项对困难学生发放助学金的规定，做法也很独特。助学金不是直接发到学生手中，而是为他们提供一个业余工作的机会，让他们通过自己的劳动得到。当然，这样做，李希贵校长也有他的道理："这样做的目的是为了培养他们自立自强的精神，避免产生依赖性。"

而当学习工作初见成效时，为了抢占教育制高点，学校随之因势利导，于1993年9月通过了"乘势而上，推进改革，追求卓越，再创辉煌，早日同世界教育接轨"的决议。

于是，一系列追求卓越的标准出台了。

为了适应跨世纪的需要，对学生道德上实施"四热爱"及"爱人"与"自爱"的教育，注重自律意识培养；在心理方面实施挫折教育，旨在培养学生在困难面前永不屈服的心理品质；在行为言语方面实施礼仪教育，旨在培养学生完善的人格。

在教师素质上追求卓越——每人必须确立自己的教改课题，在教育教学理论上有所突破，不断更新专业知识，努力在学历上达到研究生层次；

在工作量上追求卓越——80%的同志希望安排超工作量岗位，90%的教师争当班主任；

在教学质量上追求卓越——高考成绩连续三年位居全市第一，各科争先推出了自己的教改实验：文科的开放式教改，语文的"ACT实验"，历史的观点教学，英语的"四位一体"教改实验……

在校办产业上追求卓越——以年利润25%的效益为学校内部改革提供了雄厚的资金……

没有硝烟，听不到劲吹的号角、惊天动地的呐喊，但在四中静静的校园里，却分明在进行着一场接一场的攻坚战，人人都在奋斗，越挫越奋，生命不息，拼搏不止。

改变机制，强化行动
——人事聘任制、结构工资制、"二八定律""热炉原理"

强大的动力来自人的心理动因——人的欲望"需要"。设置诱因以激发活力，确实行之有效，但要想使一个群体持久地焕发并保持这种活力，使这种活力不断地得到强化，始终沿着一个正确的轨道运行，还必须有一系列的机制做保证。传统的机制是产生懒汉的温床，必须改革。改革的核心是建立一个富于挑战性的内部运行机制。

学习现代管理理论，借鉴外地名校经验，集中群众智慧，审时度势，四中首先进行了以人事分配制度为主要内容的内部体制改革，又称"四制（校长负责制、人事聘任制、结构工资制、绩效考核制)"改革，四制的核心是人事聘任制和结构工资制。

人事聘任制——层层聘任，双向选择。每一个聘任部门负责人都面向全体被聘者，全部被聘者又面向全校所有七个聘任部门。被聘任者有了供七个部门选择组合的机会，这样，落聘者就不再是哪一个具体部门的落聘者，而是整个机制的落聘者。在聘任机会多、聘任机会均等的机制中落聘，只要是思维正常的人，都会从自身角度吸取教训。在四中，高职低聘，低职高聘，已属正常，原来的职称在实际中并不起作用。

这种用人机制又是动态的——每年双向选择一次，谁的岗位都不是固定不变的。

结构工资制——按劳取酬，质优酬高。工资由固定工资、课时工资、奖励工资三部分组成，其中课时工资和奖励工资这两部分"活"工资占了整个工资总额的70%以上，这就大大拉开了工资收入的档次。教职工月工资差额高达300多元，年奖金多者四五千元，少者仅五六百元。而教职工的劳、绩、效又是根据严密的绩效考核方案的有关条款算出来的，根本不需要"讨论"和"研究"。同职称一样，教职工原来的工资只存在于档案上。

"二八定律"——政策上保证20%。意大利经济学家柏瑞图在其"宇宙大法则"中强调："在任何特定的群体中，重要的因子通常只占20%，而且从事着80%以上的重要岗位的工作：只要控制了重要的20%的因子，就能百分之百地控制全局。"四中把这一原理有效地运用于人事聘任和责权利的分配之中。人事聘任方案特别重视了占20%的学科带头人、骨干教师的宏观控制，结构工资方案也首先考虑占教职工总数20%的教研组长、班主任的责权利的统一。对成绩突出的骨干，既给予了大张旗鼓的精神奖励，又不放弃物质上的重奖。"如果我们不能创设一个一流人才、一流待遇的新机制，就不可能有我们学校的一流质量，就必然影响到我们每一个四中人的现在和将来。"仅仅抓住了20%，也就保证了全局。

"热炉原理"——建立约束机制，形成良性循环。一个长期没有约束和监督的运行机制必然会失去活力，甚至会偏离轨道，这是极其危险的。管理学上的

"热炉原理"强调任何人任何时候以任何方式触碰"热炉",都会被烫伤。根据"热炉原理",四中在建立奖励机制的同时,也注意了"热炉"的设置,这个热炉在所有越轨行为面前都毫不留情,而在所有正常运行者的头脑中,又是一个善意的警示。在四中,人人都处于成功的希望之中,同时又处在"热炉"的警示之下。校长如果有三分之一以上的教职工投不信任票,须自动辞职;中层部门负责人分管的工作业绩如果连续两年居全市同类学校下游,须自动辞职……学校成立了领导干部辞职履行、教学督导评估、财务审计等8个监督组织,公布民主督评条例26个。一年一度的教职工代表大会、间周一次的民主生活会和参政议政会,等等,让人人都成了监督管理者,同时又是被管理被监督者。

在四中,法规是最高权威——依法治校渗透到教学、行政、德育、后勤、校办产业等各个领域。固然,学校提倡管理工作全员参与,强化民主管理,一切法规和政策都是教职工代表大会通过的,但是,法规和政策一旦通过并形成文件,就有至高无上的法律效力,包括校长在内的任何人都无权更改,必须不折不扣地无条件执行。在这里,高度的民主和高度的集中通过法制得到了高度的统一。

压力与机会同在,成功与制约并存,这就是一个富于挑战性的机制所具有的威力。从外地调入四中的青年教师由衷地感叹:来到四中后,确实感到不一样,压力大,机会多,成长快。

创造环境, 熏陶渗透
—— 一草一木都有诗人的情怀,卫生间也成了哲学家

人的心灵是环境孕育熏陶的结果。就人的成长过程看,学校的人文环境——校园文化,对人的心灵有着尤其深刻的影响。

四中的校园文化是独特的,从内容到形式都是规范化的,体现了一种激励、感召、奋发向上的总格局,处处显示着四中人"穷且益坚,不坠青云之志……发奋努力的信念与追求",对学生的影响是无处不在的。

她不仅创作了自己的校歌、校徽,而且还创办了独具特色的校报——《四中人》。《四中人》分教工版、学生版,学生版完全由学生自己主办。《四中人》不仅

是该校师生人人喜爱的精神食粮,其影响还扩大到了社会。"《四中人》常伴我面对生活中的风风雨雨。"一位校友如是说。

她不仅有整体的校园文化,而且班级有教室文化,即使厕所,也有自己别具一格的文化。四中的"厕所文化"最能体现其校园文化的深度和力度——厕所仿佛也成了哲学家,向你昭示着人生的哲理:

1. 愿我们共有高雅。
2. 越是在不被人注意的地方,越是能考验一个人的品质。
3. 欧阳修写文章靠三上——马上、枕上、厕上。
4. 善为国者必先治其身,治其身者必慎其所习。
5. 不修其身,虽君子而为小人,能修其身,虽小人而为君子。

……

还有那一草,一木,一花,也都是诗人一样地向你抒发着自己的情怀:

紫丁香——只要有一点点儿绵绵清香,也要献给这如锦的春天。

古槐——你1957年开始的年轮,是四中人历史的见证;你奇崛遒劲,是四中人永不屈服的个性;你冠盖簇拥,是四中人为他人栽树乘凉的象征;你枝叶繁茂,是四中人辛勤耕耘的结晶。

水塔——只有先充实自己,才能服务别人。

……

美化,绿化,净化,硬化。在四化的基础上,还准备逐步完成校园的竹化,用竹子"未出土时先有节,到凌云时也虚心"的高风亮节熏陶师生的情操。

当你洞悉了这一切,再一次面对四中教学大楼三层正中校徽上那一只腾空而起的雄鹰以及校徽两侧那"永不屈服"的四字校训,一种庄严神圣之感会久久地萦绕在你的心头。你会感到一个博大雄浑的灵魂的激烈跳动,它似乎时时都在感召你,提醒你:如果你是一位教育工作者,应当怎样面对学生?如果你是学生,应当怎样面对祖国,面对未来,面对现在,面对人生?

让我们听一听"一位老四中人"对自己的母校发出的真情的呼唤吧，它代表着曾经接受过四中洗礼，而今已经走向社会各地的"四中人"的共同心声："无论过去、现在或者将来的岁月，我都能以庄严肃穆的心情来面对大楼上的四个字——永不屈服。没有在四中度过的人，也许永远无法理解其中的含义，而对曾经与四中共荣辱的我们而言，只要看一眼就够了，就会洞悉其全部的内涵。我的永不屈服的母校呀！……她赠予我的一切，我将作为人生最宝贵的礼物收藏。"

二、学风——校风：一丝不苟，井然有序

学习上认认真真……学法上规范扎实……作风上老老实实……一次早操，一次集会，一丝不苟地生活、学习，养成一丝不苟的思维习惯和行为习惯。

——高密四中学风说明

全体同学坚持有规律的学习，有秩序的生活，保证高尚情操和行为规范的统一。今日事，今日毕，强化时间观念和空间观念，达到"在什么时间干什么事，在什么地方干什么事，干什么事就干好什么事"的校风境界。

——高密四中校风说明

一个人，一个单位，要想真正走向辉煌，除了应当具有一种永不屈服、越挫越奋的搏击奋斗精神，还应当有一个科学的态度和作风，否则，一切只能是空中楼阁。

四中人自然明白此理，并据此提出了自己的校风和学风追求。

学风——一丝不苟，旨在养成学生"一丝不苟"的思维习惯和行为习惯。

校风——井然有序，旨在"通过井然有序的校风陶冶，使每一个四中人都得到锻造，养成有条不紊地处理问题、解决问题的良好工作思路和行为习惯，并成为日后的工作作风"。

下面是四中关于统一校风、佩戴校徽的有关规定——

穿校服的规定：

1. 每一个同学在校期间原则上（除洗换外）一律穿校服。

2. 集体活动必须穿校服，如：开学典礼，学期总结大会，文艺汇演，田径运动大会，参加社会实践，野游，参观等。此项内容列入《高密四中学生奖惩暂行条例》和《高密四中学生一日常规督查工作规程》。

3. 校服必须是上下身一起穿，杜绝上下不统一的现象。

4. 校服穿戴要整齐，下衣不准挽裤腿，上衣不准敞怀，拉链必须拉到与校服编号等齐。

5. 校服号码为五位数，个、十两位数为学号，百位数为班号，千、万两位数为年级号。

佩戴校徽的规定：

1. 学生在校期间必须佩戴校徽，不佩戴者以违纪论处。此项内容已列入《高密四中学生奖惩暂行条例》和《高密四中学生一日常规督查工作规程》。

2. 校徽佩戴必须统一于校服编号中央上方。

3. 校徽佩戴必须端正，严禁歪戴、倒戴等不良现象。

为了加强学生的自我修养，四中还制定了一套学生《日常行为规范30条自测题》，更是匠心独运，别有洞天。仅举其中三条：

3. 起床

无论何时，铃响即起；

铃响后犹豫一会再起；

平时起床较准时，但雨雪天晚起；

铃响后三分钟再起床。

10. 打饭、买菜

路上不跑，排队认真，文明礼让；

路上不跑，能够排队，但不情愿；

有时路上跑步，不注意排队，有时想到教工食堂；

只顾自己，不顾他人。

19. 个人语言

说话文明，有礼貌，清楚明了，人前人后一致；

能注意说话文明礼貌，但有时候不自觉地放大了声音；

有不文明的口头语，存在骂人现象；

语言粗俗，好说别人坏话。

具体，明晰，周到，严密，每一个细小的环节都注意到了，但这仅仅是管理工作的一个小小的侧面。为了达成自己的学风、校风追求，从个人到整体，从时间到空间，四中进行了全方位的整治，从而取得了丰硕的、令人艳羡和向往的回报。

在什么时间干什么事，在什么地方干什么事，干什么事就干好什么事

"在什么时间干什么事，在什么地方干什么事，干什么事就干好什么事。"这是高密四中的一句名言。这句经常挂在四中人嘴上，并且已经成为他们行动上的自觉追求的名言，是四中常规建设的集中而又形象的概括。

四中制定的常规比较多，也极为具体，要求严格而又科学。从时间上来说，为了使学生在校的三年成为高效的、不断做事的、充实的三年，学校从一日常规到一周、一月、一学期常规，直到学年计划，都制定得详尽细致。什么时候举行什么活动、什么比赛、什么评比，都具体到哪一周，甚至哪一天或哪几天，力求不空洞、不宽泛，做到有规定、有落实。学生的一日常规，从起床、两操、课前准备到自习、休息等各个方面，都让学生感到"在什么时间干什么事"，强化行为，以形成习惯。

早晨起床铃一响，学生马上起床，像部队官兵一样把被褥整成方正的块状，毛巾、脸盆、鞋子笔直一条线，整个过程只有10分钟时间，每个程序都必须以分钟计算。

上操铃声一响，3分钟内整好队并带到操场。

早饭到打上课预备铃，40分钟时间，还包括一个卫生到位时间。实际的早饭时间只有20分钟。午休和晚睡，16秒钟的铃声一响，整个校园入静，不准有学生走动……

这一切旨在解决一个"在什么时间干什么事"的问题。

从空间常规说，学校不仅制定有教学常规、宿舍常规，而且连食堂打饭、景点休闲也有常规。教室里没有不学习的人，宿舍里也没有人在用功。这里主要解决一个"在什么地方干什么事"的问题。

而要完成"干什么事就干好什么事"的校风、学风追求，还必须把这些字面上的常规要求落实到学生的行为中去。为此，学校赋予了"在什么时间干什么事，在什么地方干什么事"以新的内容，以求得高标准、高效率完成各项任务。

所有学科都用40分钟时间完成原来45分钟的教学任务，节余的时间增加课堂容量。为此，语文、政治搞起了课前5分钟演讲，英语下课前5分钟成了"单词卡"落实日日清时间，数理化的5分钟巩固性小题组训练更是有声有色，使学生兴趣盎然。自习课强调短自习观念，用25分钟时间完成习惯上的40分钟的作业与训练，以训练学生的思维，提高学生的做题速度。自习课开始5分钟，给学生定为"知识框架结构"时间，最后的10分钟则是"习题训练跟踪补漏"时间。午休、晚睡铃声一响，不再仅仅是不许说话，而是转入"5分钟古诗词名句回忆"；食堂开饭前5分钟排队时间，也不再是不准插号说笑，而是一日英语单词默诵时间。把这些零零碎碎的时间转变为学习时间，不仅大大提高了学习效率，而且促进了一丝不苟的学风和井然有序的校风的养成。

建立各项常规工作的星级评比达标制度，是四中狠抓学风落实的又一有力措施。所谓星级评比达标，是指把学校任何一项常规工作的落实都以星级的多少衡量到班级，而班级再细化到每一个同学。同时，为了便于宏观管理，还建立了常规工作督导检查制度，通过对常规工作的各个环节的专项抽查——午睡有谁空铺、作业有谁漏交，每天都回报到教管中心并及时通知到班主任解决，即使教职员工也概不例外。教师晚上办公超过11点的，一律由值班领导"请"出办公室。学校还给值班领导和医务室一项"特殊职责"：教师一旦到医务室打针吃药，校医必须及时通知部门领导,"强迫"患病教师休息。时间常规和空间常规的落实对最大限度地减少干扰,营造一个奋发学习的氛围,起到了良好的保障作用。

事事有规范,人人有事干,处处有人管

一位到四中参观的老师,课间在阳台上随手扔了一个纸团,立即就被一位同学拾走了。

一位上级检查团的领导为了检查这里学生的责任心,课外活动时间随便拉开了教室的日光灯开关,一转眼,一个学生便走了过来,将开关随手关上。

类似的事情还有许多,不管你信还是不信,都是事实。

采访时记者对此感到有些不可思议,问李希贵校长,李校长笑了笑,说:"我们这里有一句人人都挂在嘴上的话,叫作'事事有规范,人人有事干,处处有人管'。这是我们管理工作的另一条原则,现在大家也已经形成了习惯。"

没有不管事的人,没有无人管的事,高密四中确实达到了这样的管理境界。

在教学上,老师敢于"放权",让学生人人参入,把知识点承包给学生,既给学生一种压力,也给他们一种责任感。语文的"ACT"教改实验就是让学生积极主动地参加到语文学习的全过程,从备课、讲课、疑难问题解答、命题考试、讲评,全由学生自己"演戏"。学校设立了"ACT教改学生工作委员会",将各个知识点分别承包给每个同学,教师则完全处在"导演"的位置。如实词部、虚词部、文学常识部等许多学习部都有专人负责,负责本部分知识的同学,不仅自己要认真钻研,而且还担负着解答同学疑难问题的任务。当然,知识点的承包人不是随随便便指派的,而是根据每个学生的特长确定的。例如,一位女同学学习成绩不太理想,但她对诗词歌赋有兴趣,教师就引导她当"诗词部"的部长,给她一个发挥特长的天地,这就大大调动了学生学习的主动性。知识点承包下去后,再根据语文学习环节多的特点,做了程序安排。首先发动学生认真自学并填写知识点表格,然后以学习小组或学生工作委员会各部为单位,针对一课或一个单元进行问题处理,接下来让学生掌握课本基础知识,在把握教材难点、重点的基础上编题练习测试,并进行自我测试和查缺补漏,最后由老师进行总结性的检查考试。

这样让学生人人参与，各负其责，整个教学过程环环相扣，一丝不苟、井然有序地进行下来，教学效果自然是可想而知的。

采取丰富多彩的形式，让人人都能找到自己的坐标，使学习成为学生愉快接受的事情。下午第一节课课前的5分钟幽默故事会，政史课课前的5分钟演讲，政治课的"时事经纬""焦点论坛"等等，都成为同学们发表见解、一展才华的园地。

在历史课的"观点教学"中，同学们的思维也极为活跃，大胆阐述自己的观点，每一位同学都像是一位小小的历史学家。

在事务性的管理工作中，学校也注意让学生人人都管事，事事有人管。

在四中，从来没有应付性的大扫除和劳动课，实施三年的"卫生到位制度"使学校清新整洁，常年如一。卫生区实行班级划区个人负责制，校园内的花草树木，教室内的桌椅门窗、灯具玻璃等，都有专人负责或轮流负责，分工精细，责任明确。如负责熄灯的同学，不能在熄灯铃响的16秒钟熄灯，就以违纪论处，要追究责任。教室文化、宿舍文化、校园文化、厕所文化活动的开展，使学校角角落落的花草树木都被赋予了一定的教育意义。但大部分内容都是从学生中搜集来的——是学生自己干的事。

随着严格的校规校纪向着良好的校风、学风转化，学校整个管理工作逐步实现了自动化。每到星期四，学校就会组织人进行卫生、宣传栏评比，生活部每周都有定期的生活抽查，学生校外违纪纠察队、学生小型体育活动都按照常规进行工作；法制委员会负责学生监督和评定，班级工作在法制化轨道上正常运转，从而把班主任从琐碎的事务中解放了出来。在两个级部中有两位教师分别担任了两个班的班主任，这在其他学校简直不可思议，然而在四中却成为可能，而且干得潇洒自如，因为班级许多事务性工作的处理都是由值月班主任（学生）和值周班长完成的，教师只做指导。

只有把学生当成主人，才能还教育教学以本来面目

制定严格的校规、校纪，并据此实行全方位的封闭式管理，从表面看，似乎并不新鲜高明。"封闭式管理省内外我们都看过,不过那简直就是文明监狱,高密四中却不同。"一位参观过高密四中的地区教研部门的领导,曾经这样讲过。

不同在哪里?听一听四中领导自己的解释,一切就会明了。

有两件事对我们思想的转变触动很大。有一个班的几个学生发现传达室离水龙头很远,私下商议轮流给传达室送水,他们这样做了,在周记中他们为自己干了一件好事、实事而感到自豪。同样是这几个人,班主任安排他们到会议室去擦玻璃,他们却没有表现出提水那样的热情。为什么自发地去干和老师布置去干会出现两种不同的心态呢?我们想不能用'虚荣心'去归结这件事。我们是否忽视了学生自我实践、自我体验、自我评价的需要了呢?另一件事也验证了这一点。这一年扩大招生,有两个班排不出语文教师。没有办法,在组织教师给两个班的同学制定计划目标的基础上,我们把课堂教学时间全部放给了学生,甚至连续几堂课把学生放到了阅览室里去。半个学期已过,期中考试成绩却大大出人意料。这两个班的成绩非但没有落下,反而比平行班略胜一筹。这不能不让我们打一个大大的问号。事实证明,只有把学生当成主人,而且是活生生的、心理和生理都有无限潜力的、不断变化着的'主人',才能还教育教学以本来面目。

把学生当成主人,变"要求"为学生的"自我实践、自我体验、自我评价的需要",变"约束"为"自律",变"被动管理"为"自我管理"和"自我修养",管理工作规范化、法制化、科学化、自动化,这就是四中管理成功的秘密,这才是四中管理的本质、精髓——四中的真正高明之处。同样是封闭式管理,"文明监狱"和真正的教育管理,差别就在这里。

学校的一切工作都是为了育人,达到一丝不苟的学风追求和井然有序的校风追求本身也不是最终目的。最终目的在养成学生良好的思维习惯和行为习惯,养成良好的工作思路和作风,让学生学会做人,学会生活,学会工作,以终身受益。

四中严格而科学的管理对学生的影响是巨大的、深远的,其意义不仅在现在,更重要的是在将来。离开四中的校友对此体会尤为深刻:

"四中人永远是佼佼者,当你们走出校门后就会感觉到。我现在在军校学习,军校纪律很严,时间很紧。记得进校的第二天就开始整理内务,由于四中纪律严格,要求和这里差不多,因此我做起来潇洒自如,别人只能投来羡慕的目光,我感到很自豪。"

什么叫教育?这才是教育!什么是科学?这才是科学!什么叫对学生负责?这才叫对学生负责!

三、全员提高的追求: 让每一个四中人都成为英雄

> 孤立的个人永远不会成为英雄。个人英雄离不开集体智慧与团结的土壤。离开了集体的智慧和团结的土壤,即使"英雄"一时,也终究是短命的。先"表现"集体,才有可能水到渠成地"表现"自己。任何只表现自己的想法和做法都只能使自己最终成为四面楚歌的孤家寡人。
>
> ——《高密四中领导干部修养要则》

《中华人民共和国教育法》开宗明义指出,发展教育事业,目的在"提高全民族的素质"。大到国家,小到学校,教育的真正成功不在于出了几个尖子,而在于全员素质的提高。

高密四中在自己的教育实践中深刻地认识到,"凝聚集体智慧,重视素质提高,是教育教学工作始终立于不败之地的战略措施"。因此,他们在制定的特色学校的8条中特别提出了"全员提高的要求"。

但"全员提高"绝不意味着平均主义、抹杀个性、反对个人冒尖。它一方面重视全员提高,一方面鼓励个人冒尖,这两者的统一,让四中活化为一个鲜明而又响亮的口号:让每一个四中人都成为英雄!

让每一个四中人都成为英雄——对领导的要求:事业第一;既有服务意识,又有超前意识;既是教学能手,又是管理行家;身先士卒,敢于下水,要说"同志们跟我冲",而不能说"弟兄们,给我上"。

让每一个四中人都成为英雄——对教师的要求:每一学科都有一名以上市级

学科带头人，每一学科都有三名以上年级学科带头人；培养自己的尖子，自己的"魏书生""任小艾"，走出学校，走出高密……

让每一个四中人都成为英雄——对学生的要求：在大学里受欢迎，在社会上成长快。

领导干部日日思

有什么帅，就有什么将；有什么将，就有什么兵。

高密四中的校长是当之无愧的教育家，高密四中的领导班子是一个英雄的群体。

"我是一个艄公，艄公不努力，耽误一船人。"

高度的自觉，高度的责任感溢于言表。这是李希贵校长的自我表白，他时时以此自励。

四中的《领导干部日日思》，或许能说明更多的问题。不是官样文章，而是实践的总结，匠心的创意——

1. 团结才有力量。众志成城，无坚不摧；攥起来的拳头有力量，互斗俱伤。

2. 在其位，谋其政，时刻想着"你是干什么的"。

3. 群众观念。"干部的权力是群众赋予的。""离开了群众，你有多大能耐？"

4. 心理换位。"假如你是一位老师……""假如你是一位学生……""当你处在对方处境的时候……"

5. 互相协作。"你是天下第一，也要天下老二来帮你。"

6. 原则性和灵活性。"只有集体力量的原则性，原则性才有权威；只有建立在集体基础之上的灵活性，灵活性才真正有效。个人的'灵活性'常常是既害集体，又害别人，时间一长，又必然害了自己。"

7. 工作的科学性、系统性、预见性、创造性。反对鲁莽从事，科学是进步之父；我们是一个集体，一个目标，我们每一项工作都至关重要，互为条件；从踏踏实实的今天开始，去创造令人满意的明天。

8. 求真务实。什么时候都要尊重事实，服从真理，向真理投降永远不是丢人的事情，哗众取宠的花架子只能离成功越来越远。

9. 心理承受能力。愉快地接受既成事实。办任何一件事情都不可能从良好的开端跳向令人陶醉的成功，这中间必有挫折，只是人们如何对待的问题。

讲"自律意识"，讲"自我管理""自我修养"，号召全校教职员工"在提高学生的同时，也提高我们自己"，领导应带头，应做出表率。四中的领导就是以"日日思"自省、自律，以此进行自我修养，"表现"个人的。

教职工什么地方需要服务，领导就把服务提供到那里。

把钱花在教职工身上，四中的领导十分大方，但对于自己，却十分吝啬。

家在25公里外的校长，四年来一直坐公共汽车回家，从未报销过车票。就连学校仅有的一辆市农业银行赠送的旧的中吉普，也在领导层规定，非公事不能用。但教师有急事，则尽可能地提供方便。

校长的单身宿舍里，冬天从未用过电褥子；四年多的时间里，累计用电39度。

校长的一日三餐，极为简约清苦，多数时间在餐厅实行"五四制"——五角钱炒菜，四两馒头；有时工作太忙误了吃饭时间，就只能在办公室里实行"方便面制"。

结构工资方案规定：领导干部只能拿结构工资的平均数，比相同资历的教师月工资少二至三百元。

绩效考核方案规定：教学领导的教学课时数应达到一般任课教师课时的平均数。

四中的《领导干部日日思》提示：荣誉必须让给群众。但在工作和学习上，他们却处处带头。校长李希贵，拿到了两个本科学历，1995年4月，又通过了北京师范大学中文系文艺理论硕士学位的考试；副校长李可义，被评为高密市"十大杰出青年"……

学生们说，我们学校的校长和主任更会教学。

市里的领导说，四中的领导是事业型的领导……你永远无法批评他们。

省里的领导说，这个学校的党支部书记是一名优秀的共产党党员。

几年来，四中这所普通农村中学已经向整个高密市输送了4名科级以上的青年干部，他们分别担任了市教委有关部门、乡镇教委、重点中学的领导。1995年暑假，李希贵校长调往高密一中任校长，记者对这所学校的前景有所担心，对李校长谈及这个问题，李校长的回答很干脆："绝对没问题。四中现在的领导班子都是好样的！"

四中人在四中大家庭中

尽可能地创造一个让全体教职工发挥其潜力的气候和环境，"让每一个四中人在四中都留有一段美好的回忆，让四中成为每一个人成才的基石"，四中领导为此做出了创造性的努力。

创造条件，营造氛围，铺设台阶，让人人都感到受尊重，让人人都尝到成功的愉悦，让人人都感到作为四中人的光荣和自豪。

首先从物质生活上关心每一个教职工。

学校建成了高标准、高质量的幼儿园，解决了教职工子女入托难的问题。

新建和翻修房屋3120平方米，使25户无房户有房可住。

为12对两地分居的教师联系调动，使他们家庭团圆。

为青年教师做红娘，使8对青年教师喜结良缘，并且为他们举行了别开生面的集体婚礼。

冬天，烤火煤送到每家每户；农忙季节，出人出车帮助有农村家属的教师抢收；一年一次为中老年教师免费查体。平时，哪位教师生病，哪个同志的家庭发生了意外，谁遇到了困难需要帮助，学校领导都了如指掌，并协调有关部门，或安慰，或鼓励，或设法帮助解决。连每家每户的电视天线杆，学校也挂在心上。

在学校领导眼里，对一个单位看起来很不起眼的小事，可到了教职工家里就成了大事。这些事如不帮助他们解决，就会影响他们的情绪和工作。

生活问题解决了，又进一步在事业上为每一个教职工铺设成为英雄的台阶，营造"争第一光荣，创优秀可嘉"的氛围，鼓励每个教职工勤奋工作，创造一流业绩。

派教师走出去学习外地经验。几年来，先后有近200人次到北京、天津以及省内各地30多所学校考察学习，并在全国各地建成了教学信息网。为保证教师的课堂教学，学校订购了200多种教育教学期刊。为了提高学校管理水平，设立了"管理干部图书角"，并形成了管理干部定期学习、研讨制度。为了促进青年教师提高，组织了"2000年而立研修班"活动，建立研讨制度，进行基本功考试和竞赛。

一年两次评选"我最爱戴的老师""既是严父，又是慈母"的优秀班主任和任课教师，为这些教师照彩照，登光荣榜。

三八节，突出宣传女教工；五四青年节，就忙于大张旗鼓地表彰青年教师。学校还举办"四中人业绩展览"，组织全校学生参观老师们的业绩，并让他们上电视，提高他们的知名度，扩大他们的影响。

学校还做出了命名"功勋四中人"的决定，对连续三年晋升校内一级职称的同志，命名为"功勋四中人"，专门发文予以表彰，并隆重举行"功勋四中人"授勋仪式，让每一位获奖者获得巨大的成就感和自豪感。

对那些兢兢业业、默默无闻地在平凡岗位上做出不平凡业绩的同志，学校也没有忘记，专门开辟"在四中校史上也有您一份功劳"专栏，宣传他们，肯定他们在学校发展中不可替代的作用。

"让每一个四中人都成为英雄"，不只是表彰先进，还有一个从面上让每一个人都感到"大家都在关心我，尊重我"的问题。为此，学校工会组织开展了"四中人在四中大家庭中"联谊活动。

为年满30岁的青年教师赠送条幅，鼓励他们在而立之年努力奋斗，创造辉煌；

为结婚 20、25、30、35 年的教职工夫妇举行庆婚活动；为男满 50、55 岁，女满 50 岁的教职工举行祝寿活动。

为职工免费提供生日午餐；为教职工子女中出现的班内前 5 名、工厂中的先进工作者、军人中的五好战士年终发放礼品，并向所在单位发感谢信，赠送礼品。

关心尊重每一个人，为每一个人创造成功的机会，让每一个人都感受到四中大家庭的温暖，感受到作为四中人的责任和光荣，感受到自我在这个大家庭中的存在，自我对这个大家庭的价值。在这样一个环境中，谁能不感奋，谁能不努力呢？

政策机制保证：每一个人都可以成为英雄

前面提及的四中的"四制"改革，对传统的机制几乎是一种脱胎换骨的改造，他为四中的整个肌体注入了活力，把每一个人都摆到了竞技场上。

为达到全员提高的追求，四中还出台了一系列政策，做出了一系列决定，这些政策和决定都向大家传递着一个信息：混日子是不行的；要改革，要前进，只要努力，就有成为英雄的可能；机会是均等的，竞争是公平的。

《高密四中关于深化教学改革的决定》告诉大家：教学改革必须全面铺开，深入进行。除了继续搞好已经初见成效的"语文 ACT 教改实验""大语文学习 1300 工程""数学问题教学""巩固性题组教学""英语四位一体教改实验"外，还要推出一批新的课题，这些教改课题是："英语整体化教学""政治两步七环节教学""历史观点教学"。

"教改改乱了不要紧，失败了不要紧，领导负责，但不改不行！"李希贵校长面对全体教师表示。

为了保证教改顺利而又深入地进行，学校又出台了《关于聘任学科带头人的意见》。《意见》制定了学科带头人的 8 项条件和 4 项任务，并规定：1. 学科带头人每年可获得学校补助的科研经费 500 元。2. 是否为学科带头人，是学校评优晋职的重要条件之一。3. 学校教学领导干部一般从学科带头人中选拔。但学科带头人并不是固定的，而是每年评定一次，干好了符合条件的可以连续聘任。

为了全面提高教师的业务能力，学校鼓励教师致力于教改课题的研究，规定：教改课题分校级、地市级、省级、国家级5类。凡是从事课题研究并取得较好成绩的教师，评估时加分，同时拨给课题经费，学校在晋升职称、评先进和分房时优先考虑。

教学质量的提高，教师自身的素质尤为关键。学校支持每位教师，特别是学历不达标教师的学历进修。学校规定：大专毕业分配来校的青年教师，在两年之内须参加符合上级规定的各类各科进修考试。对获取大学本科毕业证书的一次性奖励500元，对获取本科毕业证书后继续进修，获得硕士学位或研究生毕业且继续在校工作者，一次性奖励800元。同时，对35岁以下、专科毕业后5年以上至今未获得本科毕业证书且未参加本科进修的教师，学校将不再晋升其校内职称。

学校还支持教职工业余时间撰写教育教学论文和著作，并规定：地市级优秀论文每千字奖给30元稿酬，省级每千字50元，国家级每千字80元。同时，对40岁以下、任教7年以上仍未发表过地市级以上论文者，在享受校内职称待遇时按照9折计算。

对于学生，学校也提供各种机会让他们尽快成长起来。在高密四中，经常可以看到一些不占编制的"学校领导"：校长助理、主任助理、助理班主任……学校党支部还破天荒地开办了"中学生党校"，几年来，已发展了3名学生为中共党员。

领导的感召，环境的影响，机制和政策的激励，使高密四中这所既不占"天时"，也不得"地利"的农村中学在短短几年之内便成了人才的摇篮。3年来，有8名同志靠自己发奋取得了大学本科第二学历，有9名同志在县级以上教研会上介绍或发表了自己的教育教学经验，有35名同志获得县级以上优质课和优秀论文奖，78人次因教学成绩卓著被晋升一级职称；95％以上的青年教师具备了大循环任课能力，其中40％成为县市级以上教学能手，或承担了省、市级教改实验课题。全校在市级以上报刊上发表论文（著作）182篇（部）。学校不仅连续3年高考升学率居全市第一，而且3年时间向北大、中国科技大学、复旦大学等名牌大学输送了26名大学生。升入大学的高密四中学生大都品学兼优，许多人在大学里担任了学生干部,在学业上发奋努力,成绩显赫。1995年考入北大的于怀东,在校期间即任班长,由于工作出色,学习优秀,同年8月被学校党支部接受为中共预备党员。1991年考入山东大学的张艳梅,于1995年大学毕业后又考入中国科学院上海有机化学研究所,连续攻读硕士、博士学位。考入潍坊医学院的刘明波,在校学习期间即兴趣广泛,具有良好的自学能力,他运用所学物理知识,设计了"自控打铃钟";到了大学后又连续发明了"节能防冻水阀""一次性多功能急救呼吸器""链式香烟盒"。其中,"节能防冻水阀"获得了国家专利,有关专家评价:"这有可能给水阀行业生产带来一次新的革命";"一次性多功能急救呼吸器"在"中国大学生科技发明大奖赛"中成为国内外客户洽谈的热门货,第一次签订的意向金额即达287万元。

即使未升入大学的四中毕业生,也成为社会各部门争聘的对象。从1993年到1995年,四中共有落榜生167名,除部分想继续参加高考外,其余皆被用人单位争相聘去。前来预聘的单位负责人说:"四中毕业的学生在工作岗位上不用别人操心。"

教师社会地位不高,特别是广大农村学校的男青年教师,找对象困难是普遍现象,但高密四中不存在这个问题。在高密市,许多市内国营单位的女职工托人到四中找对象,条件只有一个:是四中的教师就行;理由是:四中人让人放心。

学校,"让每一个人都成为英雄",反过来,每一个四中人都自觉地把自己融入了四中这个大家庭。"四中人永远都是佼佼者!"这句话已经成为每一个四中人的心声。这句话所显示的不是一种个人英雄主义,而是在四中业已形成的群体英雄主义精神。对于一个单位,一个国家,这是最可贵的,不幸,却又是我们现时所普遍缺失的。

四、抢占教育制高点: 变升学教育为素质教育

我们要想在未来的挑战中始终立于不败之地,就必须乘势而上,推进改革。在已知的领域里深化改革,在未知的天地里探索可能,再造学校发展新优势,抢

占教育制高点。

——李希贵校长在高密四中教代会五届二次会议上的报告

——"有非常之人然后有非常之事，有非常之事然后有非常之功！"

——"再造学校发展新优势，抢占教育制高点，变升学教育为人才素质教育！"

——"争创一流业绩，以超前意识迎接未来！"

——"把高密四中办成教育思想一流、教学质量一流、管理水平一流的齐鲁名校！"

——"让四中成为适应市场经济发展的新一代人才的摇篮！"

豪气？狂气？雄心？野心？

这些惊世骇俗的豪言壮语，或许有些不合时宜，会被视为狂气，但不管你如何感想，在整个高密四中都得到了上下一致的认同，四中人都在以此自律，自励，力行。

什么是"非常之人"？四中人就是非常之人！这样讲，首先在于他们立志高远，具有永不屈服、越挫越奋、一往无前的搏击精神，不迷信，有胆识，敢想，敢说，敢干。

什么是"非常之功"？四中人已经建树的教育业绩就是非常之功。这样说，首先在于他们在基础极为薄弱的情况下，完全凭自己的努力，在短短几年时间之内就获得了奇迹般的成功。

四中教育是一种什么模式？升学教育，特色教育，还是素质教育？

回答只能是：似乎都不是，又似乎都是。

说不是升学教育，四中却具有连续3年位居全市第一、高达80%多的高考升学率，而且他们是理直气壮地抓升学，而且视此为"硬任务"，为增强办学魅力的"第一要素"。说是，他们却又不同于一般中学抓高考的做法。他们靠的是深化教育教学改革，而不是靠加班加点、题海战术、摧残学生获得优势的；他们不是以追求高升学率为目的，而是以此作为"培养现代化建设高层次人才"的途径；他们向高校输送的学生都是品学兼优的，高素质的，"在大学里受欢迎的"，而不是高分低能的、畸形发展的；而且他们不是只抓高考尖子生，而是"全员提高"，其高考落榜生也是社会用人单位的争聘对象。

说不是所谓特色教育，四中的教育又的确是有鲜明特色的，是重视学生个性发展的。说是，她又和一般人认为的特色教育明显不同。她实施的是在坚实的文化基础上的全面发展，而不是忽视全面提高的所谓能力和特长培养。

说不是素质教育，四中却对提高学生的素质高度重视，从思想政治素质教育、文化素质乃至技术素质教育，从心理素质教育到身体素质教育，无不高度重视，并认真落实。说是素质教育，她又和一般人所理解的素质教育不同。一般人所认为的素质教育往往离开升学教育去片面地进行，把素质教育和升学教育对立起来，从而导致了素质教育在人们心目中形象事实上的歪曲。在许多人看来，抓高考就不是素质教育，而搞素质教育就不能不冲击高考，而在高密四中，这两者却是高度统一的。

四中的教育到底是一种什么教育？在这里用不着理论上的阐释和界定，四中人已经用事实为我们做出了总结，用她所培养出的"新一代人才"向我们做出了生动的展示。其"新一代人才"的标准概括起来说就是：培养出来的人必须具有一种"永不屈服"、越挫越奋的搏击进取精神，必须具有良好的"一丝不苟"的思维习惯、学习习惯和行为习惯，必须具有良好的"井然有序"的工作思路、生活作风和工作作风，必须具有群体英雄主义意识，应当"在大学里受欢迎，在社会上成长快"。

这样的教育理想，四中已经基本实现了，并且正在更加深入地实践下去。

什么是第一流的教育思想、第一流的教学质量？这就是第一流的教育思想、第一流的教学质量！而且这不是悬浮于空中的理论推想，而是让人看得见摸得着的、成功了的教育实践。这样的教育不仅应当属于农村，而且应该走向城市。

记者和高密市教委领导座谈，曾提出这样一个问题：如果高密市的中学，用不着全部——有一半，都能办成高密四中这样的学校，3年、5年、10年，最多20年下去，将对整个高密市的人的素质，整个高密市的社会状况产生什么样的影响？

我们还可以由此做更深入的推想：如果全国有三分之一的中学都能办成高密四中这样的学校，10 年，最多几十年下去，我们中华民族的素质又会发生什么样的变化？

"四中人永远是佼佼者！"——如果我们的中学、大学培养出来的学生都具有四中人这样的自信，这样的自豪感，面对全世界，能够理直气壮地这样说："中国人永远都是佼佼者！"……

用不着做更多的推想，这就足够了。这不是想入非非，因为我们从高密四中这一独特的教育景观确确实实看到了我们的教育事业应当具有的价值，应当具有的光辉灿烂的前景，应当具有的崇高与神圣！

（本文发表于《山东教育·中学版》1996 年 1、2 月合刊。由于种种原因，发表时有所删改，此处恢复原貌。）

志当存高远

——山东高密一中李希贵校长的教改大思路

短短两年时间,他便让高密一中这所处于低谷的普通高中一跃成为全潍坊市乃至全山东实施素质教育的"龙头"学校,让许多人认为在普通高中实施素质教育是不可能的事情变成了可能。

志当存高远

> 自闭桃园作太古，欲栽大木柱长天。
>
> ——杨昌济

未来社会的竞争是科技、文化和人才的竞争。因此，从本质上看，未来的竞争不是开始于险象环生的商场或战场，而是开始于书声琅琅抑或平静如水的校园。也许正因为如此，英国著名将领威灵顿击败拿破仑之后说过的一句话——"滑铁卢战役是在英国的公学里打赢的"，才有了现代意义。

然而，检视我国教育现状，却难以令人满意（这已成了近几年全国人大代表议论的热点）。我们的教育思想、教育体制、教育模式以至教育手段仍在固有的轨道上运转，教育滞后的情况在普通高中教育中表现得尤为严重。在高考指挥棒的引导下，普通高中学校大都陷入"应试教育"的泥淖，学生在题海中挣扎而丧失了应有的健全人格、应有的主动性和创造性，教育也因此失去了其应有的价值。

历史要求迅速结束这种教育滞后的局面，时代在呼唤教育改革者。正是在这种背景下，山东省高密一中校长李希贵和他的同事们正在进行的普通高中改革实验，不但引起了山东教育界各级领导的重视，而且引起了当地社会各界的注目。

今年才38岁的李希贵，兼具"思想家"和"实践家"的双重品格，两年前从地处偏僻小镇的高密四中到高密市的最高学府——高密一中走马上任。短短的两年时间，他和一中全体师生一起，进行了一场富有建设性和启迪意义的、建立在学生个人目标、家庭目标和国家目标高度一致基础上的真正意义上的教育改革。今年3月，潍坊市重点中学教育改革现场研讨会在高密一中召开。尽管高密一中的硬件建设在潍坊市的普通高中中是比较落后的，但是，唯其如此，代表们对一中的改革才留下了更为深刻的印象。正如潍坊市教委的领导同志所说："高密一中的做法给我们相对沉闷、封闭的普通高中教育带来了新的气息，也给我们创建全国实验性、示范性重点中学,创建一批实施素质教育的'龙头'学校提供了可资借鉴的具体、明确、生动的经验。"

在进行普通高中的教改方面,高密一中确实有自己的独特之处、自己的大思路。进入一中,给你的一个突出的感觉就是:作为学校,办成这个样子,发挥这样的功能,才叫成功,才叫实现了教育的真正的价值!

一、 立意高——有非常之人然后有非常之事, 有非常之事然后有非常之功

"有非常之人然后有非常之事,有非常之事然后有非常之功。"

李希贵喜欢这样的格言,并常拿来和他的同事们、学生们共勉。什么是非常之人?高密一中的育人目标对此做了最好的说明:"志向高远、人格健全、基础扎实、特长明显。"这里关键是"志向高远"。没有非常之志,就不可能行非常之事、建非常之功。

只要在高密一中生活上一段时间的人,都可以强烈地感受到一中人那种为学生终生负责、为民族未来负责而争创一流的心性。

一个学校就是一个社会,它的主要任务是造就人才。那么,它具有什么样的育人目标、什么样的学校建设目标以及为达到上述目标而选择什么样的思路则是测定它"志向高远"与否的重要尺度。正是在这些问题上,李希贵校长和他的同事们表现出了他们的远见。

(一) 全面的人才观——培养真正的人, 能幸福地度过自己一生的人, 具有健全人格的、 有个性的人

培养什么样的人才,这似乎是一个不成问题的问题。德、智、体等方面全面发展——我们的教育方针不是讲得明明白白吗?但是,我们的教育恰恰在这个不应成为问题的问题上经常出问题。从"文革"期间的政治教育,到时下功利主义的"应试教育"或以营利为目的的技术教育,我们的教育一直在跟跟跄跄,左右摇摆。在这些畸形教育中,人的"全面发展"不见了,丰富多彩的人成了单一性

的政治工具、技术匠、商业人。李希贵敏锐地看到了这一点，因此，他提出了"全面的人才观"的思想，并且结合学校和当地实际，"把育人目标加以细化明确，把空洞的口号赋予充实可感的内容"。

高密一中确定的全面的人才观，具体"细化""充实"为：一、确立学生应该在思想道德、科学文化、身心素质以及劳动技能、艺术修养等诸方面达标才能适应社会发展需要的观念；二、开发学生潜能，恪守"无个性即无人才"，确立教育个性化的观念，明确学生在思想道德、科学文化、身心素质达标的基础上发展特长的思想；三、突出优等生培养与后进生转化，必须十分重视拔尖学生的培养，为21世纪的中国腾飞培养高、精、尖人才，同时必须努力把握好每一个走进校门的学生的发展，使他们不同程度地得到进步，使之学有专长，以便走出校门后能适应社会，适应未来。"志向高远、人格健全、基础扎实、特长明显"则是对这种全面人才观的简明概括。

全面的人才观就是要培养全面发展的人，正是在这个人们耳熟能详的"全面发展"中，李希贵特别强调了人们"熟视无睹"的方面，从而表现了他思想的深刻。他认为，高中阶段培养的全面发展的人，不是仅指升上大学的人，而是指将来能够幸福地度过自己一生的"真正的人"，即人格健全的人。高密一中又把"人格健全"具体概括为"三自"（自我控制能力、自我平衡能力、自我排除外界干扰能力）和"三高"（高尚的道德情操、高雅的兴趣爱好、高层次的人生追求）。为了落实这一教育目标，高密一中建立了心理咨询中心，推出了《中学校园里的心理学》《中学生礼仪教程》《中学法律教程》《追求者的人生》等20本自编教材，从而丰富了学生的人生营养，调整了学生的心理机能，提高了学生的自控能力和分析问题、解决问题的能力。

"现在的中学生基本上是没有读过文学名著的一代青年。不读名著，在相应的年龄段不读相应的名著，势必造成知识和人格的残缺。要使同情心、责任心、使命感真正在学生内心深处扎根，离开了名著的陶冶，单靠说教是难以完成的。"基于这种认识，在李希贵的倡导下，高密一中开展了"读名著，听名曲，赏名画"的"三名活动"，用名人们高层次的人生追求、名著高层次的审美境界升华学生的灵魂，提高其生命质量，使他们及时调整好人生的航标。语文课还精选了12部名著作为高中阶段的必读书目，让学生在《巴黎圣母院》里辨别是非美丑，从《约翰·克里斯多夫》的感悟中锻造意志，并纳入教学计划和语文考试范围。

"全面的人才观"不仅是面对现实，而且是面向未来的人才观。正是考虑到这一点，高密一中的校训摒弃了空洞抽象、人云亦云的"开拓进取"之类语言，别具一格地提出了"为四十岁做准备"的口号。校训解说词富有诗意地向每一位同学发出了深情的召唤：

> 十八岁是美丽的，而人生旅程中最绚丽的一页却应该在生命的四十岁时翻开。不要说四十岁有多么遥远，二十年其实是弹指一挥间。虽说四十岁就在眼前，但二十年的历史跨越足以让我们眼花缭乱。虚度今日，等待你的将是无穷的悔恨和遗憾。追求先贤成才路，浩瀚人世间，我们定会发现，四十岁的辉煌来自十八岁的志向和二十年的血汗。珍视你拥有的青春年华，好好地把握现在，才能真正赢得未来，才能将你如日中天的四十岁勾画得绚丽璀璨！

李希贵认为，"二十年往往就是一次时代的跨越，对人才的要求也往往会发生一个较大的变化……基于二十年后将是全新的生命科学的时代，我们今天的生物课就不应该因为高考不考的原因而放弃；二十多年以后到日本的东京也许像到云南的昆明一样方便，在今天学外语的黄金年龄我们就完全有必要学一学第二外语，如日语、俄语、朝鲜语。"为此，高密一中的选修课中果然开设了日语、朝鲜语。在不远的将来，他们还准备装备现代化的生物实验室。

全面的人才观也是高度重视个性发展的人才观。无个性即无人才。李希贵认为，高中阶段是一个人的个性形成的黄金时代，学校教育理应为个性的发展和完善提供广阔的舞台。每个人都有自己的特长，只不过往往被掩盖和压抑着，未被发现而已。因此，李希贵明确指出，要具体了解每个学生的个性，把握其心理特点和心理规律，既重视开发其智力因素，也要注意开发其非智力因素，尤其要开发其潜能。对优等生，要大胆培养——"拔尖学生可以在我们的选修课里为未来的博士学位准备第二外语",以使其成为高、精、尖人才;对差生甚至升学无望的学生,也应充分重视——"升学无望的学生也可以在我们开设的经营管理和机电专业课程中为未来准备一技之长"。为此,高密一中的特长教育首先设立了写作、科技、艺体、电子、社会活动等六大类38个项目,学校还专门设立了特长教育研究室,出台了《特长教育实施方案》《关于对特长生指导的意见》等文件,为特长生的培养提供了组织和措施保证;在课程设置上,把单一的必修课结构调整为必修课、选修课(特长课)和活动课三大板块相结合的组合课程结构,成立了特长生导师团,开放了图书馆和阅览室……为特长生的成长提供了良好的学习环境。

在"全面的人才观"的正确育人思想指导下,高密一中的教育质量大幅度提高,各类人才茁壮成长。1996年高考本科上线率较之前一年翻了一番还多,高达220名,70名考生考入全国重点大学,创造了建校史上的新纪录;一年以来,先后有23名同学在全国数理化竞赛中获一等奖,125名同学获省级奖励,近200名同学的诗歌、散文、小说、美术摄影、书法篆刻在全国各级各类报刊发表;在全省中学生文学艺术博览会上,获优胜组织奖,成为参赛作品品种最多、质量最高的学校;学生主办的文学刊物《幼林》也获得全国中语会第十二届年会特等奖,并被评为全国中学校刊"十佳"。

责任感、使命感也意想不到地在学生年轻的心灵里结出了硕果。

特长教研室的老师们在教学楼门厅内的黑板上画了一个"迎回归倒计时牌",原打算他们自己每天更换计时时间。可自从他们第一次写好后,每天早操前就有人很正规地给改写好了。经调查,原来是同学们抢着改写的。调查中同学们向校长坦陈了自己的想法:香港回归是民族大业,我们别的事帮不上,能有机会改写一次计时牌,也感到自豪、荣幸,好像也为回归做了一点什么,也算尽了自己的一点责任。高一队列广播操比赛组委会主席王志平很高兴地说:"我已经抢写到四次了!"

事情不算大,但意义不可估量。它让你从中看到了教育的真谛,看到了一个民族的希望。

（二）启动"三名工程"，把高密一中建设成为当地的教育、学术、文化中心

要想培养全面发展的人才，必须全面优化育人环境。为此，高密一中启动了"三名工程"，决心把学校办成教育思想一流、教学质量一流、管理水平一流的齐鲁名校、中华名校，使之成为当地教育、学术、文化中心。

三名（名师、名校、名生）工程的关键是名师。名师出高徒，名师出名生，名师造名校。高密一中的"九五规划"明确提出了名师工程的推动目标：

——以师德高尚、有丰富教学实践经验的中青年教师为主，确立30名县（市）级名师推动目标，使之成为县（市）级学科带头人。

——以县（市）级推动目标为基础，在教育教学能力强、勇于探索、在各自相关学科已有相当影响的教师中，确立20名地（市）级名师推动目标，使之成为地（市）级学科带头人。

——以地（市）级推动目标为基础，在有敬业精神、有突出成绩、有独到风格、有广泛影响的教师中，确立10名省级推动目标，鼓励支持他们著书立说，使之成为省内外教育界的学者和专家，其中相当一部分成为特级教师或拔尖人才。

为确保这一目标的实现，还建立了一套相应的保障措施：

——对有显著成绩的教师每年至少提供一个月整理科研成果的时间。

——学校专门建立教育教学资料室，对推动目标教师优先提供文献资料、实验设备，每人每年给予1000元科研经费。

——保证每年参加两次以上较大的学术活动。

名师工程极大地调动了教师的积极性。实施一年多来，一批名师已开始崭露头角。仅就1996年统计，高密一中就有徐永清、刘宝英等51名教师被授予省、

地、县级优秀教师或教学能手等荣誉称号。一大批青年教师也脱颖而出。32岁的任献和老师为寻求最佳教学效果，不断探寻，终于闯出一条成功之路，荣获山东省物理教学优质课一等奖，北京师范大学出版社还出版了他的专著《高中物理精华评析》。刚步入教坛不久的英语教师单英姿，为激励学生学好英语，用自己的工资设立了英语学习奖学金，在教学上也初露锋芒，获得了学校青年教师优质课大奖赛一等奖。年仅26岁的心理学教师王玉兵，承担了"中学生学习障碍与矫治"的课题，他编写的《中学校园里的心理学》《走向人格完美》已列入学校的选修课，1995年以来，他有6篇实验论文在国家级报刊发表。出任第一任学校教科所所长的吴金晶，热心科研事业，为高密一中四级八个科研课题的立项付出了艰辛的努力，他的论文《标本兼治，面向全局，建立大时空语文教学观》获全国中语会论文一等奖。今年5月，他被全国中语会邀请参加了全国22校青年语文教师教改研讨会，其课题在会议期间即被决定列为全国中语会实验课题。特长生研究室主任范天林老师研制的磁性活动教具获国家专利，他指导的学生在山东省学科竞赛中，有七人获奖，其中一人获特等奖，他本人也获得"辅导教师特等奖"。物理实验室鲁国政、卢照春老师研制的"安培力、静电力多用演示器"教具，在省物理学会第七次年会上也被评为一等奖，并于今年5月获得国家专利……

  向传统办学模式挑战，从而创建新的办学模式，是"三名工程"的核心。高密一中的办学目标是：以普教为主，创建适应社会发展、服务经济建设的多功能、多层次、大规模、综合性的"校中校"；构建社会各界和家庭积极参与的立体交叉的办学模式，提高学校的综合效益，把学校办成高密市教育改革发展的龙头和高密市学术文化中心。如今，创办"高密市外国语学校""高密市计算机学校"以及成立"艺术学校""奥林匹克学校"的蓝图正逐渐变为现实；实现政企联合，办好校中技校的工作正向纵深发展；构建教育、教学、科研一体化师资培训机制，通过招聘、兼职等形式，建立特色教师队伍，充实"特长生导师团"的工作也已全面展开。1996年10月5日，高密市社会各界19名著名学者、艺术家受聘为高密一中特长生导师团导师，学校为之举行了隆重的拜师仪式，从而为普通高中在社会上广揽人才联合办学开创先例，为高密一中成为高密市的学术、文化中心拉开了序幕。导师们不仅按计划定期到学校上课，而且每人还带了4名特长生，每周都要拿出两个小时的时间进行个别辅导，不计任何报酬。从东北回到故乡高密的木雕艺术家张迎先生，接到聘书后感慨万端，发自肺腑的话语声声动情，表达了对一中的认同：从东北回来这么多年，很少有人重视我的木雕艺术，只有一中才确认了我的价值。

今年4月底，高密一中"七色光摄影协会"在高密市凤凰公园凤凰阁举办第一届学生书画摄影展，在城区引起了轰动。虽是购票入场，各界参观者仍然络绎不绝，竟高达5千余人次。在一中的历史上，这是一次有重要意义的书画摄影展，它为一中成为当地的文化中心写下了有声有色的一笔，它向全社会显示了高密一中的文化素质、文化潜力、文化实力和魅力。

把学校办成当地的教育、学术、文化中心，是学校的最高价值之所在，功显当代，亦在千秋。高密一中的这一思想和实验的最终成功，不仅对教育本身，更主要的是对社会，将产生重大而深刻的影响。

二、构思奇——以小见大，点石成金

为文讲究构思，构思讲究新、巧、奇。但是，构思之新、巧、奇，绝非异想天开，刻意为之。真正的为文高手都有以小见大、点石成金的功力，他们写出的常常是"人人心中有"，但却又是"人人笔下无"的东西。

李希贵的许多教改构想的确有过人之处，但他的构想并不是空想、怪招。准确地说，他的过人之处在于他比一般人"有心"。他的许多思路都是从生活中一点一滴司空见惯的小事产生的。这些小事，一般人往往无动于心，而他，却能立即迸发出思想的火花。

（一）封面该发表谁的作品？组委会主席该由谁当？——"自我锻造工程"：让学生成为自我教育的主体

由学生主办的《幼林》文学季刊就要出版了，可是也把一个难题摆在了李希贵面前：封面该发表谁的作品？

候选的作品是两幅摄影图片。一幅是高一一位女同学的作品，题目是《希望》。画面上是一丛在晨曦中萌芽的活蹦乱跳的木槿，这木槿原是这位女生负责管理的。为了抓拍晨曦的镜头，她的七旬的姥姥专门为她掌握天气预报，这幅作品就是从近40幅照片中斟酌出来的。另一幅作品是一位老师拍摄的，题名为《黄山遐想》，无论内容上还是艺术上都堪称精品。

该发表谁的作品呢？李希贵没有立即表态，他想到了一个故事，并讲给了指导教师：在一所著名学校的校长办公室里，洁白的墙上没有一张名人字画。尽管许多名人字画就放在校长的抽屉里，这里挂满的却是学生们充满稚气的书画作品。而且，这位校长还煞费苦心地设计了不少栏目，每月每周甚至每天都有新的更好的作品替换下过去的作品。校长的期待最终使这些学生走向人生的辉煌，这所学校也因此名闻遐迩。听完这个故事，争论就自然结束了。然而，李希贵的思考却并未因此而停止……

新学期一开始，团委学生会的几位青年教师和几位学生搞了个新创意：高一新生的队列广播操比赛完全放给高二、高三的同学自己组织，自己评判。这个提议在教务会上引起一场争论，李希贵提议搞招标，谁中标就交给谁。

招标答辩的水平之高是叫人难以想象的。投标的同学不仅把整个比赛的常规性工作梳理得彻头彻尾，而且连天气的因素，包括下大雨怎么办，下小雨又如何处理，都考虑得滴水不漏，有一个班级甚至还到学校西郊的一家医院联系好了"急诊"。这样一来，老师们算有了底，终于把标判给了高二（5）班。

事情本该结束了，可是，第二天李希贵又收到了一封信——

校长：我们是昨天中标的高二（5）班的几名同学，有一件事情想请您给我们做主。本来中标组织比赛的是我们56名同学，可是现在班里宣布的组委会主席和副主席却是我们的年级主任和班主任。我们非常热爱自己的老师，可是，我们也非常希望老师把这次旨在锻造我们自己的每一个环节都交给我们。

作为一位校长，李希贵经常和上述这类事情打交道。然而正是这些日常性小事，引发了他如下的思考：学校的中心是学生，学生成才才是教育的成功；学校的舞台要让给学生，还学生以主体地位，才会全面激发他们的潜能，促进他们的成长。正是缘于这样的思考，一个个人才教育的构想陆续出台了。高密一中实施的"学生自我锻造工程"就是最为出色的一例。郑重列入学校计划的这项工程，包括十大活动：（一）队列广播操比赛；（二）普通话比赛；（三）优秀作业展评；（四）校内优秀报刊、优秀文章评选；（五）纪念"一二·九"运动歌咏比赛；（六）中学生文化艺术节；（七）"五四"讲演比赛；（八）乒乓球比赛；（九）校园歌曲"卡拉OK"大奖赛；（十）"十佳中学生"评选。这些活动，都由学生自己投标承办。除此之外，校电视台、校报的主编、主持、播音、编采等也都由学生投标或竞选产生。这些活动的开展，不但锻炼了学生个人的意志和才华，也培养了优良的班风、学风，增强了班级凝聚力。一位名叫程磊的男同学连续两次参加了电视台长、副台长的竞选，都落选了。但他并不气馁。他认为："我虽然失败了，但我受益匪浅。我经受了难得的锻炼，坚强了许多。经受了这次锻炼，将来我走上社会，即使遇到挫折，也决不畏缩不前。"

如今，在高密一中，学生"自我锻造"已成为自觉，成为风气。在许多学校，自行车是日常管理的一大难题，学校往往要专门安排校工轮值管理。但在一中，由高一实验班倡议：全校同学人人从管好自己的单车做起，创建文明校园。从此，"管好自己的单车"成了每个学生培养自我约束能力的日课。

"促进自我教育的教育才是真正的教育。"李希贵由此得出的结论发人深省。

（二）孩子的语文素质来自哪里——"语文实验室计划"：应该一切以学生为中心

提起高密一中的"语文实验室"，不少人都认为是一个空前的创举，它为大幅度提高语文教学质量开辟了一条切实可行的新路。但很少人能够了解，这项创举也是李希贵"偶然得之"的。

还是在高密四中的时候,有一年扩大招生,有两个班级没有语文教师,学校便在给同学定好计划目标的基础上,把课堂教学时间全放给了学生。半个学期一过,期中考试的成绩却大大出人意料。两个班的成绩非但没有落下,反而比平行班略胜一筹。这件事对李希贵触动很大,决心废除讲析式的语文教学模式,而代之以教师指导下的以训练为主的新格局。他带领高密四中语文组开始了名为ACT的语文教改实验。

但以训练为主的语文教学模式仍然难以摆脱课本和教室的束缚,对全面提高学生素质作用仍然不大。李希贵决定继续探索。1995年8月,李希贵小学刚毕业的儿子大伟和在他家寄读正上初三的庆玲,在他的恳惠下参加了高三的期末语文考试。两份试卷混同其他试卷一起评阅,结果大伟82分,庆玲85分,而高三学生的平均分是84.5分。学历相差6年,成绩却如此接近,原因何在?无非就是因为孩子多读了几本书,接受了更广泛的知识信息(李希贵每次出差都要给儿子买几本书,现在儿子的存书已有1200册了)。想想自己现在能思考些问题,能提笔写点文章,不就是因为少年时代偷偷地读了一些课外书吗?现在的学校离不开"课本、课堂、教师"三个中心,唯独忽视了学生这个中心。学生除了那几本课本,知识少得可怜。为此,他下决心搞起了"语文实验室"。

"语文实验室计划"大胆革除了重课内、轻课外,重教法、轻学法,重局部、轻整体的弊端,将在课堂上学习语文课本的时间压缩掉三分之二,而把这三分之二的时间让学生在语文实验室学习。实验室配备了录像、图书资料,课时为100分钟。在这100分钟里,学生按照教学进度要求(如每学期应读哪些名著,摘抄多少读书笔记等)自由读写。这样,学生真正从课本和教室的狭小天地里解放出来了,如同鱼入大海、鸟归深林,广泛而自由地摄取自己所需的知识营养,迅速提高了自己的语文素质和读写能力。一年来的实验结果表明,学生的阅读量提高了6倍,写作量提高了1.5倍。更重要的是,它使语文课成了最受欢迎的课。一位外校学生转学到一中,唯一的理由就是:"我就喜欢这里语文课的上法。语文课上可以看书,真是太好了!"

要想使学生的阅读向着更为宽广的空间拓展,必须加强学校图书馆建设,并打破传统的图书借阅模式。李希贵到一中上任不到一年,在学校财政十分吃紧的情况下,硬挤出了近10万元用于购置图书。在他的倡导下,高密一中实行了开架借书制,设立了"特长生借书架"和"特长生借阅绿卡",增加了阅览室的席位,每个教室也都设置了图书箱。为了满足学生摘抄、欣赏和重复阅读的需要,图书馆还专门购置了复印机,发放了复印券,为学生提供复印的方便。现在,高密一中的图书馆虽然算不上同类中学中最大最好的,但其利用率之高则完全可以位列全国之冠,它已成了一个扩大的语文实验室。一件小事可以从侧面验证这一点。一天下午,图书馆打扫卫生,没有接待学生,这事被李希贵发现了,他立即严厉批评了馆长:"只要在开放时间看不到学生,就是你们的失职!"是的,既然一切要以学生为中心,图书馆怎么可以以这样那样的理由拒绝学生呢?

(三)"给我书!"——中学生礼仪工程:把课堂上无人教的教给学生

教育的价值应定位在哪里?这是李希贵经常思考的一个问题。他特别欣赏苏霍姆林斯基的这样一段话:"在教学大纲和教科书中,规定了给予学生各种知识,但是却没有给予学生最重要的东西,这就是幸福。理想的教育是培养真正的人,让每一个从自己手里培养出来的人都能幸福地度过一生。"他从中悟出了教育应追求的恒久性、终极性价值。

怎样才能使学生"幸福地度过自己的一生"呢?为此,他总是在苦苦寻觅。

还是在高密四中的时候,有一次午休时间,他在学生宿舍里没收了三个学生的课外书("在什么时间干什么事",是四中的规矩,午休看书是违纪的)。课外活动时间,这三个学生不约而同地来到校长室拿书。第一个来的学生破门而入,一句话:"给我书!"第二个学生推门而进,两句话:"老师,我要书。"第三个学生敲门进来,深鞠一躬,也是两句话:"老师,我错了。"三个学生,三种做派,自然也会产生三种不同的效果。从这种个性修养的差异中,李希贵悟到了会使学生终生受用的东西是什么——那就是课本上没有的,课堂上无人教的,培养"真正的人"的做人教育,并因此陷入深深的自责:"我们常常埋怨学生这也不会,那也不懂，可我们什么时候又教过学生这些呢？"为此，他在高密四中启动了"中学生礼仪工程"，来到高密一中后，直接开设了礼仪教育课、法律教育课，并组织教师编写了教材。

有一位高三女生曾告诉别人说："真奇怪，有些事情我一开始就咬牙一定完成，于是就完成了；有时候面对一些难题自己先动摇了，效率也就一下子没了。"谙习教育学和心理学的李希贵认为，这并没有什么奇怪的，它说明意志品格在这里主了沉浮。由此，他想到中学教育中往往忽略意志品格的锻造培养，这一课必须补上。也许正因为如此，他为高密四中制定的校训是"永不屈服"，要求每一位师生都要养成在困难和挫折面前永不屈服的品格。在新生入学教育中，他提出了"无法忍受，可以达到"的原则，从学习常规到生活常规进行高密度、大容量的训练，使学生大量产生失败感，而最终在老师的指导下，并通过自己的努力升华为成就感，使良好的意志品格得到强化。李希贵在高密一中搞的"中学生自我锻造工程"等等也正是永不屈服精神的深化和延伸。

三、做法实——"一丝不苟"求圆满，"井然有序"讲规范

"领导学校，首先是教育思想上的领导，其次才是行政领导。"这样的话，一般事务主义的教育领导是说不出的。李希贵具有"思想家"的品格，善于实施教育思想的领导，这使他在工作中能够高屋建瓴，始终居于制高点上。但他同时又是一个身体力行的人，一个不尚空谈的"实践家"。在高密四中，他规定的学风是"一丝不苟"，校风是"井然有序"，这实际上也是他自身作风的写照。"一丝不苟""井然有序"集中而又形象地体现了一种务实精神，一种科学精神。来到高密一中，他也同时把这种精神带了进来，而且在很短的时间内活化成了一中的作风。

（一）"一切以学生为中心"为什么落不到实处——"学生在我心中"一期、二期工程

刚到一中不久，李希贵遇到过下面几件事。有一次他去看望一个刚分配来的

青年教师，发现教师宿舍的玻璃坏了，宿舍也没有脸盆，那个教师要到水龙头上去洗刷。于是，他立即通知总务处：换玻璃，送脸盆。第二天一早，李希贵不放心，又去看了看，发现一切照旧，问总务处，个别同志以"玻璃要统一换"为理由搪塞。他很生气，当即要求总务处必须在当天十点钟前把事情办完。这样一来，事情果然办完了。还有一次，是春节前供暖的事，规定是先给教室送暖气，但承办者却先给办公楼供了暖。李希贵发现了这个问题，心里又为之一震。

他想，尽管我们一再提学校工作应为教师服务，应以学生为中心，但为什么实际做起来却又都当成了耳旁风，而且拖拖拉拉呢？这说明不少同志不仅观念需要转变，作风也需要转变。

为了加强和学生的联系，随时了解并解决他们生活和学习上的困难，李希贵设立了校长信箱。这一来发现的问题还真不少，诸如厕所堵塞、自行车棚太小等等。诸如此类的问题，仅采取头痛医头、脚痛治脚的方式解决，永远也解决不完，关键是要树立一种风气，形成一种制度，大家都来管，事事有人管。为此，他提议在全校开展"学生在我心中"工程，踏踏实实为学生做些实事。

1995年11月，"学生在我心中"一期工程（又称"双十工程"）正式启动，公开承诺短期内办成十件学生最关心的实事，落实好十项与学生直接相关的工作。

十件实事包括：①年前在每个教室建立班级图书箱；②年前配备20副乒乓球台；③图书馆开架阅览室元旦前对全校学生开放；④教室内安装暖气；⑤对所有课桌进行改造，加装藏书板；⑥"四机（电视机、录像机、录音机、幻灯机）一幕（投影幕）"进教室；⑦改造学生厕所；⑧在贫困生中开展勤工助学活动；⑨对学校食堂进行改造扩建；⑩安装学生用外线电话。

十项工作是：①制定教师在教学中的忌事忌语；②建立教师与学生的联系制度；③开展两周一次的课外活动咨询日活动；④建立作业面批和弱科学生补课制度；⑤成立特长生导师团，进行人才定向培养；⑥建立定期家访和家长接待日制度；⑦建立学生学习成绩档案，对学生进行针对性教育；⑧建立英语角，锻炼学生的口语和听力；⑨办好《精华文萃》《时政天地》《英语园地》《中学生数理化》

《家长之友》等辅助学习的小报；⑩办好音、体、美特长生专业班，培养学生特长。

"双十工程"公布并实施后，广大师生从中看到了学校的未来和希望，工作和学习的积极性更大、更足，一种干实事、讲实效的风气开始养成。

与此同时，校内各部室实施"工作备忘录"通报制度、"教代会提案查办制度"，并且每月一次"信息并网"，以此为落实工作提供依据，保证工作不走过场。

为了把这一活动进一步引向深入，学校又于1996年5月推出了"学生在我心中"的二期工程，承诺短期内完成十三件与学生密切相关的事……

到1996年底，第二期工程又如期完成。一个集学园、乐园、花园、家园于一体的现代化新型学校，已开始呈现在高密一中师生们面前。

（二）把落实措施与健全机制结合起来——教师职务双轨制，十级校内教师职务

学校管理是一项最日常化、细密化的工作，良好的学风、校风也要一点一滴、日积月累养成。把学校管理纳入制度化、科学化、规范化、自动化轨道，这是李希贵孜孜以求的管理目标和境界。他曾把这样的境界形象化、通俗化为："在什么地方干什么事，在什么时间干什么事，干什么事就干好什么事"；"事事有规范，人人有事干，处处有人管"。在高密四中时，他实现了这样的境界。到高密一中，他进一步加大了这方面的力度。

前面提到高密一中的名师工程取得了很大成就，它为每一个人都创造了平等竞争的机制和环境。与名师工程相配套，高密一中在"九五规划"中还为名师后备队伍建设制定了明确目标和详细计划。

青年教师的总体培养目标是：一年上路，两年成型，三年合格，四年以后步入名师推动行列。具体要求是：

（1）第一年参加工作的青年教师，须用较短的时间了解学校教育教学的基本情况，熟悉初高中全部教材，做完初高中教材中的全部习题，独立完成本学科近

五年高考题的解答。备课认真，教案完整，注意课堂知识的明确性、科学性、合理性，作业适中，批改及时。在指导教师的帮助下，能担任班主任，管理好班级。

（2）参加工作两年的青年教师要在各方面基本成型，掌握最基本的教学方法，操作基本的教学仪器，新授课、复习课、讲评课、实验课全部达标。不但要备好教材，还要备好学生，能在课堂教学中注重思想的渗透，教学目的明确、知识准确、步骤合理、效果良好，能独立担任班主任，管理好班级。

……

（4）三年及三年以上的青年教师争取向名师推动系列发展。除达到目标（3）的要求外，还要具有全县（市）拔尖的教育教学成绩，在学生中有较高威信，达到县级教学能手或优质课水平，成为本学科带头人，或获得学科拔尖人才、杰出青年、劳动模范等县市级以上荣誉。

对于在什么时间干什么事，干什么事要干到什么程度，文件都做了明确规定，既切实可行，又鼓舞人心，对青年教师的迅速成长起到了极大的推动作用。

李希贵追求教师素质的全员、全过程、全方位提高，对所有教师的晋职、提级他都关心备至，但这种关心不是感情用事，而是集中体现在机制化、规范化的管理上。高密一中实行了教师职务双轨制，教师在校内实行校内职务，国家审定的职称仅为档案职称。校内职务设见习教师、教师、骨干教师、副主任教师、主任教师、特级教师；其中教师又分三级、二级、一级，骨干教师又分初级、中级、高级。这样，按级别算，校内教师职务共有十级，比那种粗线条的教师职称设定，就科学得多，也公平得多了。在《高密一中教师职务试行条例》中，对每一个教师可够什么级别、应承担什么责任、享有什么权利，也都有极明确、极细致的规定，够格就自然晋升，不够格就自然降职。这样一来，一般中学常见的那种为职称评定矛盾重重的现象不见了，教师可以沉下心劲，一门心思琢磨教学、琢磨工作。高密一中的教师普遍认为："这项改革对教师有好处。它不是整教师，而是关心教师"；"在高密一中凭关系走不动，因为有公开的杠杠，达到什么水平就进什么职称，根本用不着去争去吵"。

"机制"为每一位教师成为英雄搭好了台子。今年高密市"五四"优秀青年教师评选爆出了冷门——一中去年暑期落聘现正在试聘的赵老师榜上有名。评选条件非常苛刻，但种种条件他都绰绰有余。是什么改变了赵老师？答案是明摆着的。

感情服从机制。在每一件小事上，李希贵都特别注意。学校食堂分开自由经营后，他到食堂打饭，两个食堂做的都是面条，一个明显泡坏了，考虑再三，最终他还是打了另一个食堂的好面条。前一个食堂的工人对此有意见，李希贵的回答是：从感情上说，从传统上说，校长应带头打你的坏面条，免得浪费；但从机制上说，更应该叫你清楚，质量不好是卖不出去的。

（三）不另铺摊子，不搞花架子——把过去该肯定的肯定下来，把有益的补充进去

语文教研室为了培养学生书写规范的语文素质，提出搞一个"一日百字"活动，到李希贵那里，他否决了。理由是：舍弃了日常每时每刻的作业规范、作文规范不抓，另搞一个训练，不仅仅是加重学生负担的问题，也是对学生一个华而不实的误导。

今年3月，在潍坊市重点中学教育改革现场研讨会上，李希贵代表高密一中发言，集中谈在普通高中实施素质教育的探索与思考，重点讲了四点：

1. 把家庭目标和国家目标、高考升学教育和素质教育统一起来，实事求是地排除思想障碍，是普通高中实施素质教育的前提；

2. 把落实措施与健全机制结合起来，使素质教育步入良性循环轨道，是普通高中实施素质教育的基本保证；

3. 从日常教育教学活动中挖掘高层次的素质教育目标，注意常规与高考的结合是普通高中实施素质教育的基本策略；

4. 提高课堂教学效益，保证必修课教学质量，是普通高中实施素质教育的生命线。

上述四点，用李希贵通俗化的说法就是：不另铺摊子，不搞花架子；把过去

该肯定的肯定下来,把有益的再补充进去。其基本精神就是:实事求是。

如何处理高考升学教育与素质教育的关系?李希贵认为:素质教育体现了国家的教育目标,事关国家前途和命运;升学,作为家庭教育目标,在目前条件下,可以理解,应该得到尊重。其实,最能接受素质教育思想的是学生。如果能够从事关前途、事关命运的学生个人目标着眼,加强对家庭目标的引导,家庭目标和国家目标的统一是完全可以做到的。这种思想也落实在他的教改实践上。为了培养学生的能力,一中的活动课相当多。去年暑假,校内电视台成立,以此为依托,设立了近十门活动课。但这些课的开设都不是盲目的,其中大部分是在调查了大专院校招生情况的基础上确定的。像播音主持、艺术评论、节目制作等,都是从成立第一天起就开始按照大学招生规范加以约束。

如何处理常规教育教学与素质教育的关系?李希贵的看法是:在所有的素质中,科学文化素质应当是始终居于中心地位。作为学校教学的主渠道,必须充分肯定长期以来在常规学科教学(必修课课堂教学)中形成的对培养学生的科学文化素质行之有效的教学手段和教学经验。过去常规教育教学的弊端是一切围绕学习转,这一指导思想使我们忽视了许多对学生实施教育的机会。事实上,学校教育既然是要求受教育者在思想道德、科学文化、身心健康等各方面全面发展,那就必须将教育渗透到学校工作的每一个环节,体现素质教育全员育人、全程育人、全方位育人的要求。这就需要在工作中引导广大教师从日常教育教学活动中挖掘高层次的教育目标,实现教育教学的深层价值;另一方面,还应当在原来常规教育教学的薄弱环节上做文章,把有益的补充进去。在这一思想的指导下,高密一中首先把提高教育教学质量的着眼点放到课堂上。在增加了选修课、活动课,必修课时间减少的情况下,他们先后在各教研组进行了课堂教学密度达标、定时定量检测、文科限时背诵等专题研究,并在学生中强调知识落实,贯彻"小题大做,大题小做,错题重做,空题补做"的务实学风。在选修课、活动课的安排上,始终坚持以对必修课的拓展、迁移和深化的课程为主体,以保证科学文化素质的提高为着眼点开设课程。如学生的英语口语能力太薄弱,便在全校开设了《走向未来》听说课;理化动手能力太差,理化实验室便成立了电器维修、生活与化工等兴趣小组。在运动场上，再也不干巴巴地强调"友谊第一，比赛第二"的口号，而是将着眼点放在了学生勇于参与、善于合作、敢于抗争、乐于拼搏的素质锻造上。在各种竞选答辩活动中，再也不仅仅看重那种或淘汰或优胜的结果，而是借机培养学生的竞争意识、自我平衡自我控制的能力，也包括大部分被淘汰者承受挫折、百折不挠的心理品质。

由于指导思想端正，高密一中素质教育的实施既踏实深入，卓有成效，又井然有序，协调规范。

任何事业的成功与辉煌，都是一个不断积累的过程，是历史积淀的结果。不破不立，破字当头，立在其中；破坏——建设——再破坏——再建设；今天绝对肯定，明天就全盘否定。几十年来，我们包括教育在内的许多方面一直处在这样一种无序的混乱之中，教训够惨重的了。

把过去该肯定的肯定下来，把有益的不断补充进去，不要总是另铺摊子，新中国的教育已经走过了近五十年的历史，应该明白这个道理，应该成熟起来了。

四、心劲恒——千淘万漉虽辛苦，吹尽狂沙始到金

如果从1980年走向教育岗位算起，李希贵已在教育战线坚持探索了16年，即使从1987年走上学校领导岗位算起，他也已探索了10年。正是由于这样长期不断地探索，他才披沙砾金，逐渐探索出了自己的教改大思路。恒心、毅力和百折不挠的一股韧劲，正是他身上显示出的一种至为重要的品格。恒心何来？来自他那高远的志向，更来自他那永不自满、永远进取的自强不息的精神。曾经有人问球王贝利哪个球踢得最好，他说"下一个"。不囿于已有的成就，而是把眼光永远盯向更为高远的目标，这几乎是一切成大事者的共同特点。1996年高考揭榜的日子，学生、家长、老师都在焦急地等待成绩的公布。当副校长张作栋从招生办打来电话，报告了本校上线本科生创历史最高纪录的消息时，人人欢欣鼓舞，奔走相告。但李希贵只是淡淡地笑了笑，自语似的说了一句："我们下一步的工作更难了。"并随即拿起笔在记事本上写下了一句话："取得了好成绩，下一步我们该怎么办？"下午的行政办公会上，探讨的中心议题就是下一步工作的几点

意见。

总是想着"下一步"——永不自满，永不停顿，这就是他的本色。

李希贵另外一个特点是乐学、博学、善学。如果说他有什么嗜好的话，那就是读书。他不但勤于读书，而且勤于思考。从某种程度上说他是个"思想者"也未尝不可。虽然工作很忙，但他每天坚持读书不少于1小时，即使工作到很晚，也要完成当天的任务，而且不动笔墨不读书。在他的办公桌上整整齐齐地放着12本读书笔记，他分别命名为：

(1)《心灵低语》(2)《思想者》(3)《拾零》(4)《论文选题》(5)《新思路、老思路》(6)《行为科学》(7)《新视角》(8)《实践与思考》(9)《健全人格》(10)《人才教育》(11)《心理健康》(12)《学习科学》。

这些题目几乎囊括了一个学校管理工作者应当了解的全部问题，而且充分显示出他思考的高度、广度和深度。

正是由于学习如此执着，所以他往往能见人之所未见，想人之所未想，获得极为敏锐的发现力和极为活跃的创造性。

互相学习，取长补短，这是常见现象，不足为奇。但在学习他人经验方面，怎样学，学什么，却大不相同。在学习他人经验上，李希贵也显示了自己的"非常"之处。同样是外出取经，有的人取来的往往是官样文章，或者游山玩水，走马观花，一无所获。而他却总是不动声色，明察暗访，觅取真经。有一次他同十几位校长到烟台市牟平一中学习，别人酒兴正酣，而他却悄悄退场了，一个人转到了教室和学生宿舍里。刚出来时，他发现一千多名学生正在操场上用餐，可不一会就见不到一个人影了。再到操场上一看，偌大一个操场竟见不到一点泼剩的菜汤饭渣。学生到哪里去了呢？原来都已进入了午休。从这件小事，他真正看到了这个学校的管理之严，学生们的自觉性之高，而这，也正是他所追求的。

向别人学习，他不放过任何机会，无论什么人，包括学生。在上海建平中学，他结识了一位叫陈骅的学生，她在中美合作21st高中读高一。他请她把美国教师和中国教师做个比较。这位女同学狡猾地举了一个例子，说：中国老师上课的时候，我们都变成大人了；美国老师上课的时候，我们仍是我们。他立即由此想到我们在教育学生方面存在的问题："我们面对的是一群天真烂漫的孩子，可我们大部分时候却用成年人的标准去看他们、教他们甚至规范他们……到了该正视我们学生观的时候了。"

对于别人的经验，他从不照搬照抄（他知道如果这样做，会干出邯郸学步的蠢事），而是根据本校实际情况加以创造性吸收和转化。到北京学习，人家介绍了聘任制，但他看到那种一竿子插到底的聘任制引发的矛盾太多，于是他回来搞了一个分层次聘任，即由校长聘任中层部门负责人，再由部门负责人聘任教职员工。这样有利于化解矛盾，收到了很好的效果。

立志高远，不断奋进，勤于学习，敏于思考，从而使他达到了很高的精神境界，练就了一双善于"发现"的眼睛，当他面对教育改革这个大题目、教育生涯这一在一般人看来极为平淡而又单调的题材时，自然就能够做到居高临下，点石成金——开出大思路，写出大文章。当你了解了上述的一切，你自然就能够深切地感受到他的下面这句话的黄金般的重量：高层次的教育目标一旦被挖掘、被确立，作为一个教育工作者就会感到在我们的周围、在我们的常规工作中，时时处处都充满了教育的机会，而且，用同样的气力，却可以收到不同的教育效益。

他是"非常之人"？的确，他有与众不同之处。但是，他的"非常"，却又与一般人的想象不同。与李希贵接触，你会感到，他时时处处总是以平常人自居，从来不愿表现自己。让他从高密四中到高密一中当校长，个中原因，谁都清楚。但他到一中做的第一件事就是宣布了一条纪律：对前任领导班子不准议论，只能肯定，不能否定。与此相应的是，在组织上，从干部到教师，原班人马一律不动。谈到一中现在的成绩，他总是强调，是在过去的基础上取得的，总是归功于领导班子，归功于全体教职工；归功于市委、市政府领导，市教委领导的关心和全力支持。去年，《山东教育科研》准备发高密一中的一组照片，其中有他的，他知道了，专门派人把他的照片追回。笔者与他谈到他的教改实验，他总是讲，我们现在做的，其实都是中外教育家已经说过、已经做过的；谈到他自己，也不多说，只是淡淡一句话：身在其位，总得干点实事；艄公不努力，耽误一船人。反之，对两位副校长——分管行政、党务、后勤的管谟贤同志和分管教学、科研、德育的张作栋同志,他总是不忘肯定他们的能力、功绩、德行:"讲资格,他们比我老;讲年龄,他们比我大;讲能力,他们许多方面比我强,又是一中的元老。但他们从来不计较自己的得失荣辱。大量的工作都是他们干的。我不在,学校也照样运转!"

——于平常处见非常;

——立非常之志,做平常之人,行平常之事,建非常之功。

或许这样讲,才是他——李希贵——中国一所普通中学校长的真正本色——异于非常的"非常"之处。

(原载《山东教育》中学版1997年7、8月合刊)

生命，在读书中成长
——山东高密一中"语文实验室计划"写意

"语文实验室计划"是一项创世纪工程、校长工程。"语文实验室搞了几年，起码说，我们的学生有了那么一点情调了，精神上富有了。"谈到"语文实验室计划"的成果，李希贵校长为自己学生的巨大变化充满自豪。

语文教学已经成为全社会关注的热点问题,各个方面的指责之声纷至沓来,大有全国共讨之之势。

其实,语文教学存在的问题,语文界本身也早有察觉。十几年来,广大语文教育工作者对其痛心疾首,语文教育的效益"少慢差费"有目共睹,早成共识。

"破",里里外外,破的够多了;"立",也是花样翻新,招数迭出。近20年来,语文界,特别是中学语文界,各种新观点、新思路、新教学法层出不穷,让人眼花缭乱,但似乎大都于事无补,都未能从根本上扭转语文教学质量全面滑坡的颓势。究其原因,在于破未破到是处,立未立到根本,在于未能抓住语文教学"本体论"、认识论的根本,未能抓住语文教学、语文学习规律的根本,在于我们的思想观念、思想方法的偏颇陈旧。

"破"字当头,"立"不见得就在其中。建设比破坏更难。你拿不出让大家看了都心服口服的新的"更好的",你就难以推倒旧的"不好的"。千呼万唤始出来。就在大家痛感语文教学弊端而又苦于找不出一条让人普遍认同的教改出路的时候,山东省高密一中推出了她已经实施了三年的"语文实验室计划"。

1998年新年伊始,《山东教育》以"构建语言文化的大世界"为题,对"语文实验室计划"做了详尽报道,同时配发了评论员文章《语文教改的全方位突破》;3月中旬,《山东教育》编辑部和高密一中联合召开了"语文实验室计划"研讨会。原计划与会代表不到30人,但实际到会人数超过100人。经过两天的研讨和实地考察、感受,与会代表对"语文实验室计划"产生了普遍的认同感,有一种豁然开朗的感觉,一致认为,"它不是一般意义上的改革,而是全方位的、彻底的语文教学改革","是一次返璞归真的全面的高层次的改革","是一个充满魅力、令人振奋的大工程","是一个可操作的系统工程","是一项创世纪的工程"。它解决了中学语文教学多年来想解决而又没有解决了的问题,"其意义远远超过了语文学习本身"。

这些话似乎有"溢美"之嫌,但与会代表这样讲的时候是动情的、发自肺腑的。这说明高密一中的"语文实验室计划"确实是充满魅力的。

一、不仅仅是语文,重在提高学生的文化素质,培养健全人格,塑造人的灵魂,最终达到提高全民族素质的目的

豪华落尽见真淳。真理性的东西往往是朴实无华的,因为朴实无华,所以往往也就熟视无睹。

高密一中的"语文实验室计划"就是这样一个朴实无华的东西。它脱胎于本世纪美国教育家海伦·帕克赫斯特的"教育实验室",上承中国具有一千多年历史根基的"书院精神"——创设环境,给学生以独立学习、独立思考、独立感悟的自由;它借鉴的是中国传统学习语文的最基本的方法——多读,多背,多写。所谓"语文实验室",就是为多读多背多写创设一个必需的条件、环境和氛围,使之量化、具体化、有序化和定向化,从而使多读多背多写成为可能。

"语文实验室"有别于一般阅览室。其内部形同阅览室,配备中学阶段学生必读、选读、参考三个层次的课内外书籍。每个实验室大约配书2000册,刊物20种120份,报纸15种60份。在实验室里,学生可以根据统一编定的学习目标自由选择图书报刊阅读学习。实验室同时配备有投影仪、电视机、放像机、录音机等教学器材,由教师通过多种渠道向学生传达知识信息。但"语文实验室"又与一般阅览室不同。一般阅览室的学生活动是随意的,而它里面学生的活动是有统一目标和具体要求的;一般阅览室是学生单项的学习活动,而它是师生双向的教学活动。

在语文实验室里,学生没有固定的座位,没有教师讲学生听、教师教学生学的严格形式,没有正襟危坐、鸦雀无声的所谓课堂气氛,学生可以自由阅读,相互切磋,可以与教师共同讨论,在多向多边活动中吸取知识,提高学养,增强能力,真正体现学生的主体地位。

课时设置也与常规不同。语文实验室采取大课时办法,即100分钟为一课时,学生可以连续地阅读学习,完成规定的学习目标,而不必受传统的50分钟课时制的限制而中断或更换学习内容。每周6节语文课,时间编定相对灵活,大致形成时间安排上的"三一制":教材学习占三分之一,在教室进行;课外阅读占三分之一,在实验室进行;写作实践占三分之一,在实验室进行。

为了突出学生的主体地位,促进人的个性发展,在管理方式上,语文实验室采取目标管理、终端控制的办法,学习形式不做统一规定,只要能够完成学习目标,方式、途径可以不拘一格。

上面讲的是"语文实验室计划"本体意义上的实验室,我们姑且称之为小实验室;另外还有一个无形的大实验室,即语文教育的大环境——整个学校校园文化的大环境和氛围。这个语文教育大环境主要由八报一刊构建而成。学校综合性报纸《滨北时空》,让学生学习新闻采访,学写评论,在实践中体验报人之甘苦;语文组主办了《习作天地》报,发表学生习作,激发学生写作兴趣,挖掘学生写作潜能;语文组还主办了《精华文摘》报,挑选美文,以扩大学生阅读;学校教科所主办《导航》,给学生提供一片敞开心扉说心里话的地方;图书馆主办《阅览导报》,推荐新书,介绍读书方法,营造校园读书氛围。另外还有《滨北电视报》、《鹰爪鸽》报、《七色光》报。校报《幼林》是学生文学习作园地,它培养学生的文学兴趣,放飞青少年的审美理想,尽显青春灵性。学生还成立了书法协会、记者团、演讲协会等社团,定期采访,举办辩论会、演讲会、读书报告会、书法展览等活动。形形色色的报纸刊物,丰富多彩的语文实践活动,共同营造了一个大语文教育实验室。

通过以上并不完全的介绍,我们可以看到,语文实验室教学从根本上突破了一支粉笔、一块黑板、一本教科书的传统教学思路,突破了教材中学、教师中心、课堂中心的传统教学模式,从而使语文教学成为真正的语文教育。但语文实验室又与所谓大语文教育不同。大语文教育从理论上不能说错,但是,它往往大得漫无边际,像断线的风筝一样难以控制和操作。语文实验室大固大矣,但它大而有边,纵而有序,虚中有实,是植根于人类精神文化的学校的语文教育。

高密一中的"语文实验室计划"不是书斋里的闭门造车，纸面上的异想天开。它是对过去语文教学弊端的扬弃，是一次建立在对语文教育"本体论""认识论"正确把握基础上的返璞归真的改革，是一项置于中学教育整体改革之中、在学校教改的综合性系列工程之内加以实现的校长级工程。它认定，教育的最终目的是培养人，语文教育应当真正为提高全民族的素质服务；语文教育的个性特点是语言文化教育，人的素质的提高，文化品格——人的心灵的养成，是文化熏陶、文化积累的结果，是以文化人、书化的结果；语文教育就是要习文悟道，以文化人，在循序渐进的习文中潜移默化地悟道，培养学生高尚的道德情操，高雅的兴趣爱好，高层次的人生追求，使学生的语文能力和文化品格平衡发展。语文教学长期以来高耗低效，一个重要原因在于急功近利的短期效应——过去是政治上的急功近利，现在是能力上的急功近利——能力工具主义。"秀才原来不读书"，两者都不重视文化积累。

在"语文实验室计划"中，多读多背多写，多读是基础；在规定的书目中一是名著，一是时文，其中名著是核心。"现在的中学生基本上是没有读过文学名著的一代。不读名著，势必造成知识和人格的残缺。要使同情心、责任心、使命感真正在学生心灵深处扎根，离开了名著的陶冶，单靠说教是难以完成的。"李希贵校长如是说。

高密一中的"语文实验室计划"又是建立在心理学基础上的。心理学告诉我们，通过广泛的阅读接受健康书籍的熏陶，对于形成学生的同情心、责任心、健康的心理个性至关重要。教育研究还表明，通过阅读心智活动，能培养读者的专注力、观察力、触发联想力和想象力，增强思维力和创造力。不同的年龄段，有着不同的心理和生理特征和不同的文化需求，该读的书在相应的年龄段未读，是难以弥补的终生缺陷；而且中小学生阶段是人一生生命力最旺盛、记忆力最强的阶段，在这个阶段，没有记背功夫、写作功夫、书法功夫，就很难有较高的文化素养，学生也难以有大的作为。学文，难以成为真正意义上的文学家；学理，难以成为真正意义上的科学家；学艺，难以成为真正意义上的艺术家。

"你们是在造人！"参观过高密一中语文实验室的人都会不约而同地得出这样

的结论。这样讲可谓一语中的。语文实验室教学本来就不仅仅是语文,培养"志向高远,人格健全,基础扎实,特长明显"的全面发展的人,才是其最终关怀。这方面,"语文实验室计划"在实践中已经获得了巨大的成功。

听一听学生的切身感受就可以得到印证:

——来到一中已经一年多,让我受益最大的就是语文实验室。它把我的心结一一解开,从那里走出了一个充满自信的、最新的自我。

——那一天,周围同学坐在一起闲聊,一位同学偶然提起在语文实验室里读了关于马歇尔的文章,紧接着许多同学(包括我)大谈起马歇尔无与伦比的牺牲精神和自我控制能力,而且越说越有劲,竭力表示了对马歇尔及其精神的认可。开始我对此没有在意。事后想起来,觉得在同学之间已经发生了一个不小的变化。以前很少有同学在一起谈一个可敬的人,一种精神,一种思想,即使说起自己的偶像,也不过是金庸、古龙著作中的武林高手、风流才子而已,再不然就是大谈某明星的轶事新闻。虽然这个变化只是生活中一个小话题的转移,却反映出了同学们中已经滋生出了一种良好向上的人生追求。我蓦然发现,我们从语文实验室中学到了一种从课本上学不到的东西,也真正感悟到了开设语文实验室的根本目的。实验室培养的不仅是一种语文自学能力,也在以"万卷书"给我以强烈的精神追求,给我以日渐成熟的性格及真诚待人的修养。

——记得有一次为配合课文《群英会蒋干中计》,我们观看了电视剧《三国演义》中的"诸葛亮舌战群儒"一段。我对这一段感受颇深,尤其是诸葛亮从容地纵横于群儒之间的那种面不变色、心不畏惧而谈笑风生的神情,那潇洒的举止,正是我们所缺乏的。事后,我又读到这样一句话:"天下有大勇者,猝然临之而不惊,无故加之而不怒。"这就更使我震动。环顾身旁,这样的"大勇者"有几人呢?太少了!而这样的人,才是社会最需要的。这样的才能不是生来就有的,别人能具备,我为什么不能呢?……于是,在以后的读书及日常生活中,我更加注意这方面的锻炼。班会上主动积极发言,争取即兴发言；读书过程中遇到演讲稿，必出声或默默地对着自己演讲一番；每次晚饭之前大声朗诵几首诗也已经成了我的必修课……

"语文实验室搞了几年，起码说，我们的学生有了那么一点情调了，精神上富有了。"谈到"语文实验室计划"的成果，李希贵为自己学生的巨大变化充满自豪。

信哉，斯言！

二、关键在把多读多背多写落到实处，使之量化、具体化、定向化、有序化

多读多背多写，是被中国两千多年来的母语学习实践证明了的一条富有成效的、符合语文学习规律的最重要的经验，这一点谁也否认不了，谁也不敢否认；离开多读多背多写，语文素养的培养、语文能力的提高都是纸上谈兵，一切改革也只能是欺人之谈。

多读多背多写，说起来容易。很多人也大声疾呼过，但并未从实际上解决问题。这其中的关键在于落实——如何化整为零，变抽象为具体。

谈到落实，问题就多了，就不那么容易了。

而高密一中"语文实验室计划"最重要的贡献在于通过量化、定向化、有序化的途径，使多读多背多写得到了落实，解决了读（背）什么，读（背）多少，为什么读（背）的问题，从而使语文素质和语文能力的提高成为实际可能。

这就涉及一个教材建设和目标定位问题。

在语文实验室计划教材建设方面，高密一中注意遵循以下原则：

统编教材和课外教材相结合。"语文实验室计划"并不是不要统编教材，相反，还把它放在一个核心位置上，作为例子进行示范性教学。但由于统编教材在量上跟不上中学生的语文学习需求，部分篇目的选定滞后于语文教育的实践需要，因此，他们以统编教材为基础，向外拓宽阅读范围，加选一定数量的文学名著，以及报纸、刊物作为实验室的补充教材。

名著与时文相结合。古今中外的文学名著是世界文化的精华，是人类几千年历史积淀的精神文明成果。读名著，才能取法乎上，切实提高语言文化素养。所以文学名著是语文实验室计划教材建设重点考虑的问题。通过全面斟酌，认真筛选，最后确定《三国演义》《红楼梦》《简·爱》《巴黎圣母院》《约翰·克里斯多夫》等12部中外文学名著作为高中阶段的必读教材（主要利用寒暑假阅读）。这12部名著的学习，要求的重点各不相同，分别照顾到思想内容、风格特点、典型形象等诸多方面，每一部名著的学习重点都有明确要求。在选读名著的同时，也考虑到时代特点。为了增加时代气息，给学生输入更多的新鲜血液，又同时选择了大量的报刊作为补充教材，组成了名著和时文相结合的教材结构。既读名著，又读时文，可以使学生既避开了趋时媚俗的极易迷惑人的文化垃圾，又不至于成为埋首于故纸堆的书蠹。

文学作品与科技、历史、政治时事等方面的作品相结合。实验室教材以文学方面的作品为主，同时辅助以科技等方面的作品，让学生吸收多种营养，也便于各类文体的教学。

大目标定位方面，语文实验室遵循的是量化、定向化、有序化原则。

高中阶段的整体目标：

1. 掌握具有正确的人生观、科学的世界观、良好的道德品质、健全的人格所必须具备的文化基础知识，具有爱国之心、报国之志、为祖国建设献身的精神。

2. 有良好的学习习惯、科学的学习方法、较高的自学能力和严谨的治学态度。

3. 语文学习应达到的量：阅读1000小时，背诵诗词250首，文60篇，写作24万字，练钢笔字600页，阅读课外读物600万字，抄录名言佳句1000则，记24万字的读书笔记。

4. 形成现代语文的基本阅读能力、写作能力和说话能力。

5. 能比较熟练地阅读一般政治、科技读物和文艺读物，初步形成审美能力和鉴赏文学作品的能力。

　　6. 能借助工具书阅读浅近的文言文，形成自我学习借鉴传统文化精华的能力。

　　这个整体目标最突出的长处是确立了语文学习所应达到的量，从而抓住了问题的关键。质量，质量，没有量，质从何来？这个哲学道理尽管人人皆知，但多年来的语文教育却很少有人研究：中学阶段学生究竟应该读多少书，作文量至少不应低于多少，字要练到什么程度。正是针对语文教学普遍存在的虚有余而实不足的缺陷，语文实验室整体目标的第三项特别对"量"做了详细规定。

　　多读多背多写，首先要多读。这里又涉及一个一般和特殊的问题。经过深思熟虑，"语文实验室"课题组确立了既保持教学目标的统一性，又照顾到学生水平差异的原则，设置了必读、选读、参考三个层次的课内课外阅读书目，采取了由核心层向紧密层和松散层辐射的教材结构形式。核心层：面向全体学生，完成最基本要求；紧密层：面对大多数学生，旨在拓宽视野，丰富知识，提高能力，达到较高要求；松散层：面向少数在语文方面有特长的学生，旨在培养文学爱好，鼓励冒尖，体现最高要求。这种层次化的目标定位，可以使不同素质水平的学生都能在原有基础上循序渐进，逐步提高。

　　为了确保整体目标的实现，实验室注重过程管理，把整体目标又分解成阶段性目标，将学年目标、学期目标、月度目标以至周目标，都以图表形式表现出来，一一落到实处。

　　下面略述一下高一学年目标：

　　1. 初步树立正确的人生观、科学的世界观，养成良好的道德品质和健全的人格，有理想，讲道德，立大志。

　　2. 培养浓厚的阅读写作兴趣、良好的学习习惯，注重科学的学习方法。

　　3. 阅读340小时，写作8万字（包括周记、作文、日记等，所见所闻所想，都可以写。主要练习记叙、描写，穿插部分说明、议论），阅读课外读物200万字，记12万字的读书笔记（包括抄录名言佳句400则），背诵100首诗词，20篇文章，300 句名言警句。

4. 能比较熟练地阅读一般政治（像《通俗哲学》等）、文艺（文艺刊物、文学著作）读物，着重阅读记叙（记事、写人、绘景、咏物）、说明（一般说明文、科普读物）性的文章。

5. 阅读部分浅易文言文。

6. 注重培养基本能力，掌握基础知识。

阅读能力目标（略）

写作能力目标（略）

听说能力目标（略）

基础知识目标（略）

阅读图书目录：

核心层：《中学生优秀作文选》（记叙文为主）、《中国现代散文名篇宣讲》、《名家记事100篇》、《名家咏物100篇》、《名家写景100篇》、《名家抒情100篇》、《老人与海》、《骆驼祥子》、《三国演义》、《契诃夫短篇小说选》、《巴黎圣母院》、《唐宋诗词选》、《中国青年报》、《小小说选刊》、《半月谈》、《百科知识》、《演讲与口才》、《杂文报》、《文言文助读》等。对《老人与海》等6部文学名著，又都有具体的阅读训练目标。如读《老人与海》，应注重分析硬汉子桑地亚哥形象，并从他身上学习如何勇敢地面对失败，做一个生活的强者；读《骆驼祥子》，着重学习其语言风格，特别是生动活泼的口语的运用。

紧密层：《朱自清散文》《冰心散文》《孙犁散文》《沈从文散文》《傅雷家书》《茶花女》《童年·在人间·我的大学》《都德短篇小说选》《马克·吐温短篇小说选》《铁道游击队》《苦菜花》《中华名人修身治家宝典》《外国名人修身治家宝典》《许茂和他的女儿们》《卡耐基：成功之路丛书》《中外名人成功启示录》。

松散层：《沈从文小说选》《戴望舒文集》《家》《春》《秋》《镜花缘》《黑郁金香》，北岛、舒婷、汪国真诗选，《中篇小说选刊》《十月》《静静的顿河》《红字》《少年维特之烦恼》《无名的裘德》《都兰趣话》《珍妮姑娘》《嘉莉妹妹》《漂亮朋友》。

当我们凝神审视这些明细的条目时，或许会感到枯燥。但正是在这些近乎数字般枯燥的教材和目标序列中，涌动着一股强大的生命活力。其中有道——母语文化教育，主要是文学教育、语言教育、汉字书法教育；其中有德——高尚的道德情操，高雅的兴趣爱好，高层次的人生追求——现代文明人应有的文化品格；其中有能——让学生学会审美，学会读书，学会表达，学会写字——现代文明人应当掌握的语言文化知识和技能。正是从一本本名著、一份份报纸刊物的阅读中，从一首首诗词、一篇篇文章、一句句格言的背诵中，从一则则读书笔记、日记、周记的摘抄写作中，从一页页汉字书法、一章章诗文的习练中……将走出一代"志向高远，人格健全，基础扎实，特长明显"的现代文明人。

质从量来，虚从实来！

三、开放性、包容性；重在整合，在于给各种语文教育教学经验和研究成果以科学准确的定位，使其在整个语文教育这个大系统中发挥自己应有的作用

人的一切实践活动（包括语文教学）都是人的思想观念、思维方式的直接或间接的实现过程。所以，当面对语文教学弊端时，我们就不能不追根求源，从我们的思想观念和思维方式上找原因。

长期以来，在语文教学上我们思想观念和思想方法存在的最大问题是一元化和绝对化。往往讲的是辩证法，而实际上搞的是形而上学，不是盲目否定，就是盲目肯定；讲辩证法，也是只知道一分为二，非黑即白，非对即错，而不懂得亦对亦错，亦好亦坏，不懂得一分为三、一分为 X；讲对立统一，也是只讲对立，不讲统一，只重破坏，不重继承、积累、整合，不懂相辅相成乃至相反相成的道理。例如，我们总想找到一种一统天下、包医百病的教学模式，却不懂得任何一种教学模式只能是相对正确的，一旦模式化、绝对化，便会走向反面。我们反对死记硬背，结果走向了不读不背，却不懂得死记硬背自有死记硬背的好处；一搞标准化，标准化的命题便立即铺天盖地而来，却不明白语文学科的许多方面其实

是不能也不可能"标准"的。

高密一中的"语文实验室计划"有自己旗帜鲜明的指导思想和理论基础，但在教学方法和教学模式上，却没有自己固定的模式。实验室计划启动伊始，李希贵校长便明确了这样的思想：不作茧自缚，构建自己的所谓体系，要取百家之长。在这样思想指导下形成的实验室计划自然就显示了开放性品格，具有巨大的包容性，是一个极具张力和无限生成性的空间。它没有标新立异之举，却有整合之功。它给予各家各派的语文教学经验和研究成果以实事求是、科学准确的定位，确立了它们在整个语文教育教学这个大系统中应有的、恰如其分的位置，一切"拿来"，为我所用。

例如，阅读教学采取的主要教学模式就有五种：

讲解法。课堂教学意义上的讲解，一般是指教师对教材内容的解释和解说，诸如解释字词的形音意，并辨析其用法，分析句子的含义以及解说语文知识方面的概念等。而在语文实验室，这些任务都有学生根据自己的实际情况，查阅工具书独立解决完成。语文实验室教学中的讲解，是指教师对学生所要阅读作品的解释，诸如提出明确的学习目的、范围、要点和要求，介绍作家和作品的大时代创作背景；讲解某些重点、难点（独特的创作方法等）。在指导学生阶段性阅读作家专集作品（如《巴金选集》《朱自清散文集》等）时，多采用阅读法。其具体程序步骤是：

点：提出阅读要求、阅读范围、要点（可用幻灯投影写出讲解提要），使学生有明确的学习目的、任务，有序、有组织地展开阅读。

解：介绍有关作家、作品的大时代创作背景，讲解作家独特的创作方法。如巴金的"家庭剧"，老舍的"市民小说"等，使学生在读之前便对作家作品有个大致的了解，以尽快地理解作品。

读：学生阅读，教师指导学生做好读书笔记，指导学生品评鉴赏作品。

实验室采用这种讲解法可保证教学时间经济有效，提高学生的学习效率，有利于学生思考力、感受力、辨析力的培养；在学生广泛阅读的基础上克服传统讲解中学生处于被动状态、不利于养成解决问题的能力、无法照顾个别差异等缺点。

问答法。即在阅读过程中教师和学生（以组为单位）通过对话或问答的双向交流活动，完成既定教学任务。具体程序步骤是：

第一步：读，通读作品。

第二步：谈话，就不懂处师生交谈，教师传授新知识，提示阅读思路。

第三步：读，精读部分篇章。

第四步：谈话，引导学生进一步理解作品，培养学生的概括能力。

第五步：思，边读边思考精读过的文章。

第六步：做读书笔记。

问答法具有广泛的应用价值，它易于集中学生的注意力，发挥师生两个方面的积极性，加强双向交流，发展学生的智力和语言表达能力，使听说读写有机地结合起来，利于思维和口语训练；而以小组为单位的交谈，则克服了面对全体、不能因人而异的缺点。

讨论法。是在教师的指导下，学生通过商讨等多向交流活动深入理解作品的方法。其核心是在一定的教学环节内变学生的独立阅读活动为集体的阅读活动。通过学生之间或师生之间的讨论，使学生集思广益、互相启发、加深理解、取长补短，发挥集体智慧，以培养学生分析问题、解决问题的能力，培养批判性思维能力和独立钻研精神。具体步骤是：

第一阶段"提示"：教师提示阅读范围，确定讨论课题。

第二阶段"预备"：学生查找资料，独立阅读，自行研究，做笔记。

第三阶段"讨论"：集体讨论，教师指导，学生获得新结论。

第四阶段"总结"：学生整理笔记，写感想。根据需要，有时候前两个阶段可以在课前完成。

讨论法把教师指导下的自学发展为互学，可以增长学生见识，培养学生的批判能力和敢于思考、敢于争辩的风格。在实际操作中，教师应鼓励学生大胆发表意见，避免少数学生独占发言机会。

电教式。电化教学是一种新的教学手段，可帮助学生突破认识上的时空障碍，实现教学的直观性，使学生获得丰富、鲜明的感性认识；可以突破课堂教学的时空限制，有助于扩大教学规模和范围。具体程序步骤是：

预先进行提示，让学生有目的有重点地去视听；在进行过程中，对教学内容的重点、难点和关键处进行启发诱导，使学生边看，边听，边想，以促进学生对新知识的理解和吸收；结束时小结；小组讨论；最后写出观后感。

读写联结法。在指导学生阅读的同时，加强作文训练，使读和写紧密结合。具体做法是，对全部阅读教材做研究统计，找出哪些教材以及各自在哪些方面有益于学生写作，然后确定采取什么办法和在什么程度上发挥阅读教材的作用指导学生进行三种性质的写作。一是模仿性的读写结合——是在阅读教材原文内容范围内进行写作，主要形式为摘抄、写提要或重新组合；二是创造性的读写结合——要求学生把阅读时的思考通过作文表达出来，主要形式有续写、扩写、读后感、文章评论等；三是模仿和创造相结合。再如作文教学。作文分口头作文和书面作文，语文实验室既重书面作文，又重口头作文。进行口头作文，形式不拘一格，主要有：（1）复述。对小说、报告文学等故事性较强的作品，要想透彻地把握它们的思想内容、艺术特色，必须熟悉故事情节。所以在读这类文章的时候，要让学生读后尝试复述。这虽然不是创作，但是能把书面语言转化为口头语言，需要具备多种能力，如速读能力、记忆能力、整理材料的能力和用自己的话完整表述的能力等，所以这是一种培养学生多种能力的有效方法。（2）口述新闻和社会焦点问题。学校电台每天在固定时间播送《新闻联播》和《焦点访谈》等节目，既训练了学生的听力，也开阔了学生的视野。语文教师则利用这一便利条件让学生在课堂上进行5分钟讨论，发表自己的意见，相互讨论，共同提高思维能力和表达能力。（3）举办专题演讲会、辩论会。在阅读议论文、杂文时，学生会感到枯燥乏味，而中学生往往又欠缺思辨能力。而举行辩论会、演讲会，就某个问题在全班范围内展开讨论，学生就会积极主动地收集材料，在辩论中提高思想认识。（4）读书读报心得交流会。放手让学生在语文实验室阅读，不是撒手不管。教师除了通过抽查读书笔记以检查阅读效果之外，还可以在实验室内主持举办读书读报心得交流会，让学生谈谈各自的阅读收获，从中发现问题，予以正面引领。

在书面作文训练上，除了沿袭传统作文教学的有益做法外，主要采取了两种做法：

一是激发兴趣，使学生产生创作冲动。为了创设情境，给学生营造一个想象空间，每个实验室都配备有四机一幕（电视机、录音机、放像机、投影仪、字幕），教师利用这些设备引导学生写作。如写游记时，可放有关名胜古迹的录像带，使学生"身临其境"；写抒情散文时，可利用录音机放一段《秋夜思语》，让学生参照写一篇《秋赋》；还可以根据课文上的小说，让学生补充结局或想象其中某个细节加以描绘，等等。总之，方式灵活多变。

二是鼓励创作，积极投稿。实施"语文实验室计划"教学后，包括大作文、周记、读书笔记等，学生的写作量大大增加。这其中有许多优秀习作，本着鼓励的原则，教师都及时将其推荐到校刊《幼林》、校报《滨北时空》及《习作天地》，或推荐到省市级报刊发表。当学生看到自己的作品刊登在各类报刊上时，自然欢欣鼓舞，劲头十足。教师在批阅作文时，如发现佳作，一定要鼓励学生自己大胆投稿，以此形成浓厚的写作氛围，以熏陶学生。

大象无形，大道无行。无形，不是说没有形态，而是说一切因时因地因人而异，千变万化，没有定形；无行，不是说不讲规范，而是说一切要顺应形势，通权达变，没有一以贯之的成规。在教学模式上，"语文实验室计划"称得上是"无形"之大象，"无行"之大道。

从1995年秋季开始，高密一中的"语文实验室计划"已经实施了将近三年。

三年时间并不算长，但已经硕果累累。对学生进行润物细无声的文化熏陶和心理塑造，如前所述，其意义深厚绵远，其效果真切可感，学生逐步告别粗俗，走向高雅。与之俱来的是显形效果。1997年相继参加"圣陶杯作文大赛""山东省文化艺术博览会""全国青少年夏令营作文大赛"，获奖作品加上在各类报刊上发表的作品，累计达160篇；学生自己编辑的校刊《幼林》被评为"全国中学文学社百佳"。高密市人代会期间，学生记者团与市报记者一起采访与会代表，被采访者分不出哪个是记者，哪个是学生；在各种集体场合，大部分学生都能做到举止落落大方，即时应答清楚准确，流畅自如。

"语文实验室计划"也经受了高考的考验。1997年高考，高密一中的语文成绩名列潍坊市同类学校第一名。这在学校历史上是前所未有的。这说明，即使应试，实验室计划也是卓有成效的。

变化也发生在教师身上，语文教师的素质也得到了明显提升。以前教师教学靠的是两本书：一本教材，一本教参。现在不行了。要能自如地与学生交流互动，解答学生各方面的问题，没有丰富的文化积累是不行的，必须广泛涉猎，不断吸收。三年来，一中语文教师平均读书120本，文化素质的提高自然改变了过去那种照本宣科的匠式教学。

多读多背多写，量化定向化有序化，易于操作，切实可行，也不需要太多的经费投入。这一做法似乎人人心中有，却又人人"笔下无"。这使我想起了哥伦布和鸡蛋的故事——事情的确不复杂，人人可以想到，也可以做到，但你实际上却就是想不到，更做不到。那么别人想到了，而且第一个做到了，自然就是"天下先"，就是首创。

所以，说"语文实验室计划"是一项语文教育的"创世纪工程"，并不夸张，我认为。

（本文原载上海《语文学习》1998年第7期，原题为"弘扬语言文化，塑造人的心灵——关于高密一中的'语文实验室计划'"）

东风夜放花千树

——山东高密市课程体系改革纪实

2001年,国家教育部颁布《基础教育课程改革纲要(试行)》,而早在上世纪末,李希贵就任高密市教委主任后,新课改便在该市启动。教育即生活,生活即教育;学校即社会,社会即学校。这一切,在高密市的课程体系改革中都完美地落到了实处,可观,可感,可信而又可学。

> 东风夜放花千树，更吹落、星如雨。宝马雕车香满路。凤箫声动，玉壶光转，一夜鱼龙舞。
>
> 蛾儿雪柳黄金缕，笑语盈盈暗香去。众里寻他千百度，蓦然回首，那人却在，灯火阑珊处。
>
> ——辛弃疾《青玉案·元夕》

图书市场往往是学校教育的晴雨表。

改革开放二十多年来，中国图书市场可以说是热浪不断。或言情的搔首弄姿、武侠的打打闹闹，或小女人的自爱自恋、明星们的自卖自夸，或帝王后妃宫廷斗法，或气功大师呼风唤雨……乱纷纷你方唱罢我登场，肥皂泡一般膨胀，又肥皂泡一般破灭……

唯一畅销不衰的是五花八门的中小学各科的所谓基础训练，形形色色的中高考试题"汇编""精选""经典"……巨大的利益驱动使出版商、书商无孔不入，教师、学生们陷入题海的没顶之灾而难以自拔。

一直备受冷落的是各类名著、经典、科普。学校图书馆大门关闭，嗷嗷待哺；实验室久叩不开，形同虚设。歌星、影星、球星成为青少年们顶礼膜拜的"当代英雄"，爱因斯坦、居里夫人、华罗庚、邓稼先成为历史文物而无人造访。你可以到任何一所中学的高中毕业班去做一番调查：高中毕业生中读过中国四大文学名著的有多少？最好的结果恐怕也不会超过5%。

这是"现代"青少年的悲哀。

这是文化的悲哀。

这是中国教育的悲哀。

但是，进入山东省高密市的图书市场，你却会有另外的发现——

古今中外的文学名著成了当地书店的畅销书，常常被抢购一空，以至于书店从各个渠道进货仍供不应求；购买名著的除了在校师生，还有学生家长。家长和孩子一起买，一起读。

书法、美术、摄影图书也摆满了书店的书柜——过去样书往往被挤在书架的一个角落，现在却摆满了整整两个专柜。

计算机类书籍的需求开始由低层次（计算机常识、应用）步入高层次（计算机原理、程序等等）。

一直备受青睐的各种基础训练、题海、题库"卖不动"了。

明星们的自传也成了明日黄花。"伟人传记"成为热点。读伟人传记，谈论伟人，崇拜伟人在青少年学生中成为时尚。

高密市图书市场的这种变化发生在最近几年，它折射出高密市全社会的教育价值取向，而这种取向缘于整个高密市教育的全方位改革，特别是教育核心层——课程体系和考试的改革。

一、教育理念变革：一切从为民族的明天准备素质的高度出发，从为学生的终生幸福奠基的高度出发，一切为学生的主动发展服务

有什么样的教育理念、办学思想，就会有什么样的课堂设置，就会有什么样的教材和教学法。教育理念——课程设置——教材建设——课堂教学模式，是一脉相承、不可分割的一个整体。课程体系改革必须首先从教育理念变革入手，教育理念的变革也必然要向纵深发展，向核心推进——落实到课程、教材、教法学法的变革上。如果没有相应的课程体系的变革，素质教育的理念也只能是空中楼阁。

你——是老师；你——是校长；你从事的职业——是教育。

既为教育工作者，当你每天走进学校的时候，当你面对你的学生时候，自然首先应该清醒：我们的教育目的是什么？教育工作的立足点、着眼点，教育的价值到底在哪里？教育，最终应该为学生留下什么？

最重要的，常常是最容易忽视的，即如水和空气，谁都离不开，而谁都又视而不见。

正是在这样一个首先应当清醒认识的问题上，我们许许多多教师、校长，其实并不清醒。在这一方向性问题上茫然，我们的教育从课程设置到教材建设到教学法，处处存在问题，也就不足为怪了。

也有清醒者，高密市教委主任李希贵同志就是这样一位教育领导。早在高密四中任校长的时候，李希贵同志对这一问题就有了自己的认识。后来，他到了高密一中；再后来，他走上了高密市教委主任的领导岗位。随着工作岗位的变化、阅历的增加，他对这一问题的认识愈来愈深入。

他在他的《教育艺术随想录》一书中写下了自己对这一问题的思考：

——毫无疑问，教育的价值不管到什么年代，也不管是在哪一个国度，都应该是造就人才。这应当是所有教育活动的最终追求……而造就的人才真正能够担负起富民兴国的责任和历史的重托，就容不得我们忽视和淡化科学文化素质的培养……素质可以有很多，但科学文化素质却是一个民族，尤其是像我们这样一个着眼于经济腾飞的民族应当下功夫强化的素质，教育的价值应该在这里体现得更深刻、更鲜明，这才符合我们教育事业的本质。

——在造就人才的整个过程中，如果我们忽略了意志品格的锻造培养，人才培养也就难以完成……要求我们的每位师生，都要养成在困难和挫折面前永不屈服的品格，都能够正视艰难困苦，直面挫折失败……我们要造就真正能够为国争光、为民分忧的人才，就不能不在这样一些意志品格上下功夫。

——教育的价值应当在受教育者的未来和我们社会的未来中体现出来，这样的教育才是真正有意义的，显然也就要求我们应当在今天的教育中设计出未来的标准和要求……当我们的学生在四十岁的时候能够说，幸亏当初我们的老师，我们的学校，我们的教育……

——什么是素质？当我们把学校里所学到的知识全部忘掉之后，剩下来的才是素质……我们的学科教育，可能不会对学生未来选择的职业产生直接的影响，但是，他们在学习过程中形成的文化情感却是挥之不去的。他们从教育中学会了读书，学会了思考，形成了对科学文化的深深依恋，这样教育就变成了一种终生需要，终身教育就成了可能。这才是我们教育的成功。

——教育的领导首先是教育思想的领导，而领导者的教育思想要想点燃每个人的心灵的火花，转化为教育改革的强大力量，就必须既具有理论的品格，又具有实践的品格；就不能是照本宣科、人云亦云的，而应当是富有个性特点、生动可感的。

正是在这些极具个性特点的教育思想的感召和影响下，整个高密市教育界——从学校校长到普通教师，从各级教委主任到各级教研人员，达成了深化教育改革，由素质教育的外围突破向课程体系改革的核心推进的共识。同时，高密市教育界也因此形成了一个以李希贵为中心的、具有教育家眼光的改革领导群体。

于是，从高中到初中到小学，一个个闪耀着时代光彩和个体生命灵光的教育理念旗帜一般在高密市每一个教育工作者的思想屏幕上升起，一个个激动人心的口号雷鸣般地在每个人的心灵深处爆炸：

——未来新时代不仅意味着物质的极大丰富，更意味着人类挣脱工业文明的桎梏和异化，对自身的发现和复归。因此，我们的教育必须给人们的生命质量带来脱胎换骨般的跳跃和升华，历史性地实现中华民族的伟大复兴。

——为民族的明天准备素质，为学生的终生幸福奠基，为学生的主动发展服务。

——立志，立业，立国；勤学，深思，躬行。

——读书，尚礼，立志，成才。

——谁抓住了教育规律，谁就抓住了素质教育。

——让学生主动发展，全面发展；归还学生的主体地位，让学生自我选择教育。

——无个性即无人才，成功的秘诀就是与众不同。

——只有自我教育,才是真正的教育。

——让每个学生都走向成功!以成功激励成功!为每一名学生的发展架起成功的立交桥!

——民主是创造的土壤;只有教学民主,才有创造精神。

——学会赏识!拿起表扬的武器!每一个孩子都是好的。在教师的心目中不应该有坏学生,只应该有心理不健康的学生。从一个角度看学生,可能只是1‰的天才,从多个角度看学生,也许就是99%的天才。

——为40岁做准备:志向高远,人格健全,基础扎实,特长明显。

……

于是,在上上下下转变教育观念,统一思想认识,确立了正确的教育观、人才观、教材观、学生观、教学观的基础上,课程体系改革的大幕在整个高密市教育界拉开了。

二、课堂小天地,天地大课堂:完整的课程教育体系才能培养出智能健全、人格健全的人,才能培养出完全的人

高密市课程体系改革的整体思路是:规范必修课,加大选修课,丰富活动课,开设"星期六"乐园课。整个课程体系又分为两个体系——学科类课程、活动类课程,三大板块——必修课、选修课、活动课。学科课程又包括了必修课和选修课。选修课正式列入学科课程,不是可开可不开的。选修课程包括限定选修课和自主选修课。由此可见,在这个课程体系中,必修课、选修课、活动课并无主次之分,地位是完全平等的。另外,从"功能"着眼,这个课程体系又纳入了研究课程。也就是说,在这个课程体系中,按对学生的学习要求分类,可分为必修课和选修课;从认知渠道和教学组织形态分类,又可分为学科课程和活动课程;而根据对学生素质发展所发挥的功能分类,又可分为基础课程、拓展课程、研究课程。在这里,必修课程、选修课程、活动课程、研究课程,四者之间,既有相融性,又有各自的独立性。

(一）规范必修课：减时增效，腾出时间加大选修课，丰富活动课。减时增效，减负才能真正落到实处

必修课是教学大纲中规定的语、数、英、政、理、化、史、地、生、音、体、美、劳等课程。必修课是提高学生总体文化素养的知识基础，必须扎实牢固地掌握。只有扎实牢固地学好必修课，才能提高分析问题、解决问题的能力，培养学生的创造能力和创新精神才有可能。由于受"应试教育"的影响，必修课的开设主要存在两方面的问题。一是对统考科目无限度地加深，不切实际地拓宽，搞题海战术，增加授课时数，违背教育规律，教学机构重复，付出了大量无效劳动，造成了时间的浪费，增加了学生负担。减轻学生"过重负担"，所谓"过重"，主要指此。二是非统考科目形同虚设，既无课时保证，更无质量要求，造成了学生知识结构和文化素养的严重缺陷，而知识结构和文化素养的缺陷势必间接地造成学生思想、情感和人格的缺陷。

所谓"规范必修课"，就是针对上述问题提出的。高密市教委通过文件明确要求：国家教育部颁发的教学大纲规定的课程必须坚决予以落实；教师应当从"豁、拼、靠"中解脱出来，从"经验型"转为"科研型"，以正确的学生观、教育观指导教学，让学生主动发展，提高课堂教学效益；必须在规定课时内完成教学任务，同时要把为应付考试而增加的课时坚决减下来。对必修课的科目和课时，教委文件——做了严格规定。

"规范必修课"的改革首先是由高密一中的"语文实验室计划"启动的。"语文实验室计划"按照语文教学大纲要求，将语文课程标准分为基础知识、语言运用、阅读鉴赏、写作实践4个大的方面，遵循多读、多背、多写的语文学习规律，用1/3的教学时间在课堂教学中将知识点——落实到位，让学生将课本当成例子，通过统编教材学会学习，然后把2/3的语文课时间还给学生，让他们在语文实验室——自修室里自主地选读规定的核心层、紧密层、松散层等3个不同层次的书籍、报刊，引导他们有针对性地结合教材阅读感悟，比较鉴赏，做读书笔记，给

他们以充分的相互研讨、独立思考的时间和空间。针对当代青少年缺乏人生营养的现状,"实验室计划"精选了12部古今中外文学名著作为高中阶段的必读教材,让学生在《巴黎圣母院》里识别真善美、假恶丑,在《红楼梦》《简·爱》里接受人性的洗礼……"实验室计划"还给学生的主动发展开辟了广阔的空间,让学生自主办报办刊,定期举办文学评论、读书报告会,从而改变了教学关系,还原了语文课的生动本色,使语文成为最受学生欢迎的学科。从效益上看,学生阅读量比传统教学提高了6倍,写作量提高了2.5倍,高考成绩也名列全省前茅。

更重要的是,通过"语文实验室计划"的实施,学生的语文素养得到了全面提高,语文能力和文化人格得到了平衡发展。习文悟道,以文化人,学生高尚的道德情操,高雅的兴趣爱好,高层次的人生追求也因此得以养成。

必修课改革的难点在思想政治课。长期以来,主流意识形态最为重视的思想政治课一直是存在问题最多的学科。政治教育教学目标和德育目标相脱节,再加上教育教学方式的"说教式""灌输式""死记硬背式",直接导致了学生学做不一的"双重人格",使思想政治课远未发挥学校德育主渠道的应有作用。"学校教育一点钟,抵不过社会一分钟","学校教育一整天,抵不上大街转一圈",生动地画出了思想政治课教育教学的尴尬和无奈。"为什么80%的学生对政治课特别厌烦?""为什么政治课本一学完或未考完,学生扔得、撕得最多?""为什么政治课可以说是到了'摧残'学生的地步……症结何在?办法何在?"李希贵同志在做了深入细致的调查研究之后,一针见血地提出了一系列问题,批评振聋发聩,切中要害。

出路何在?改革!

高密市的思想政治课改革以服务于人的发展为宗旨,以培养学生成为一个合格的国民应具备的素质为目标,具体化为"三三制"方案:"三个中心"——以学生为中心,以能力为中心,以活动教学为中心;"三条线"——课堂教学线,情境教育线,活动教育线;"三论"——讨论,争论,辩论;"三动"——动口,动脑,动笔;"三允许"——允许标新立异,允许七嘴八舌,允许保留观点;"三创"——创见能力,创造思维,创新意识;"三观"——人生观,价值观,世界观。

"三三制"教改方案的实施，使政治课一改多年来的沉闷局面，焕发了勃勃生机，政治课的天地一下子广阔了。"以学生为中心"，还学生以主体地位，不但把时间还给学生，更重要的是把思考的过程还给学生，让学生在活动中体验感悟。课堂上，教师根据教材内容，为学生提供情境材料和题目，让学生模拟表演、讨论和辩论；辩论课、专题演讲课、时政论坛等丰富多彩的形式使教材由死变活。立新中学杜希勤等三位教师与司法部门多方配合，在初二年级搞起了"模拟法庭"，让学生在模拟中学法用法；古城中学王琦老师把政治课与班级工作有机结合，开创了初一民主化管理的典范；有的教师组织学生进行诸如"当今中国环保问题大辩论""在市场经济条件下雷锋精神与商品意识"等"热点"辩论，课内外结合，既加深了学生对教材的理解，又拓宽了学生的知识面，使学生的思维能力和口头能力都得到了锻炼。姚戈庄中学的顾学武老师根据本班一名女生辍学打工一事，在让学生掌握教材有关内容的基础上，设计了"一次真人真事的法律讨论"。学生根据所学《未成年人保护法》《义务教育法》等法律知识，展开了热烈讨论。学生旁征博引，争得面红耳赤。正是在这样的争论中，学生对法律的理解得到了深化，同时法制观念也得到了强化。

只有尊重学生的主体地位，让学生主动学习、探究、发展，才能开掘出他们的学习潜能，打开他们的思维空间。他们的个性才能得到张扬，人格才能形成。立新中学张永涛老师在开设人口专题时，让学生在自己查资料的基础上提出解决我国人口问题的办法。其中一位叫付琦的初中同学以令人惊奇的想象力这样写道：人的住房问题既然可以向高层发展，粮食问题自然也可以用这种办法解决，如同楼房一样，在地球上设立层层土地。阳光的解决，可以运用物理上的阳光折射处理，用几面大镜子即可解决问题。这样同样面积的地方，粮食想增几倍就增几倍。徐慎喜老师在对初四学生进行完"职业理想教育"的教学后，要求学生写下自己的职业理想留给教师做纪念。有位同学第一次开始了属于自己的对理想的"认真考虑"：以前"理想"这个词对我似乎很陌生，因为我没有理想，甚至连自己将来干什么都没想过。可现在，我开始认真考虑理想这个问题了……我知道，要实现理想并不容易，但我会尽最大努力去实现理想，永远为自己加油！

教育一旦成为自觉、自动，其价值才能真正实现。

家事、国事、天下事，事事关心；笑声、掌声、争辩声，声声入耳。高密市的政治课改革使多年不受学生欢迎的思想政治课成了学科教学的一道亮丽风景，思想政治课因此展示出了巨大的教育魅力。

其他学科的教改也全面展开。历史课的"专题·情境·活动"教学使历史教学由"平面"成为"立体"，讨论课教学（如"唐玄宗评价"）、历史题材影视作品评论课（如"从《雍正王朝》看康乾盛世"）、辩论式教学（如"我看世界时局新变化"）等课型百花齐放，为学生提供了广阔的自学、思考从而形成正确历史观的空间。英语教学改革了单一的必修课课型，增添了精读课、泛读课、听力课、写作课，强化了学生听、说、读、写能力的培养。化学教学变演示性实验为探索性实验，倡导发现、创造。生物课也强化了实验教学，让学生学会观察，学会求知，学会探究。

（二）选修课：为学生提供广阔的选择空间，开阔其知识视野，培养和发展其兴趣特长

高密市教委将选修课"法定"为学科类课程。"法定"，意味着必须开设。

选修课是以知识型为主，允许学生根据自己的兴趣、志向进行选择学习的一种课程，是学生在学习必修课的基础上开设的。它是必修课的拓展、延伸和补充，是教学民主化在课程设置上的具体体现。开设选修课，目的是为学生提供广阔的选择空间，更好地发展学生的兴趣特长，拓宽其知识面，开阔其视野，发挥其学习潜能，培养其自觉钻研、积极进取的精神，以更好地适应社会多方面的需要，为升学与就业打好基础。

为了保证选修课的落实，高密市教委对选修课内容及开设方式、选修课开设科目及课时安排、选修课的考核评估等都一一做了明确而又具体的规定。

选修课内容及开设方式。从内容上分为两类：一类可选与必修课相关的内

容。此类选修课的内容是相对应的必修课内容的拓宽、深化、应用，也可以用趣味的方法来巩固必修课知识，并进一步涉及边缘学科，但决不能只为深化必修课内容而变为习题课和复习课，变相地增加必修课课时。这类选修课可具体分为拓宽型、深化型、应用型和补差型，如"阅读欣赏""思维训练""口语听力"等。一类可选学与必修课不直接相关的知识类内容。可以介绍新科学理论，扩大眼界；可以培养艺术修养和陶冶情操；可以根据社会需要，带有初步职业培训特点，开设综合技术性的基础课程，如"微机""中学生礼仪""学法指导""园林艺术"等等。从开设方式上，可分为限定选修课和自主选修课。前者是部分学生必须选择学习的，它与主要学科在知识上相对应，对部分学生带有必修课性质，如"阅读欣赏""英语听力""口语训练""数学思维训练""实用物理""实用化学"等；后者从满足学生的不同爱好和需要出发，灵活安排，由学生自主选择。无论哪种选修课，都必须有相应的教材、教学计划、课时安排，在学校计划中要做到授课教师、时间、教材、场地、器材的落实，备课要按必修课要求实施。

选修课课时要排在课程表上。

开设科目及课时安排。选修课的科目、内容及教材，根据必修课的学习内容和发展学生特长的目的确定。有些辅助教材和课外读物可以直接作为选修课教材，某些教材或读物的有关部分可以印成讲义作为教材，学校和教师也可以根据实际情况自编教材。根据新华书店出售书籍和高密市各个学校自编教材的情况，市教委精选了《实用数学》《计算机课程》《中学生礼仪》《电子试验》《书法》《绘画》《心理健康教育》等22种书作为选修课的参考目录。课时安排大致每周4节（自主选修课每周1~2节，其余为限定选修课）。

考核评估。选修课的考核采取积分制，学生每修满一科限定选修课，经过考查，根据情况记出分数；修满自主性选修课，也应根据情况适当记分。学生毕业前达到一定积分为及格，以此作为毕业和升学的依据与参考。对选修课任课教师的考核评估，记分和必修课基本持平，个别情况，如自编教材应酌情加分。

选修课的开设，为学生的主动发展、全面发展，为学生在学校里学会选择提供了教学机制的保证，同时也为学科教学注入了鲜活的生命力。"忽如一夜春风来,千树万树梨花开。"随着几十门选修课的开设,整个高密市中小学的学科教学一下子活了起来。

拒城河镇初级中学是高密市一所极普通的农村初中,开设选修课,该校不仅让学生自主"选修",而且允许学生在成功班与提高班之间根据自身的发展进行调整。在学生自愿报名和自愿调整的过程中,发生过这样一个故事——

初三(6)班限定选修课的报名工作已经结束,可是化学课成绩并不太理想的王萍同学却非要由原来的成功班改为提高班。同学们劝她说:"你参加提高班能行吗?还是成功班吧,等成绩上去了再说……"没想到王萍竟然急了,根本不理会同学们的善意,赌气地说:"谁说我不行,我证明给你们看!"这事传到老师那里,老师还是尊重了她的选择。一个多月后期中考试有了结果:王萍的化学成绩跃居班级第九名!这下老师和同学都服了,而且"谁说我不行,我证明给你们看"这句话在校内广为流传,许多同学还以此作为座右铭,尊重学生的选择也从此成为广大教师的共识。

在拒城河镇初级中学,微机这门自主选修课最初只有一名教师辅导,后来由于报名的人越来越多,辅导教师也就增加到了三名。在这里,这些土生土长的农村孩子对现代科技孜孜以求,什么软件、程序、互联网等专业名词不时地从学生口中流出。学生们的浓厚兴趣和好奇心让老师们感到振奋和欣慰:这可是创造力的源泉啊!掌握现代科学技术,农村孩子照样行!就是这所乡镇初中的王龙同学,作为该校微机选修班的代表,参加高密市艺术节,荣获了电脑作文一等奖。

绘画这门自主选修课也日益受到这所乡镇初中学生们的喜爱。国画、工艺画、工笔画、漫画……学生们用浓墨重彩描绘校园里的七色生活,绘制自己人生的宏伟蓝图。"国家级绘画新人奖""迎回归书画展一等奖""环保杯书画创作奖"……一个个证书浸润着学生奋进的汗水,折射出这些农村孩子创造的一个个成功和辉煌。

在高密市,选修课不仅允许学生选择课堂,选择教师,而且允许学生"自修"。

为了为不同层次学生的自主学习、主动发展创造条件,尤其是能够保证优秀学生脱颖而出，高密一中专门建造了一座能够容纳1600名学生自修的全国中小学绝无仅有的自修大楼。学校按照学生自愿报名、教导处审核、学校批准发给"绿卡"的原则，让优秀学生通过自我论证，在保证掌握课堂95％以上教学内容和提出自修计划的基础上，走出课堂，到自修室自主学习，拓宽加深，充分发展；一般学生则可以在学校开设的成功选修课和实施的大目标分段教学中，通过学法指导、规范行为、加密台阶等方式，实现稳步发展；学习困难，或者在某些学科甚至品行的某些方面有缺陷的学生，也可以在选修课中经过心理疏导、弱科——弱点补课教育和扬长教育，逐步健全自身人格，提高学习效率，体验到成功的喜悦。在数学、物理、化学等科目的教学中，学校针对学生的认知能力、学习意志等方面的差异，分别开设了不同起点、不同目标、不同内容的成功选修课和提高选修课，让学生选择教师、选择班级学习，寻求最佳教学方式，实现异步发展。在音、体、美教学中，一中实施了教练员责任制度，让学生和教师通过双向选择，组建松散型最佳教学组合，让学生直接参与教学改革。这样，不同层次的学生都在成功的选择中得到了提高和发展，因此受到学生的普遍欢迎。1999年高考，一中有5名学生考入北京大学，1名考入清华大学，110名考入全国其他重点大学，实非偶然。个中"秘密"，不言而喻。

（三）丰富活动课：知行统一，情意结合，让学生在活动中经受道德磨炼，让学生在做中学——在做中整合知识，使能力均衡发展

　　立新中学校园。
　　活动课教学现场观摩会。乒乓球台前，队员们捉对厮杀，漂亮的弧圈球，大力凌空抽杀，炫人眼目，扣人心弦；剪纸教室，学生飞刀走剪，花鸟鱼虫，栩栩如生，让人动容；美术教室，学生挥毫泼墨，笔走龙蛇，一山一水，一肌一容，活现眼前；演讲教室，辩手们旁征博引，唇枪舌剑，各不相让，犀利的语言，缜密的思维，从容不迫的风度，赢得阵阵掌声……
　　书法、小记者团、编辑、化学实验、物理实验、科技活动、英语角、声乐、

器乐、舞蹈、缝纫、电器、维修、篮球、足球、武术、编织、棋牌、历史人物点评、布贴、烹饪……学生们就像如饥似渴的蜜蜂，穿梭于万紫千红的繁花丛中，辛勤地忙碌着。

在高密市，你走进任何一所学校，都能看到类似景象。在这里，活动课越来越受到学校和教师的重视，受到学生们的欢迎。市教委有关活动课程的意见已成为各个学校的自觉行为。

对于活动课程，市教委不仅认识到位，而且措施得力。

——活动课程是九年义务教育课程体系的主要组成部分，它同学科课程相辅相成，是全面贯彻教育方针、进行素质教育的主要途径。其主要作用是通过丰富多彩的活动，使学生在实践中扩大视野，动手动脑，增长知识才干，同时健全学生人格，发展个性特长，促进学生身心健康和谐地发展。

——活动过程本身具有教育性。通过活动，不仅可以提高能力，而且可以让学生经受道德的磨炼。

——开设活动课程，是现代课程理论的具体实践。活动课在促进学生的知识体系与能力的培养，促进各学科知识之间、理论与实践之间、理性认识与感性认识之间的相互融合，在发挥学生学习主体性方面具有突出优势。

在总结各校实践经验的基础上，市教委对活动课程的内容、组织形式及方法，都做出了统一规定。

内容主要包括四个方面：

社会教育活动——通过校内广播、校刊、报告、参观、集合、访问、社会调查和重大节日、纪念日、民族传统节日等方面的活动，向学生进行爱国主义、集体主义、社会主义、遵纪守法、团结同学以及日常行为规范的教育。

科学技术活动——通过发明、创造、论文、制作、种植饲养、科学实验、环境保护、计算机操作、科学技术信息传播等科技方面的活动，使学生了解人类科技发展的过程及其对人类生产生活和社会发展的巨大影响，了解我国历史上的科技成果、现代科学技术发展状况和发展趋势，培养学生具有初步的科学创造意识，提高学生学科学、爱科学、用科学的精神和运用科学方法解决生活、学习中实际问题的能力。

文学艺术活动——通过阅读、声乐、器乐、舞蹈、绘画、书法、雕刻、工艺制作、影视、戏剧等方面的艺术活动，培养学生参加文学艺术活动的兴趣，发展其艺术方面的爱好和特长，提高学生的文学艺术素质，培养其体验美、鉴赏美、创造美的能力。

体育卫生活动——通过群体活动、竞技体育训练和卫生保健知识教育，以及广播操、保健操、田径、武术、体操、球类、登山、游泳、远足、棋牌、国防体育等活动，使学生掌握简单的体育技能技巧和卫生保健知识；培养学生自觉锻炼身体的好习惯，促进身心的正常发育，增强体质，并逐步养成团结合作精神和克服困难、勇于进取、坚忍不拔的意志力。

活动课程可以采取小组活动、班级活动、级部活动、全校活动、晨会、夕会、校内广播、校班团队会等组织形式，其基本方法包括观察、思考、制作、参观、访问、考察、阅读、训练、竞赛、表演等。

活动课程的开设，使教师的教育能量得到了充分的发挥。高密市教委根据有关资料向全市学校提供了23种活动课科目，而有的学校，如高密一中，开设的活动课科目高达37门之多。市教委鼓励各校遵循因材施教、因地制宜的原则，自编有自己特色的活动课教材，拒城河镇初中发动教师自编教材多达24种70余本。每一门活动课，每一本自编教材，都浸润着教师的血汗，它们的后面都有一个个生动感人的故事。

活动课程的落实，使学生的素质得到了多方面的提高。

以棋牌课为例。小小的棋牌同样具有教育功能，学生在弈棋的过程中可以培养多种能力。学生弈棋时出于好奇心和制胜心，注意力高度集中，久而久之，培养了自己的意志力和注意力；学生弈棋时聚精会神，目不斜视地观察思考，培养了自己的观察力和想象力；学生不出声地默思对策，培养了自己的逻辑思维能力；学生精心经营，环环相扣，培养了自己的理解和记忆力；学生统揽全局，进退有据，培养了自己的全局观念和灵活反应能力。特别是陷入困境，甚至败局已定时，如能沉着冷静，慎重思考，顽强拼搏，则能培养自己良好的心理素质。拒城河镇中学就是通过活动课，培养出了一名善于收拾残局的行家里手，名叫颜星。他代表学校参加高密市首届体育节象棋初中组比赛，一举夺魁，令评委啧啧称奇。该校棋牌课辅导教师曾对初一级部37名象棋队员和同班同年级随机抽样的非象棋队员采用问卷法做了一次调查，调查数据显示：象棋队员与非象棋队员心理素质差异很大。学校从中探索出了一条以棋育人，培养学生多种能力和健康心理素质的蹊径。

深入考察，你可以发现，高密市的活动课实际上是一个广阔的教育空间，它几乎无处不在，无时不有，学校几乎把学生生活以及学校管理的方方面面都程度不同地纳入了活动教育。学校的管理行为也转变为学生的自我教育行为——让学生通过自我选择、自我管理进行自我教育。学校科技节、艺术节、读书节、运动会、夏令营、队列广播操比赛、普通话比赛、优秀作业展评、演讲比赛、球类比赛、校园歌曲"卡拉OK"大奖赛等大型活动，多数学校也都通过招标、竞标的方式，交给学生（以班级为单位）组织举办，让学生在活动中培养自己的组织领导能力、交际适应能力、创造能力和团队合作精神。教师则从前台走向幕后，由主角成为导演，教育活动逐步从"老师忙，学生烦"的局面中走了出来。学校的校长助理、班团干部、校报校刊主编、电台电视台台长、节目主持人等等，也都让学生竞争上岗，定期换届，使学生在不同角色的选择锻造中尝试人生中的许多"第一次"，从而磨炼了意志，增长了才干，为今后的发展奠定了良好的素质基础。

李希贵同志在任高密一中校长时，曾引导学校团委、学生会联合发起了一次征集设计"十节日方案"活动。"十节日方案"就是在元旦、春节、清明节、中秋节以及劳动节、青年节、国庆节、教师节、母亲节、老人节等共十个节日来临时，由学生自己设计如何庆祝这十个节日，如何使节日过得难忘而又有意义。最后择优选出十个方案，修订之后，向全校学生公布，并由各班团支部组织实行。其中选出的母亲节的方案是这样设计的："对母亲节的理解（略）。过节计划：母亲节的早晨向母亲祝贺节日快乐，奉上自己制作的节日祝福卡片，然后陪母亲到公园里好好放松一天。在陪伴母亲的过程中，一起回忆儿时的情景，向母亲表达自己对母亲的感激和关爱之情。晚上动员父亲和家里的其他人一起举办一个'庆祝母亲节晚会'，为母亲演唱《烛光里的妈妈》，让母亲尽情享受儿女的孝心和爱心。"
"十节日方案"的征集和实施，不仅受到社会、家庭的赞誉和认同，更重要的是让学生在节日里得到了锻炼和教育，接受了"爱"的洗礼，丰富了自己的情感世界。

为了磨炼学生的心理承受能力，李希贵同志还发动教师进行了"让学生失望一次"的活动，故意设计一些挫折情境让一些心理承受能力差的好学生体验一次挫败的感觉。如在联欢晚会上故意安排几名学生，请不擅长唱歌的学生为大家唱支歌，让他们"丢一次丑"；举办一次全体学生参加的运动会，让无体育特长的好学生当一次倒数第一名；在学校一些招标活动中让他们在竞选中败北；在一些公共场合有意当众指出好学生所出现的一些失误；指定一些不擅长辩论的学生在班级辩论赛上做辩手；学生受到委屈时故意不予理睬，等等。在此基础上，还要鼓励他们自己有意识地进行一些受挫折的训练。活动育人，真是用心良苦。

（四）开发研究课：课堂教学以激励学生产生问题始，以产生探索新的问题止；一堂好课的标准——越讲问题越多

研究性课程既具有课程性质，同时也具有教学模式和教法学法的性质。它以学生的自主性、探究性学习为前提，以学生感兴趣的社会科学、自然科学及生活问题为研究专题，以个人或小组活动为方式，以提升学生的实践和创新能力为核心的综合素质为目的。它在实质上是一种创新教育模式。

作为改革传统教育观念和模式的有效途径，迎接知识经济挑战的有力举措，高密市将研究课程置于突出地位——作为必修课，贯穿于小学至高中的整个基础教育阶段。

高密市中小学开发研究性课程遵循的基本原则是：

1. 创新性原则。以创新思想为指导，教给学生创造性的思维方法，树立每个学生都有创造欲望和创造潜力的观念，引导学生参与创造性活动，激发其创造热情。鼓励学生的研究能够"发别人之未发""做别人之未做"，但

对研究过程的创新同样要给予充分肯定。

2. 实践性原则。让学生通过多种渠道，调动多种感官进行探究，在实践中体验、感悟、升华。根据活动计划，有针对性地调查、访问、查阅资料，在获取第一手材料的基础上形成专题报告，力戒闭门造车、妄下断语。

3. 科学性原则。学生研究的每一个步骤，每一个环节，每一个活动，力求实事求是，具有可操作性和实效性，符合客观规律。研究报告中引用的事例、数据及搜集的其他信息资料等，应确凿真实。在发展学生发散思维和逆向思维的同时，也要注重思维的求同性与求真性。

4. 主体性原则。在研究性课程中，学生是认识的主体、实践的主体、发展的主体。学生的发展很大程度上取决于主体意识的形成和参与能力的培养。学生的主体作用的发挥程度，决定着课题研究的质量与水平。

5. 自主性原则。课题的选择应由学生在教师的指导下根据自己的兴趣爱好和特长自主确定，然后拟定研究计划、目标方法、操作步骤和成果形式，并逐步实施。

6. 开放性原则。学生的研究领域可以是社会人文方面的，可以是自然科学方面的，也可以是技术革新或综合方面的；活动的地点可以在校内，也可以在社区或自然界；研究的周期短可几周，长可半年或一年；可以是自己搞研究，也可以"联合大开发"。通过这样的自觉行为，让学生以开放的心态，关注学校，关注社会，关注世界，关注现在，关注未来，从中学会把有字之书与"无字之书"结合起来阅读。

7. 综合性原则。以现有知识的综合运用为重点，深入研究更深层次的课题，在研究过程中，实现各学科研究的沟通和融合，促进各单科知识的巩固和提高。

只有亲自经历过，才能真正感受到；而只有学生自身体验、探索和感悟到的东西，才是真正属于自己的东西。

研究课程的开发在中小学生面前展示出了一个崭新的、富有魅力的学习领域。在这个领域里，学生的主体性得到了充分发挥，他们的学习和创造潜能得到了充分开掘，不仅养成了科学的思维方法，而且培育了他们求真、求实、求新的科学品格。高密一中在历史教学中，一改过去积累性、接受性教学方式，要求学生独立认知、理解和思考历史问题，做到不惟"书"，不惟"上"，结合历史实际进行具体分析，根据实践证明了的东西立论，不依赖某些已有的传统结论或书本上缺乏说服力的论断；要追求历史的科学性，提出独立见解。在《世界近代现代史》上册"资产阶级革命"这一单元的高三复习课题教学中，历史课教师先运用已经实施的"历史背景教学法"，给学生提供了有关英、法、美等国资产阶级革命的书目及史学界争论的观点材料；在指导学生阅读背景材料和教材的同时，将学生按照自己的兴趣和特长组成英国研究部、法国研究部、美国研究部、俄国研究部、意大利研究部、日本研究部等，分头研究国别史。通过对19世纪中期到20世纪初期6个资本主义大国历史发展的比较研究，学生得出了自己的结论：没有经过大规模的资产阶级革命而走上资本主义道路的俄、德、日三国，后来均为补上资产阶级政治改革这一课而付出了沉重的代价，除俄国爆发革命外，德、日都是走上了法西斯主义的毁灭之路；而经受了资产阶级革命洗礼的英、法、美三国，特别是革命最为激烈的法国，则以较小的代价顺利地走上了资本主义社会的正常发展道路。英国部"研究员"认为，英国资产阶级革命中，把土地大块地卖给资产阶级和新贵族，把土地变成了资本主义性质的私有产业，其生产形式是像工厂一样的、集约经营的、采取雇佣制度的大农场，这种农业资本主义道路，有利于资本主义发展，有利于以后的农业机械化。而法国大革命中，雅各宾派为了在当时能够及时和充分地发动群众，却把土地分成小块，用分期付款的办法卖给农民，这在法国培植了分散的小农经济，不利于农业资本主义的发展；"热月政变"迫害雅各宾派，镇压群众，固然是一种历史的反动，但另一方面，政变并未对封建势力退让。所以，"热月政变"实际上是结束雅各宾专政，建立资本主义正常秩序的一个转折点（而在历史教材中，对"热月政变"，传统的观点一直是否定的）。学生还进一步总结道：资产阶级革命的根本任务是推翻封建制度，建立资本主义制度，这是评估资产阶级革命的主要标准。过去在研究中往往把农民是否得到土地作为评价资产阶级革命彻底与否的尺度，是不妥当的。由此，他们又进一步阐明：中华人民共和国成立后的土改改革，把土地分给农民，是符合人民群众利益的，在1955年全国又掀起农业合作化的高潮，旋即又掀起了"大跃进"的高潮和人民公社化运动，但急于求成，忽视了客观的经济规律；改革开放以来农村实行家庭联产承包责任制，解放了农村生产力，发展了农村经济，是符合中国国情的；但从历史的角度看，从生产力的发展角度看，我们的农村改革在不远的将来一定还会走向集约化经营。美国部的"研究员"在研究了美国近现代史上的外交政策后指出：美国的外交政策是有"前瞻性"的，新中国诞生以来，它对我国时刻也没有放弃敌对，除直接或间接的颠覆活动外，对我国进行和平演变的企图也是无时不存在的。据媒体报道，美国微软公司不但误导中文软件市场，而且误导中国青年和扰乱中国的教育事业。例如《北京晚报》援引微软中国研究院院长李开复的话说："学生创业已经成为校园文化的新成分。中国的大学生正在和全球大学生一样，把创业融入到校园本身的运转中。"这是非常不负责任的严重误导。把比尔·盖茨作为偶像鼓励休学创业，是一个严重的离谱现象。该部"研究员"总结说，这些年来，一些外国公司在技术方面误导许多国内优秀人才搞毫无意义的各种输入法，现在，他们又误导中国青年，鼓动中国的高等学府不务正业，我们真想问：他们在中国到底要干什么？是在帮助，还是在瓦解中国的知识经济？因此呼吁，某些国内媒体不要把美国创业成功的故事搞成神话了，那样会误导中国青年！历史学科的社会效益在此发挥得淋漓尽致，这样的"研究"不仅培养了学生的创造性思维，而且还会鼓励我们的青少年学生更自觉、更有智慧地去报效祖国。

高密市倡导研究性学习，注重课堂教学是否挖掘出教材中各种知识点的能力价值，是否充分发挥知识教学对能力培养的载体作用，教学情境设计是否符合认识规律，情感因素是否融入课堂教学，问题设计能否启迪学生的创新思维。但是，问题设计并不意味着以设问组织课堂教学，也不是让学生站在教师设计的问题面前，去分析、寻找解决的办法；它以教师创设出的实际环境能否激励学生在新的认识结构基础上积极、主动地提出有价值的问题，教学设计是否服务于培养学生的创新意识和实践能力为前提，即课堂教学模式以激励学生产生问题始，以产生探索新的问题止。也就是说，一堂好课的评价标准不再是问题解决了没有，而是越讲问题越多，就越好。

采访中，李希贵同志讲了这样一个例子。

——化学原理：分子组成不饱和的链烃能使溴水褪色。

——教师在"乙烯"和"乙炔"的教学中得到了验证。的确，分子不饱和状态的链烃能使溴水褪色，同学们也明白了这个道理。按常规似乎问题解决了，一堂课的任务完成了。分子组成不饱和的特性似乎就是溴水褪色的决定因素，原理被证明了。但我们的教师并没有就此打住，而是就此向学生提出了"乙烯"与"乙炔"的对比。这是教材中没有要求的。对比之中，同学们发现，乙炔不饱和的程度比乙烯还要大，但褪色却要慢。问题出来了。教师又顺势引导学生转入了"苯"的学习，实验发现，苯的不饱程度更大，反而不能使溴水褪色。这样一来，反而使同学们又开始怀疑起原来的定理了。带着这个怀疑，同学们又踏进了实验室，走向了社会。

李希贵同志强调：这样的结果恰恰是我们所希望的。

没有结果的结果！正因为如此，才会有新的发展、新的创造。

创新，就是问题的不断解决。如果我们总是让学生接受唯一正确的、"放之四海而皆准"的结论，学生的思维岂不被窒息而死？还谈什么创新！

高密市的必修课、选修课、活动课、研究课是四位一体、密不可分的。从内容到形式，四者相互沟通、融合，相互强化、深化。必修课常常采取选修课、活动课的形式，活动课也有必修课的内容，研究课则渗透在必修课、选修课、活动课之中。例如"语文实验室计划"，其中涵盖的统编教材的学习，实验室的阅读，校报校刊的编辑出版、辩论会、演讲会、读书报告会、书法展览、记者团采访，以及天天开放学校图书馆、自修室、音像阅览室等等，你就很难分清哪是必修课、哪是选修课、活动课，等等。思想政治、历史等学科也如此，如前面提到的"模拟法庭""一次真人真事的法律讨论"。这个四位一体的课程体系，在空间上，从课堂延伸到课外，又从校内延伸到校外；在视野上，由书本知识延伸到实际生活,又从实际生活延伸到国事、天下事;在认知上,理论与实践结合,实现知、情、意、行的联动。

柏城镇初级中学的思想政治课在教学生学习"环保问题与可持续发展战略的关系"等内容时,选取当地胶河两岸严重污染的情况作为案例。首先,组织学生进行"我村的地下甜水哪去了"系列调查。在此基础上,又因势利导,引导学生调查柏城境内胶河水的水质状况,让学生从不同地点取样,检测水质污染情况。化学课上,学生又请化学教师指导实验。结果出来后,教师便组织学生讨论。讨论中,学生各抒己见,从胶河的污染,认识到全国大江大河被污染的可怕性。教师进而点拨学生研究治污措施,学生情绪激动,自发向有关部门写信,要求对污染源废水加以处理,得到了有关部门的重视。在这样的教学活动中,学生的智能得到了开发,自不待言,而学生由此滋生的社会责任感,就更可贵了。

立新中学的历史课教师组织了三百多名学生考察高密古县城旧址田庄,揭开了历经数千年风雨沧桑的古老的城阴城的神秘面纱;让学生了解了这里曾有"百尺河水淹九十九尺城墙"的动人传说,有楚汉相争的传奇历史,了解了历史上夷安县(也称城阴县)的设县(秦统一中国实行郡县制后设立)和迁城的时间及原因(隋开皇年间为洪水所淹迁至现在县城),了解了战国时齐国农业、手工业、商业的发达,了解了楚汉潍水之战的情况,了解了作家峻青所著《黎明的河边》中的故事就发生在这里……这样,远至战国,近到抗日战争,一部活的历史便在学生头脑里形成了,深沉的历史感和爱家爱乡爱祖国的情感也相伴而生,而科学严谨的治学精神和发现研究问题的能力也就十分自然地养成了。

课堂小天地,天地大课堂。高密市必修课、选修课、活动课、研究课四位一体的课程体系不仅是一个教学体系,而且是一个开放的课程教育体系,在这个课程教育体系里,德育、智育以至体育、美育,实现了高度地和谐统一,达到了一种水乳交融的无差别境界。

这个课程体系又是一个相当完整的教育体系。

只有完整的课程教育体系,才能培养出智能健全、人格健全的完全的人,具有创新精神的人;才能培养出高素质的、合格的现代国民。

三、考试改革：问题不在升学率、考不考，而在导向——考什么，怎样考

教育，离不开教学；教学，离不开考试。

自有正规教育起，恐怕就有考试。古代如此，现代如此；中国如此，外国如此；发展中国家如此，发达国家亦如此。在某些发达国家，义务教育已普及大学，也并没有听说取消了考试。

但是，在中国，却出现了一种十分奇怪的现象：一方面，我们不能不考试，另一方面我们又在不遗余力地指责和咒骂考试。自"文革"结束恢复高考以来，攻击之声便不绝于耳，特别是"素质教育"提出之后，来自各个方面的抨击更是愈演愈烈。在某些人看来，考试简直成了引发教育弊端的罪恶之源，只要你考试，就不是搞素质教育，以至学校校长们尽管谁也不能不重视考试，却又谁都不敢谈考试，不愿谈考试。特别是升学率，更是校长们的一大忌讳。

长期以来，教育存在问题，是不争的事实，但问题不在考试——考或不考。谁都承认，考试是指挥棒，没有指挥棒指挥，教育教学岂不乱了套？问题在考试导向——考什么，怎样考。只要导向正确，顺理成章的自然是：考试成绩越好，教育教学质量就越高；只要导向正确，考试就会成为推动教育教学改革的强有力的杠杆。

高密市进行课程体系改革、全面的教学改革，自然要涉及考试。只改课程教学，不改考试，课程教学改革就会失去保障。对此，高密市教委做出了明确回答：命题考试从内容到形式都必须适应改革的要求，都必须反映改革的成果。要以考试引导教改，促进教改，强化深化教改。考试命题要突出实践性、创新性和综合性。

高密市的考试改革从1995年高密一中"语文实验室"的质量评价改革算起，已经探索了五年；特别是1999年潍坊市把语文、政治、历史、地理、生物五学科的中考的命题权授予高密市以后，其考试改革的步伐进一步加快。

高中招生考试加试特长和理化实验操作。市教委认为，既然素质教育要求面

发现 李希贵

向每一个学生,面向学生的每一个方面,就应当通过考试检测出学生的个性差异,认定学生的特长,以此引导中小学全面贯彻教育方针,积极推进素质教育。在这一思想的指导下,经过1996年、1997年两年实验,市教委出台了自1998年开始在全市普通高中招生中实行《全面实施加试学生特长和理化实验操作的决定》。《决定》除规定了特长项目和理化实验考查项目外,还规定了加分办法:特长项目总分为30分,理化实验操作考查成绩为20分,届时加入高中招生考试总分。《决定》一公布,不须敦促,全市中小学便纷纷加快了培养学生特长和实验操作能力的步伐。进入高中后,如何引导学生发展特长?高密的做法是实施"素质学分制",规定高中生必须修完5门选修课,每门6学分,取得30学分后,才能领取高中毕业证。以此为导向,高中的选修课、活动课更是开展得轰轰烈烈。

初中语文考试改革,只考阅读和写作,突显语文素质和能力。读写能力足以看出一个人的语言知识储备以及检索信息和表达情意的能力,看出一个人的文化品格,所以,语文考试没有必要面面俱到。强调所谓的知识覆盖面,重技术训练,是舍本求末。语文考试就是要设计那些能够激活学生思维和放飞学生想象的试题,以此引导学生平时进行大量读写,重视积累、体验和感悟,最终让学生养成现代文明人应当具备的语言文化素养和技能。以此为主导,高密市的语文考试首先将试卷结构简化为阅读和写作两大板块,提高写作比重,阅读和写作各占一半比分;大幅度削减客观题比重,整卷120分,客观题只占8%左右,主观题则占到92%左右;淡化烦琐的知识考试,强化整体阅读能力考查,整体阅读理解能力比分占到阅读总分的90%。其次,不把老师、学生当敌人,不出偏题、怪题。他们向师生明确交底:所考语文基础知识都是最重要也是最常用的,背默内容也不会超出规定范围,大都是学生能够猜到的。猜到了,学生全都答对了,说明教学目的达到了,是好事。书写加分,最高可加6分,以此引导书法教育。尤其鼓励学生发挥创造能力,学有创见;对超标准发挥,且做得正确的,以及有创见的观点,适当加分。作文引导学生写真事,说真话,抒真情,表现学生思想认识的实际层次,避免空话、套话、公式化、概念化;只要是真实的,且有某一方面的价值,就给高分。去年期中考试,井沟镇一中初三出了一个作文题目"家乡的秋天",

大多数同学通过写家乡秋天丰收的景象等正面材料来歌颂家乡的巨变，而一位叫林琳的同学却通过环境污染等反面材料表达了对潜藏于家乡兴旺景象之后的危机的担忧。他写到了立交桥边的大黑烟囱，高速路旁的臭水河，胶合板厂对木材的惊人的吞食，然后又联想到春天的沙尘暴和在河道上滥取土沙的人，乃至在"治污"过程中个别政府官员的短期及腐败行为。由于说了真话，表现了"学生思想认识的实际层次"，教师并未因触及"阴暗面"而将其打入另册，相反，给评了最高分。

　　思想政治课和历史课考试不再考死记硬背的知识，重在考查学生运用知识分析解决实际问题的能力。翻开高密市的政治考试试卷，你看到的几乎全是提供的背景材料，让学生对此进行分析、评价，提出解决问题的办法。诸如"读读议议""请你执法""请你来总结""看社会，请你发表感想"……各种形式，生动活泼，内容涉及现实生活领域的方方面面，从人口与发展的问题到环境保护问题；从北约轰炸我国驻南联盟大使馆到高科技的发展，等等，都纳入了学生的视野，成为他们思考、分析、评论的对象。考试一般不拟定标准答案，只提供评价标准和考核要点。面对这样的考试，学生思想的翅膀放开了，创造的火花如朝霞般迸发出来。立新中学曾针对我国的环境问题设计了这样一个考试题目："请你联系我国的环保状况，并结合周围生活实际，就解决诸如'白色污染''耕地减少'等环保问题搞一个自己的设想。"初三的贾澄同学在答卷中设计了这样一个"空中垃圾处理器"：①处理器带动装置——内充氦气的飞艇；②主操作室——由计算机自动控制，地面红外线遥控，可高可低；③整系统带动装置；④自由摆动吸取垃圾管……这个处理器可以将白色垃圾加工、处理为石油及其他塑料制品和农作物肥料。这的确是一个很有创意的设想，根据新的评价标准，这道题贾澄同学得了最高分。历史试题以教材内容为基点，辐射、开放、延伸，特别注意结合社会热点焦点问题，引导学生关心社会，关心国家大事和人类的命运。"中华人民共和国成立以后，我国的土地政策发生过哪几次重大变化？请结合你对农业问题的了解，谈谈在目前形势下推进农业发展应采取的措施。""通过对第一次、第二次世界大战爆发原因的分析，你认为避免当今世界性战争的最好办法是什么？"这样的考试题目，考的不仅是知识、能力，也能考出人格，考出"国民素质"。这样的题目，答案自然不能要求"标准化"，只要独立思考，言之成理，持之有据，即可得分并给予适当加分。"没有任何办法！理由是各国的政治经济发展不平衡是绝对的，平衡是相对的。有些国家从自己的利益出发，不顾世界人民的安危，一意孤行发动战争，这是不以善良人的意志为转移的。"这个答案（后一个题目）颇出人意料，但由于角度独特，且言之成理，评卷老师不但给了满分，又在此基础上加了2分。

高密市的考试改革还特别注意学科间的知识渗透，考查学生综合运用所学知识多角度分析、阐述问题和解决问题的能力。前面提到的"空中垃圾处理器"的设计，就涉及物理、化学等多学科知识。中考史地生为综合科目，一份卷，但命题绝非三科的拼盘，而是将两科或三科知识加以融合，且与生活实际及其他学科相沟通。地理考试注意引导学生树立正确的资源观、环境观、人地关系观，引导学生学以致用，用种种知识去分析地理现象，去解决人类面临的环境问题，对建设家园、改造环境提出可行性建议。

考试考什么，教师就教什么，学生就学什么，这是一条无法变更的教育教学规律。既为规律，就得遵循。根据这一规律，在"考什么"和"怎样考"上多做文章，正确引导，教育教学自然就会步入正途。

四、以学校的教育理念引导家长、社会的教育观念的转变；以教育文化向全社会辐射，让学校不仅成为当地的教育中心，而且成为当地的文化学术中心、科技中心

在高密市，许多学校的校长和教师在谈到教育教学改革时，都津津乐道于学校、家庭、社会三结合教育。这是因为他们在教育实践中深深体会到，学校的任何一项教育教学改革，如果离开了家庭、社会的理解和支持，都难以成功，即使勉强去做，其成果也会被家庭和社会的影响所抵消；反之，如果得到家庭、社会的理解和支持，教育教学改革就会如虎生翼，收到意想不到的效益，而且教育的价值会因此得到最深刻的体现。

如何实现三结合教育？李希贵同志认为："在'三结合'的教育主体中，学校应当是骨干，是核心，这不仅因为学校教育本身的重要性，也因为它在引导家庭教育、调动社会教育力量中具有举足轻重的地位。如果离开了学校对社会教育力量的有针对性的调动，家庭、社会的教育往往显得无序、低效甚至良莠不齐。认真说来，如果真的要搞好社会与学校、家庭教育的结合，那么，学校就必须拿出主动出击的态势来，围绕自己教育的主旋律，调动社会教育力量。那种等社会来配合教育的想法是万万要不得的。"

（一）主动出击——向社会宣传学校的理念，展示学校教育的魅力

"让高密市的孩子接受更好的教育！"

这是矗立于高密市城区华达立交桥东侧的一块巨大的教育宣传牌上的内容，蓝天白云做底，映衬着这14个烫金大字，流光溢彩。字下面是一群天真烂漫的孩子在欢呼雀跃。独树一"牌"，引起了全社会的关注和深层思考：什么样的教育才是"更好的教育"？

只有让每一个家庭和每一个社会阶层都真切地了解什么是"更好的教育"，才能赢得他们对学校教育教学改革的全力支持。为此，高密市从小学到中学到教育的各个部门，都"主动出击"，努力挖掘调动家庭、社会的积极因素，以期形成学校与全社会优势互补的教育合力。

启动学校、家庭、社会三结合教育网络的连锁力量。高密一实小构筑了以"三校""四基地"为核心的全方位立体化的社区教育新格局。"三校"，即家长素质达标学校、少年交警学校、税法宣传实验学校；"四基地"，即居委会教育基地、飞机场军训基地、烈士陵园活动基地和干休所基地。其中家长素质达标学校，具体化为"六定期""三落实"。"六定期"是：家长学校每月一次定期开课，辅导家长学习学校有关素质教育理论、现代教育心理学、怎样培养孩子养成良好的生活习惯和学习习惯、怎样促进孩子心理健康正常发展等；每学期两次定期召开一次学校家长会和一次班级家长会，加强学校与家长的沟通；家教经验交流会一学期召开一次，推广教子有方的家长经验；《家长之友》《班主任之友》小报每月一次

定期出版；"小学生家庭行为评价表"每月一次定期如实填写；优秀家长每学期一次定期评选。"三落实"是：在家长中落实赏识教育，让家长善于寻找和发现孩子的闪光点，多一点表扬，少一点批评，多引导多鼓励，少否定少挖苦，给孩子的主动发展留出一方天地；落实家风建设，营造良好的家庭文化氛围、卫生氛围，树立良好的家长形象。结合语文教改，向家长印发了"小学生阅读推荐书目"，在家庭中开展读好书、藏好书活动，使75%的家庭建起了图书角；落实"双比双争"活动，号召学生向家长挑战，比谁上进快、成绩突出。学生的争做目标是：在家做好孩子，在校做好学生，在社会做文明少年。家长的争做目标是：在家做好父母，在单位做好职工，在社会做文明公民。在街道居委会这块基地上，学生成了居委会管理社区的"助手"，困难户、军烈属的"小帮手"，美化、绿化、净化社区环境的"小美容师"。

在高密市，类似这样的家长和学校遍布各地。

在全市范围内，利用周末开展"金风送爽"社会实践活动，通过为家乡服务的途径，展示学校教育的价值和魅力。例如，组织有美术特长的学生制作大量美术作品，针对农村各阶段的工作重点，张贴在有关区域；组织音乐特长生星期六在乡镇影剧院或各村的"光明一条街"上演出；组织文学社同学每周一次为各村主办一期黑板报；组织有关同学帮助镇政府发"明白纸"，帮助镇团委收取各户的"疑难问题调查卡"，帮助工商局调查农村市场的商品质量……学校在周末的系列社会实践活动，不仅使学生自身得到了锻造，而且向全社会展示了当代青少年学生的精神风貌，让全社会真切地感受到了教改的实实在在的成果。

利用假期在全市全面启动研究性课程。通过开发这一课程，一方面培养学生综合运用各科知识的能力、研究创新能力，培养他们的团队精神、社交能力和感悟生活的能力；另一方面，使学校教育服务社会，使教育内容融入社会，使之生活化、社会化。李家营镇初级中学2000年寒假提出了"农村中学生思想道德素质状况调查与分析""我村人口发展趋向调查""家乡耐寒常绿植物种类调查""作物病虫害的生物防治法调查""能源开发和利用对居住环境的影响""结合家电使用情况设想改造措施""高密草贴探源""化学与工业、农业、日常生活的联系"

"鞭炮与污染""流行性感冒的患因与防治"等四十余个面向社会、农村生产、生活实际的研究课题,并组织学生和老师一一落实。去年8月,高密市发生特大洪涝灾害,高密境内的胶河河堤决口,柏城镇十几个村庄被淹,损失达1.7亿元。柏城中学环保兴趣小组邱鹏、周庆国等同学立即进行深入调查研究,并写出《母亲河——胶河两岸受灾原因及防洪设计》调查报告,送交镇政府,受到镇政府高度重视。镇政府认为"所提问题切中受灾实际,其中整治措施具有一定参考价值",并责成有关部门做了研究,计划明年对该镇胶河段进行护坡整治。镇政府还就此致信镇中学,向环保小组人员表示感谢。

此外,如利用假期让学生到政府各部门"挂职"锻炼,组织小记者团采访市人代会,学校每月一次向家长、社会开放,学校科技节、艺术节邀请家长参加,等等,都对家长、社会产生了积极的影响,使他们真切地感受到什么是"更好的教育",其思想观念也因此发生了深刻的变化。家长们发自肺腑地感叹:"现在的教育确实现代化""这代孩子,真是幸运儿"。并纷纷表示:"孩子在这样的学校上学,我们一百个放心""让孩子受这样的教育,多花一点钱也心里踏实"。各级政府、社会各界、学生家长也因此都以不同方式表达对教育的支持,对教育教学改革的支持,学校也从中得到了丰厚的回报。仅以拒城河镇为例,镇中学启动课程体系改革,资金不足,校领导向镇党委、政府主要领导开诚布公,邀请他们到其他乡镇教育先进单位参观,让他们真切地感受一下什么是"更好的教育"。镇领导自然"心有灵犀一点通",镇党委书记当即表示:"先拨十万,不够,再打报告,我批!"该校进行语文教改,创设"语文实验室",初三(3)班王洪余同学的爸爸听说学校要外出购书,急忙带着现金来到校长室,动情地说:"校长,俺家那孩子就喜欢读书,可他自己没有几本像样的图书。这不,前些日子给他做了个书橱,想给孩子再买些书。可俺文化素质不高,不知孩子该读什么书好。听说学校外出购书,俺想让学校捎带着给孩子买一些。"校长高兴地答应了家长的要求——这是多么宝贵的支持,校长怎能不为之高兴!书买回来了,王洪余的心愿实现了。在他的影响和带动下,学校20%的学生家庭都建起了不同规格的图书角,70%以上的学生家中都拥有了数量不等的藏书。该校的乒乓球活动也开展得相当活跃,学校不但以此培养学生的正当爱好,而且把它当作锻炼学生健康心理品质的载体。学校的良苦用心得到了家长们的普遍理解,学校的25个乒乓球台刚刚安装好,家长们就为爱乒乓球的学生买上了自己的乒乓球拍,什么流星、玉兰,各种品牌,应有尽有。该镇管家村村支部书记赫宝刚有一身乒乓球好球艺,听说镇中学开展乒乓球活动,主动找到镇教委主任和学校校长,说想为学校建立一个乒乓球校外训练基地,自己担任辅导教师,为拒城河镇的乒乓球事业贡献自己的一份力量。就这样,辅导教师主动请缨的镇中学"乒乓球校外辅导基地"成立了。

"让高密的孩子接受更好的教育",这一教育理念既是对教育内部的总要求,也是对全民办学的总动员。这一教育理念定位于"孩子",近处为了一个个幸福美满的家庭,长远着眼于祖国未来,于国于家,意义重大而深远。现在,这一教育理念已深化为高密市全社会的价值理念,它对教育和社会全面进步的巨大推动作用更是难以估量。

(二) 主动出击——利用全社会的教育资源,调动全社会的教育力量,把全社会纳入教育视野

在高密市,有一支特殊的教师队伍,这支队伍不在教育部门编制,却遍布各学校,这就是"特长生导师团"。特长生导师大都聘请高密市各界学有专长、艺有专长、德才兼备的当地社会名流、专业技术人员和民间艺人担任,他们是不是教师的教师,在教育教学改革中发挥着特殊作用。

成立特长生导师团,意在开通学校与社会的联系渠道,调动社会的教育力量,以此形成教育合力,更加深入地实施素质教育。高密市把这种做法称为"借水行舟"。

从社会各界聘任特长生导师,肇始于高密一中,随之遍及高密市各级各类学校,且成绩斐然。

下面是向阳中学(初中)的特长生导师(向阳中学称之为创新教育导师)名单,由此可以看出高密市各校调动社会教育力量的广度和深度:

宋林茂：高密市原副县长、市政协副主席、高密市书法协会名誉主席、山东省书法协会会员。

郭恩义：高密市文化馆原副馆长、山东省音乐家协会会员，曾参与编写中小学音乐乡土教材、省中小学音乐教材，被市委、市政府授予"优秀知识分子"称号。

蒋玉君：高密市报社副总编。

李丹平：山东省青年诗人协会理事、第十届高密市政协常委。

兰君：工程师，工人出身，指夹式穴播机的发明者，为市农机厂从外地聘请的农机专家。

郭丙洲：高密市毛巾厂工艺设计师。

侯作运：高密市体校高级教练。

……

东关小学聘请的导师团多达60人，包括声乐、器乐、戏曲、舞蹈、书法、剪纸、气象、国防、建筑设计、消防、税务等20余个门类。在导师团与学校老师的共同培育下，学校的戏曲小组搞得最红火。1989～1999年10年间，戏曲学习小组先后有8位同学从这里直接考入上海戏曲学校、天津戏曲学校、山东戏曲学校等艺术院校，其中王晓东同学成绩最为突出。王晓东从上海戏校毕业后，先后到新加坡等国家演出；在北京汇报演出期间，曾受到全国政协主席李瑞环同志的接见，现已成为上海小有名气的京剧新秀。市环保局罗相诗老师为东关小学担任环保导师已连续10年，每年为学生举办讲座12次，并亲自带领学生进行实地考察，采集水样，抽样化验，给学生讲污染物化验知识。学生受益匪浅，每次活动结束，都写出了内容翔实的调查报告。在罗相诗等环保导师的影响下，学生的环保意识大大增强，许多同学不仅在报刊上撰文宣传环保，而且自发组织起来，到大街上做环保宣传。

扑灰年画、泥塑被誉为"高密两绝"，都出自姜庄镇，且有几百年的历史，老艺人遍布全镇20几个村。根据这一特点，姜庄镇教委在全镇两处中学、四处小学都开设了这一专业特长活动课，并聘请了24名老艺人担任辅导教师，定期到校给学生传授技术，使这两大绝活后继有人，且越发展越好。镇教委还组织有关人员编辑了《扑灰年画》《泥塑》《工艺品制作技术》等教材，进一步挖掘和理清了姜庄镇近百年来工艺品的种类和制作技术，其中包括印版年画的制作、木雕年画的制作，等等。现在，这两大工艺品已成为姜庄镇的支柱产业。全镇工艺品专业村共10个，专业户达600多家，从业人员达5000多人，产品远销包括港澳台在内的全国各地，并出口东南亚、捷克、斯洛伐克、俄罗斯等国家，实现利润4千万元，仅此一项就人均增收近千元。

为了充分利用社会教育资源，高密市各校还创建了大批校外教育基地。第一实验小学的校外教育基地深入到了居委会、驻高密空军部队飞机场，直至干休所；东关小学的校外教育基地深入到了市电台、电视台、市气象局、污水处理厂、化肥厂、电影院、凤凰公园、白杨山风景区等地。双羊镇为我国东汉时期大经学家、平民教育家郑玄的故乡，该镇立有郑公祠，位于双羊镇的高密四中则把郑公祠作为学校的德育基地，以弘扬中华民族的优秀文化，继承古圣先贤做人、治学方面的优良传统。郑玄，字康成，高密市新建的一处72个教学班规模的中学则干脆命名为"康成中学"。以名人的名字命名，其教育意义不言自明。

学校主动出击，以自己的教育理念引导社会教育理念乃至全社会价值观念的转变，其意义是深远的。在高密市，这种影响已经在社会的方方面面显示出来。

高密市教委不拘一格从市人才交流市场选聘高水平的非师范类毕业生任教，市交通运输集团创办"交运大酒店"也借鉴其观念——从市人才市场的大中专毕业生中选聘服务人员，从而大大提高了酒店的知名度，带来了高效益。

高密市各校的艺术节、体育节向社会开放，展示了高密教育的风采，大栏乡、蔡站镇、呼家庄镇借鉴其构思，分别举办了"仙桃会"——卖桃，"赛牛节"——卖牛，"科技节"——推广银杏。

高密市教育界提出的"每一个孩子都是好的""拿起表扬的武器"等口号，通过家长会和新闻媒体广泛宣传后，许多大家庭的公公、婆婆们也纷纷对儿媳拿起了"表扬的武器"，时常在外夸奖儿媳，从而改善了家庭关系。

高密市教育界树立品牌观念——每年评选"××特色学校""文明餐桌""星级宿舍"等等，社会上不少理发店也主动到工商部门申请为自己定级——"××级理发厅"，姚哥庄镇的"火烧"也去市工商部门注册了自己的商标——"石磨牌"……

教育，步出学校的围墙，向生活延伸，向社会延伸；生活、社会走进学校，相互沟通，实现良性互动。

教育即生活，生活即教育。

学校即社会，社会即学校。

而在这其中，学校教育始终处在中心地位、核心地位、主导地位，也就是说，学校不但是教育中心，而且应当是学术文化中心、科技中心、价值观念辐射中心、精神文明建设中心。

这一切，在高密市的教育中都得到了生动而深刻的体现。

"发展教育事业，提高全民族的素质"（《中华人民共和国教育法》），高密市的课程体系改革使这一宏伟的主题完全落到了实处，可观，可感，可信，而又可学。

"东风夜放花千树"。鲜花初放，一扫沉沉死气，让人心潮难抑，感慨万千。

的确，这样的教育，才是"更好的教育"；这样的教育，才是"为民族的明天准备素质"的教育，才是"为学生的终生幸福奠基"的教育；这样的教育，才是我们民族的希望之光；这样的教育，才是我们民族每一个孩子应当享有的教育。作为教育工作者，只有在这样的教育中才能真正体验到自身工作的应有价值。

不是吗？

（原载《山东教育》中学版2000年第7、8月合刊）

高密教育人物

人存政举，人亡政息。这一周期律常让人徒增感慨。但在李希贵身上，却不存在这一问题。主要原因是，他无论在哪里工作，从来不单打独斗，都能很快影响一大批人，以自己的教育思想、人格和作风，带出一大批"教育人物"。

李希贵与高密市教育已蜚声省内外。或曰：高密市的教育为李希贵一人之教育。我曾与李希贵主任语及此事，希贵主任笑言："其实，高密教育最重要的成果是起来一批人。"多次高密之行，与高密教育界方方面面接触，深有同感。由此想到"高密教育人物"这个题目。是否成为一方教育人物，不在职位之高低、级别之大小，而在从教育眼光、生命价值眼光看，是否有垂范于世人之处，或一句话，或一件事，是否可圈可点，具有教育经典意义。由此观之，高密教育界确有"人物"，赖此，高密教育方成气象。呜呼！任教一世，为师一生，勿多，能成为一方教育之人物，足矣。否则，岂不枉度此生，枉为人师！

张作栋

1998年由高密一中副校长升任校长。健谈，常言"学校无小事"。

1999年7月，高密一中举行招生考试。午饭时间，张作栋发现一考生于校园追逐随风起舞之塑料袋，跑出好远，直至追到手，然后送进垃圾箱。作栋即叫住该考生，问清毕业学校、姓名，并告知招生人员，若该考生考试成绩达到基本要求，可录取为统招生。此事传出，2000多名应考学生和带队教师为之一震，随手扔塑料袋、纸屑的现象几近绝迹。

某日，有学生通过校长信箱反映某班有一女生不检点，整天跟社会上的男孩来往。作栋调查得知，该女生并不坏，是个"假小子"，跟男生走得很近，却不愿与女生交往。又调查家长，家长讲：闺女挺好，很懂事。原先我们想生个男孩，生了她后就把她当男孩养。作栋便找心理老师帮其调整性别意识。一段时间后，该女生的心理调整好了。作栋更加意识到心理健康教育的必要性，遂提议开设心理咨询课，设立"中学生心理状况调查及对策"研究专题。

某日，有学生跟食堂师傅发生口角。学生说吃菜吃出沙子，师傅不买账。作栋闻知此事，即通知总务处，调查处理，又提议学生会组建校内消费者协会，在食堂挂牌办公，同学们对饭菜有意见，随时反映到"消协"，由"消协"出面跟食堂交涉。

一名在校生给校长写信："老师，我们写给您的信，您本人一定能看到吗？"信投入校长信箱。作栋阅后，即通过校内电视台作答："一定能收到。校长信箱由党政办公室专人开箱，请同学们放心。"并由此悟到，学生是在期盼一种开放、民主的教育。于是，高密一中有了学生记者招待会、师生交流日、电视新闻评论"校园聚焦"。

高密市委组织部每年考核干部，到一中，发现这里的学生敢说话，校长、主任的缺点都毫不保留地"端"出来。组织部领导把此种"发现"向张作栋作了"通报"。他笑道："这正是我们所追求的效果。"

某年秋，张作栋外出学习五个月，未接到一个请示工作的电话，"家"里一切运转如常。与其一同学习的一校长很觉奇怪，问之，答曰："有制度，一切按制度办，何必请示校长？"

某中层干部工作认真，而少方法，教师颇有微词。其人求教于校长。作栋坦言："我原来是一名数学教师，搞管理，也是一步一步学的。"乃想起"三个臭皮匠，顶个诸葛亮"的谚语。翌日上午，中层以上干部接党政办公室通知：每双周四晚举行"干部管理沙龙"活动，每期由一人提出一管理难题，大家共同讨论解决，或学习经典管理案例。第一期主持人张作栋。此一活动遂成为一中干部管理"必修课"。

作栋校长烟龄近20年，多时一日2盒。任一中校长后，有人提醒：抽烟过量，有损校长形象，且影响身体健康。他一戒成功，至今不沾。

侯宗凯

28岁任高密四中级部主任，32岁任高密二中副校长，33岁出任校长。

其人平日不苟言笑，三十出头，即秃发。于高密四中工作期间，曾主动找校领导请缨，自愿担任两个班的班主任，一时间成为"新闻人物"。1995年高考，宗凯所带的两个班的本科进线人数均名列高密市前茅，且有一人考入北京大学。是年教师节，宗凯被评为高密市优秀班主任。或问宗凯班级管理之诀窍，答曰："诀窍谈不上，教育理念有二：一、尊重学生；二、相信学生。主要做法有三：一、开展'我相信我能行'系列主题活动；二、班级民主化管理；三、将自我教育刻在每一学生心上。"

某年秋，突来寒流，女生薛香仍赤脚着凉鞋。宗凯发现，遂找其他同学了解，方知其母长年有病，父亲瘫痪在床，家境异常艰难。宗凯深为自己失职内疚。回家对妻言，妻子当即把一双待穿的鞋给了薛香。后来，薛香考入山东师范大学。大三时，给宗凯拜年，谈到考研，宗凯当即表示："只要你能考上研究生，我来供应你。"薛香于一年后果真考取研究生，宗凯即兑现承诺，直至其拿到硕士学位。

宗凯嗜学如命，于四中即以"学习积极分子"著称。常于办公室内读书至深夜12点，被反锁于办公楼内。每次都须夫人敲大门于传达处要钥匙，始回家。日久，竟成美谈。

宗凯每日晨都跟学生跑操。调到二中后，某次大休，宗凯早早起来，妻子大惑："学生们都回家了，你就不能睡个懒觉？"宗凯言："习惯了，恐怕改不了了。"某次开办公会，宗凯强调教师家属不准到教工餐厅买饭，因为教工餐厅是专为单身教师而设，学校有伙食补贴。次日中午，妻子却到教工餐厅买来几个包子。宗凯顿时火冒三丈："你这不是不支持我的工作吗？"其妻委屈而泣。原来，妻子所在级部负责人尚未传达办公会精神。

某日，几个教师去烟台出差，途中司机李师傅与教导主任闲聊，谈起学校交通不便，最好让公交车在二中设一站点。当时，同车的宗凯未置一言。车到烟台，宗凯即与在校的办公室李主任通话，令其迅速调查研究，提出解决师生乘车难的方案，并划一"底线"：学校贴钱也行。三日后，公交线路上即新添一站名：二中。

在高密四中任教时，宗凯主持了"语文ACT教改实验"，经三年实践，效果显著，于 1996 年被评为山东省优秀教改课题，宗凯撰写的课题总结《让学生真正成为学习的主人》发表于《山东教育》。到二中任校长后，宗凯确立了"科研兴校，质量强校"的发展战略，逢会必讲教育科研的重要性，但绝大多数老师尚无自觉，仍循老路。时逢学校要开选修课、活动课，宗凯使出一招：事先让人把开课教师的职称、研究成果等情况列表下发学生。至开课之日，宗凯逐个教室查看。如有的教室学生听课者寡，则于该处默立良久。二中教育科研由此全面启动。

学生寄给宗凯的贺年卡，宗凯一直珍藏，至今已积有三抽屉。对学生的来信，宗凯每封必复，即使当上了校长，公务繁忙，亦不改此习。

李新龙

历任高密三中总务副主任、副校长，自 1991 年 7 月起，任高密三中校长。

1990 年春，省教委组织校改验收。新龙时任副校长，分管总务工作，安排几个中层干部分工负责，限期解决水泥檩条更换、院墙改建等问题。某中层干部因酒醉，一下午未到现场督工，误工期。新龙两眼喷火，怒吼道："今晚上你不睡觉，也得带人把工期赶出来！不然，我明天就提议，抹了你这个官！"当时在场一二十人，无一人敢吭声。次日早，工期赶出，奉陪多半夜的李新龙当即吩咐伙房做面条"犒军"。验收后，三中获得省级校舍改造先进单位奖匾。

某同志曾任三中副校级干部，曾因工作问题被新龙痛批而泣。不久，上级考查干部，李新龙却力荐提升此人到某校任正职。两个月后，该同志即赴任。

某年秋，新龙前往南方某地考察"面向全体，分类指导"教学改革经验，顺便购买一批理化仪器。车抵目的次日早，三中老范打来电话，称其父病危，要他速回。新龙握住听筒良久，未讲话。其父患脑血栓已有年余，行前，病情已有恶化。老范喊："你不知道病危是什么意思？"新龙答："我知道我知道……可既然来了，总得把事办完。"事毕回到田庄老家，其父已病故三天。

三中教师公寓"园丁园"，占地 25 亩，建筑面积近 7000 平方米，54 户教师每户独门独院，上下两层，宽敞、干净、雅致，颇有小洋楼之韵，以至时任高密市常务副市长的曾宪林言："你们住得比市长还强啊！"新龙言：三中地处乡下，让老师们住上高标准楼房，有利于留住人才。

李可义

1995年主管高密四中，时年33岁。

某日，昌大建设集团李玉福经理从潍坊远道赶来，称四中的教学质量遐迩闻名，请求四中接纳其职工子弟就读。可义思之，既然双方各有优势，何不来个"校企合作"？于是，几经商谈，双方达成协议——昌大为四中建设一栋建筑面积达4664平方米的教学楼，四中连续10年，每年为其免费培养50名职工子弟。人称，李可义校长没花一分钱，即让四中拥有一幢教学楼。

在可义校长的主持下，四中又与一私营业主达成一项协议：该业主出资建一高标准学生公寓楼，学校分期付清借款。三四年下来，四中新增建筑面积11345平方米。

古人云："德者，才之帅也。"可义校长尤重德育。主要实施三项方略：其一，营造德育氛围。校门前，立有"通德桥"，校园内有"立德楼""厚德楼""明德楼"，教师住宅小区院门口贴有对联"德不孤，必有邻"，厕所内写有楷书"小处不可随便"，雪松旁插有标牌"要知松高洁，待到雪化时"，云云。其二，实施分层教育。譬如，目标分为值得提倡、必须做到、严加禁止三个层次。其三，借鉴"炒菜放盐"原理，将德育思路、主题、要求融入日常生动活泼之活动中。

四中教师工作热情之高，有口皆碑。人问："是否贵校待遇高？"可义笑答："不高，只一间屋子，一顶帽子而已。"问者不解。可义释曰："屋子者，是说我们力求为每位老师提供施展才能的充足空间；帽子者，是说我们尽可能满足老师的成就感，实行星级管理，谁的业绩大，谁的星级就高。"言毕，又一再声明：此乃学校秘密，毋泄露。

某日，一青年教师找校长诉苦："学生积极性太差。我天天拼命讲（课），拼命批（作业），可有些学生就是不买账，作业不上交，课堂气氛不活跃……"可义沉思之时，见一排白杨树，眼睛为之一亮："你我都是庄户孩子出身。我问你，施给一棵大树的肥能施给一棵小花吗？"青年教师答："当然不能，会烧死花的。"可义侃侃而谈:"植物有差别,学生就没有差别了吗?孔子因材施教,我们就不能对学生分层要求,分层布置作业,分层辅导吗?"该教师回去付诸教学,果见成效。可义适时予以总结,又借鉴外地相类之法,推出"分层教学实施意见",为四中教学改革注入极大活力。

刘克祥主任言:新学期开学,一学生闯进校长办公室,恳请校长准其缓交学杂费。李校长问:"为什么两天之后就有钱了?"学生答:"两天后是俺村大集,把牛卖了,才够数。"李校长听后,很不是滋味。在随后召开的办公会上,李校长提议免去该生的学杂费,并郑重宣布:"学生有困难,当校长的不知道,是失职。今后,我们决不能让任何一个学生因贫困而失学。"于是,推出了学生勤工助学岗。

刘学新

曾任高密二中教导主任、周阳乡教委主任等职。1994年任高密五中校长。

其身瘦削,戴眼镜,双眉常紧蹙而成疙瘩,乃凝思竭虑所致。

1998年,五中被列为首批国办学校改制试点校。是年秋,五中爆出一大新闻:某班主任被其所带班级学生解聘。原因为:该班主任的工作方法简单粗暴,令人不堪忍受,云云。该班主任找到刘学新,诉自己如何用心良苦,请校长为其主持公道。学新讲:"学生是学校的主人。你带的班级75%的学生不认可你,这说明什么问题?学校改制,就是要促进教育观念的转变。还是先自我反省一下吧。"班主任愁眉苦脸,五日不得安生。五日后,班长找到他,请其回班任代理班主任,条件是接受班集体"留班察看,以观后效"处分,并公开向同学们道歉。据说,学生之所以最终将其接纳,是刘学新积极"斡旋"的结果。有教师指斥刘学新帮学生整教师。刘答:"我没忘了我自身也是教师。"

某日下午,召开全体学生会,学新校长于主席台上慷慨陈词,某学生在台下笔走龙蛇。10分钟许,一幅人物漫画"出笼":主人公怒发冲冠,脸颊瘦削,眼镜特大,口中喷射出一串串字符。传之前后左右同学欣赏,引起阵阵窃笑,结果被班主任捉个正着。会毕,班主任将漫画和其作者一并"解送"校长办公室。学新校长摸了摸脸颊,瞪眼道:"我真有这么瘦吗?太夸张了吧!"学生答:"漫画嘛，就应该夸张一点，不夸张就不好玩了。"学新校长拍了拍该生肩膀："我希望能看到你更多更好的大作！"此后，该生每隔三五天便送刘学新一幅得意之作。一年后，该生收到了清华大学美术院的录取通知书。

1999年元旦，刘学新应邀参加一班级欢庆晚会。他问主持人："怎么多是踩气球、抢凳子一类游戏节目，而很少有舞蹈、合唱、诗朗诵等文艺节目？"主持人"幽"了一"默"："老师没教，同学们不会。"没承想主持人一句玩笑话，竟引起学新校长极大震动。后来，同学们发现课程表发生了变化，形体训练、礼仪培养、美术鉴赏、音乐欣赏成为必修课，选修课则增加了电脑绘画与设计、钢琴演奏、舞蹈等。

刘学新是省级教育科研课题"课堂教学整体优化教改实验"的主持人。某日，他提议把其中一子课题分给一青年教师。有人颇有异议：该教师毕业不到一年，难当此任。学新却坚持己见：青年人经验少，但框框也少，况且，该教师颇有敬业精神和科研能力。结果，在所有子课题项目研究中，该教师进展最快。

五中获国家级重点课题"计算机与各学科课程整合"实验学校、山东省创新教育实验学校、潍坊市文明单位等称号，且近年来高考升学人数大幅度攀升。于是乎，新闻记者纷至沓来。某日，省电视台一女记者前来采访。行前，打电话给五中，请备好相关文字材料。及至采访完刘学新，学校秘书将文字材料呈交，女记者竟莞尔一笑："刘校长的谈话就是一篇很精彩的新闻稿。"

李天金

高密市康成中学校长。眼大而圆，面微黄带黑，喜开玩笑，但其表情难改严肃相。

天金校长主管康成，实行分工负责、分层管理。某日，一中层干部找天金用车，李言："这事不归我管。""应找谁？"答："不知道。"弄得该干部好生尴尬。旁有一校外人不解，问之："怎么不告诉他？"李答："该谁管的事，由谁管，如果越俎代庖，分管人员将会失去责任心！"在场一校长助理（学生）说："校长管理中的民主意识很强，我们十名校长助理反映的问题，提出的建议，他都很尊重。"

1999年6月,学校需要购进大量高档次仪器、设备。如何采购才能做到物美价廉呢?教书先生们犯了愁。于是,数学教师出身的李天金自告奋勇,研究出一个"卖方投标方式",对常量与变量进行了科学设计,使卖方只有在优质、低价、缓收贷款等条件下才能中标。学校遂如愿以偿。

康成中学的校训是"每位孩子都是好的"。人谓:李天金开了个"帽子工厂"。此言不虚。"帽子"者,就是对孩子的优点、长处的认可和高看。康成赠给孩子的"帽子"几呈满天飞之势。如,学校的宣传版面上赫然写着:周展,校书法协会会长,康成的颜真卿;李文辉,校文学社社长,未来的莫言;梁婧,校国画协会会长,小齐白石;王超,航模制造者,康成的莱特……

某日,一群教师议论纷纷:有的学生真坏,故意把图钉撒在校路上,扎伤了别人的脚。事情反映到校办公会上,有人提议查个水落石出,对"肇事者"严肃处理。有人讲,校训"每位孩子都是好的"该改一改了。天金校长却力排众议:"我们小时候有没有搞过恶作剧?不要动不动就说学生坏。出了问题,首先,需要追查的是我们的管理,只要管理到位,类似事件是不会再次发生的。"会后,李向学生记者团公布了对"图钉事件"的讨论经过和处理结果,学校电视台及时作了相关报道。一时间,"康成人"争说"图钉事件",形成了强大的舆论氛围。自此,类似事件销声匿迹。

初二学生单鹏从网上看到全球生态环境恶化的图文资料,遂通过E—mail给校长发出电子邮件,倡议开展"呵护一片绿色,拥抱一个春天"活动。翌日,天金校长即从网站"回音壁"回信:保护环境,人人有责。单鹏同学的想法很好,我同意下周在全校开展此项活动,云云。

"康成"校园的建筑群风格典雅、别致,功能齐全,质量一流,颇得前来视察的教育部王湛副部长等领导同志和大批参观者好评;日前,被有关部门评为"泰山碑"样板工程。李天金闻讯击掌叫好:"我们就是要树立精品意识!这对学生本身就是一种很好的教育!"

闫春良

  中等个，微胖，浓眉，眉头每每紧锁。高密镇教委主任。因机构改革，高密镇于今年3月分为密水、醴泉两个街道办事处，春良被任命为密水街办教委主任。

  康成小学由张家埠村独家投资500余万元，于去年6月建成，8月招生。该校校长郝其福讲：学校得以建成，运转正常，至少两个人功不可没，一是张家埠村党支部书记李振华，二是闫春良主任。闫却讲：我没有什么功劳，关键是李书记想给子孙后代造福。学校校址位于县城黄金地段，建校之前，有单位出几百万元要买，李书记力主不卖。投那么大的资建校，不少村民有意见，李书记磨破嘴皮子说服。资金不够，李书记又拿出自家的钱应急，云云。有相熟的乡镇教委主任请教闫："你想了个什么法子，促使李振华下定了决心？"闫笑答："我只不过领着李书记到青岛等地转了转，看了看青岛二中、南洋中学，让李书记震撼了一下……"

  某日，郝校长到康成小学检查工作，谈起新成立的学生乐团的管理及师资问题。闫讲："我记得《中小学管理》1999年第4期发过一篇文章，介绍怎样管理学生乐团。"即打电话给镇教委办公室的工作人员查找，并嘱，查到的话，速复印两份送至康成小学。工作人员照闫主任提示，果然查到此文，刊名、刊期皆如所言。不久，闫又来到母校胶州师范，为康成小学聘到了省内一流的管乐教师，其中一人曾为原济南军区管乐团首席长号手。两个月后，康成小学学生乐团已能演奏《国歌》《运动员进行曲》等14支曲子。

  每逢评优晋级，闫春良总是要求办公室及时公布上级文件精神，组织评委按规定将够条件者的分数一一张榜公示，同时公布举报电话。打分期间，评委不准回家。无举报，即封存材料；有举报，即予复查。故，闫任高密镇教委主任8年，该镇1500多名教师未因评优晋级问题向上写过一封人民来信。

  春良办公室有一饮水机，上置一罐矿泉水，饮水机所立的简陋茶几下，另有一壶白开水。有客人来，闫总是为客人倒矿泉水，自己则喝白开水。或问："你怎么不喝矿泉水？"答曰："一样一样。"

  春良常谓："不管做什么，最重要的是人品！"

宋华岳

高密七中校长。七中1998年易名为高密市育才实验中学。其人瘦高个,头发稀疏,且已斑白过半。前些年,宋因生活负担重,一身灰色中山服能连穿十多载,且缀有补丁,但总是洗得干干净净,扣子扣得严严密密,不多的头发也总是梳得一丝不苟。他常言:"干,就要干好!"

1964年,宋为民办教师,年仅20岁,受公社党委之命创办柏城农中。经费仅182元,教员除他之外,仅一人。他和工匠们一起上梁,和泥,抹灰;晚上和星期日,带领学生去6里外的窑厂推砖,连干半个月。他还不时带着一身泥水、汗水,步行去附近33个生产大队磨破嘴皮拉"赞助"。其人嘴皮颇薄,尝言,就是那时磨出来的。5年后,柏城农中发展为拥有12个教学班的一所普通中学。

老宋任三中副校长时,室内挂有一幅各班学习动态图,对每一学生的每次考试成绩及其性格特点,都标记上墙,以至与班主任、任课教师座谈起来,有的人竟会出一身冷汗。

1982年,宋在高密三中任毕业班的班主任,兼两个班的化学课。他家里种有11亩责任田。麦收季节,白天忙教学,晚上骑自行车赶30里路回家收割。见地里只有自家麦子还稳稳地站着,妻子一边挥镰,一边掉泪。遂吆喝道:"地误误一季,人误误一辈!不就是少收点吗?"

老宋任七中校长后,每逢到县城开会,都挤中巴车。某日,他在教委开完会,已是上午11点半,步行到汽车站。司机为多拉客,围高密城转了两圈,害得他近2点半才返回学校。饥肠辘辘已过,索性不吃午饭了,要办公室主任下通知,立即召开学校办公会,落实市教委会议精神。

拒城河镇供销社大院的面积有十多亩,与七中仅隔一马路。老宋每每散步至此,便想:有一天,若能让七中校园与之连成一体,该多好!1997年春,传出供销社要售卖大院的消息,他当即找到其负责人做工作,允诺为供销社职工代培子女。他跑了四趟,遂以13万元购得。此院西是拒城河村废弃已久的一片沟湾。老宋"得寸进尺",将一顶"支持教育发展"的高帽赠给村负责人,该村便无偿捐赠了这块废弃地。于是，七中的校园面积膨胀了 20 亩。

改建操场，老宋提出搞"阳光工程"：公开招标。有 3 家竞标，最高的一家 3.2 万元，最低的一家 2.7 万元。正要和要价最低的那家签合同，附近方家村村民赵志军跑来了："宋校长，这工程我包了，你看着给我点工本费就行了。"工程完工，赵志军只要了 8000 元。老宋过意不去，想再加个一两千。人家说："再加钱，你就看不起我们了。"不少村民自发捐款支援七中搞建设，其中，拒城河村村民崔松玉一人捐款 1000 元。新操场建成后，七中开了一个有史以来最为宏大、壮观的运动会。开幕式之日，赵志军、崔松玉等支持建校有功的村民应邀讲了话，老宋亲自为其斟茶倒水。

1995 年，51 岁的宋华岳出任七中校长兼党支部书记。其时，该校因一度停止招生，几呈摇摇欲坠之势，仅余 4 个教学班，29 名教职工，实验课开不起来，图书室仅半间，阅览室无，部分教职工尚住在 1959 年用坟砖建成的简陋宿舍里，校园内挤满了 1 米多深的荒草。但老宋说："这比我 64 年办柏城农中强多了。"6 年后的今天，"育才"已有多媒体教室 3 个，语音室、微机室、电子备课室各 1 个，教师每人一台微机，建成了校园网，联入了因特网，有阅览室 8 间，藏书室 2 间。1998 年以来荣获潍坊市规范化学校、现代教育技术示范学校等称号。宋华岳被高密市教委授予"创业奖"。该奖获得者仅 5 人。

老宋有一义子：王焕友。1982 年 2 月，焕友母病故，姐已嫁人。于是，老宋收养了他。其时，老宋上有双亲，下有 4 个孩子，妻子是民办教师。全家 8 口人，主要吃他一个月 53 元的工资。老宋省吃俭用，一直供应王焕友到获得同济医科大学硕士学位。

赵永森

成人中专校长。成人中专 2000 年 8 月试办综合高中班。之前，赵找来一份报纸，讲："上海、北京办综合高中获得了巨大成功，为职业教育拓宽了路子。人家能办到的事情，我们也应该能办到！"于是，学校办公会紧急制订综合高中班试办方案。持此方案，赵几次跑教委、找政府汇报争取，终得批准。然招生之初，学生和家长皆持观望态度,报名者寥寥。赵心急如火,遂开动宣传机器,承诺,如对本校办学质量不满意,愿走者,退其全部学杂费。结果,数日内,名额爆满。后征得市教委同意,将招生计划由 120 名扩大为 260 名,尚有百余名想入学者被拒之门外。现成人中专已被批准为山东省首批综合高中试点校。据该校《2001年招生简章》称,今年综合高中班扩大招生,招生额达 400 名,另招机电、计算机应用、服装、德语与电子商务、航空乘务与管理等专业班学生 650 名。人谓:"赵永森有开拓精神。"

其办公室挂有一幅苍劲有力的毛笔行楷:"在其位,谋其政。"下有一小注:"你是干什么的?"

姚灵光

第一实验小学校长。身材不高,高度近视,但目光却透着睿智、灵气,恰如其名。

初,高密市教委公开招聘一实小校长,灵光以笔试、答辩、考查均列第一的绝对优势当选。答辩会上,从高校聘来任评委的两位专家各命一颇具难度的心理学问题,惟灵光对答如流,七名评委均划满分。并感叹道:"此人功底深厚,精明过人,倘任校长,可谓专家型的。"

灵光上任后不久,即策划扩建校舍。议题既出,同仁皆言:自临街教学楼因扩街砸掉后,十余年先后两任校长都为扩建奔波,这块硬骨头难啃啊!灵光口答:"难啃也得啃,啃不下来,咱就卷铺盖。"遂拟订"攻心战术"。找市政府领导讲"法":按义务教育标准,生均建筑面积最低 3.8 平方米,一实小 1876 名学生,仅有 3860 平方米,生均 2.1 平方米,我任普教科科长时,上级来人都不敢往一实小领,丢人啊。找有影响的家长开会讲"情":一个普通教室挤上 80 多名孩子,教师难辅导,孩子喘气也不顺;还有一个年级的学生借师范教室上课,途经交通要道,很难保证安全。找学区所辖单位讲"义":教的都是你们单位的孩子,学生要学琴没有琴房,要画画没有画室……为了孩子,咱不该尽点义务?如此游说,轮番"化缘",终于感动了"上帝"。一年后,一座近 5000 平方米的综合楼拔地而起。人人皆大欢喜，社会上有些人物要来祝贺，灵光却说："至今学校连个操场还没开出来，等实现了居民搬迁计划，建起操场再贺吧！"

灵光的民主管理意识很强，也有绝招。每年开展"人人为学校发展献计献策"有奖建言活动，把教师有关"治校""治教""治学"的建言，收入学校《金点子集》，建言被采纳者论等行赏。灵光对此颇为得意，常言："我有138名教职工给出点子，何愁管不好学校？"

1999年，市政府教育督导室年终综合评估，一实小成绩为全市第一，教师颇为自豪，甚者沾沾自喜。灵光告诫："我们不能同兄弟学校比，要比就要与省内外名校比，不然，就会裹足不前。"2000年寒假开学前夕，举行民主议事会，共商学校发展大计。姚校长总结："我们的出路在于不断改革，不断创新，我们的价值也在于此。"是年3月，他关门三日，查阅各年级600份学生作业，归纳三大弊端：千篇一律，没有选择性；内容单调，机械重复；枯燥乏味，束缚思维。遂提出改革作业，改变传统作业的"大水漫灌"。夏，《山东教育》报道了一实小的改革经验：课内作业设置基础、技能、创新三个层次，课外作业有活动性、探究性、开放性、实践性四种类型，均体现学生的自主选择，激发了学生的创新思维，学生不再视作业为负担，而感到是一种享受，一种乐趣。

不少教师按传统方式对学生进行"补短"教育，收效甚微。于是，他在全体教师会上提出：换一个角度，帮学生"扬长"如何？一实小遂实施了《学生特长教育计划》，成立了少年文学社、科学院、书画院；聘请中国美术家协会会员荆曰政先生任少年书画院名誉院长，由荆先生出资，设立了荆曰政艺术特长生奖学金；办起了以发表学生文学习作、科技小论文、绘画、书法、摄影、剪纸为主的《西苑春蕾》报；紧挨人民大街，在校门口两侧树起了特长生作品宣传专栏，为特长生成功搭建了广阔的舞台。

灵光上任三年，一实小获得省、市、县素质教育示范学校、艺术教育先进单位等八项荣誉称号。

刘升锡

历任乡镇初中教师、教导主任。1998年6月，32岁从三十五名应聘者中脱颖而出，被高密市教委任命为市第二实验小学校长。

"阳光下的每个新生命都是一件新事物，他既是空前的，也是绝后的。"美国学者卡耐基的话，升锡深为服膺，由此想到对学生亦应如是观。于是，学校门口矗立起一高大展示牌，上书绿底白字——让每一个孩子都获得成功，并成为其一以贯之的办学指导思想。

升锡常以皮格马利翁的故事启迪教职工，告诫大家：老师的期望、关爱与学生的成功成正比。这是教育成功的精髓。

某日，程老师领一瘦弱白净男孩来找升锡，说该男孩一门心思画漫画，课不听，作业不做，真拿他没办法。升锡问："你叫什么名字？"答："杨帆。"升锡讲："好名字！老师和爸妈一样，都希望你扬帆远航，成就一番事业！"升锡让他把自己的漫画作品取来，从中看出这孩子确有绘画潜能。告别时，升锡拍了拍小杨帆的肩头："老师相信你能成为一个大画家，也相信你能学好功课。我们等着你的好消息！"后来，升锡办公室挂上了一幅装裱精致的水墨画《群虾争游图》，作者即为杨帆。据老师们反映，杨帆从此学习认真，成绩单上一般为"良"。

在升锡的主持下，第二实验小学开设了丰富多彩的活动课，如绘画、书法、科技创作、微机操作、演讲、小记者采访等，组建了"新星"少儿歌舞团，创办了《萌芽》彩印小报和《成功》校刊，成立了红领巾广播站、少儿电视台，在每个教室的室内墙壁上开辟了千姿百态的学生作品展示栏，学校走廊挂满了本校特长生的作品，目的是让每一个孩子都能展现自我，体验到成功的乐趣，增强自信心，去创造自己艳阳天般的童年，为祖国的明天奠定素质之基。

第二实验小学是山东省教育科研重点实验基地，升锡主持的"成功教育双赢"研究和实践在整个潍坊市产生了很大影响。他认为：教师成功是学生成功的基础，而教师成功的主要标志是其教育科研水平。为此，该校实行"科研成果一票否决制"，无科研成果者一律取消全市统一组织的骨干教师参评资格。

升锡认为：处于信息时代，现代化教学设施的配备是学生成功的必备条件。于是，二实小拉赞助，贷款，建起三个多媒体教室，网络进入每个教室、办公室，在高密教育资讯网上，建立了自己的网站，申请了市级教育科研课题"网络环境下的教学模式研究"，又投资240万元建设综合科技楼。该楼包含多媒体、语音、网络诸教室和电子备课室、天文台、学术报告厅等。

孙忠诚

1989年任大牟家镇中心初中校长，1994年被提拔为大牟家镇教委主任。他常讲：教育工作姓实不姓虚，姓真不姓假，姓勤不姓懒。某日晚，忠诚到一学校检查工作，发现学生厕所的灯泡不亮，立即召集干部开会，讨论此事。他强调：一个灯泡不亮看起来是小事，但反映出我们还没有把"一切为了孩子"落到实处。次日上午，对该校在全镇予以通报批评。

1999年夏，高密遭逢百年不遇的特大暴雨。一昼夜过后，大牟家镇教师家属院房屋内积水达二十余厘米，几位女教师抱着湿被子，站在积水里抹眼泪。忠诚心急如焚，拖病腿，扛着铁锨，踩泥水，挨家查看灾情，组织人员疏通下水道。老师们几次拖他回家休息，他阻止道："看，我也要看着你们把水排出去！要不，我会急出心病来！"忠诚一夜没合眼，和大伙共同努力，终于把水排出。但病腿因受凉，他的病情加重，不得不住进医院。忠诚身在医院，却在积极构思如何彻底解决教师安居问题。他出院后，拖着病腿，为高标准的教师住宅小区建设四处奔波。一年后，三十多户教师搬进了别墅住宅小区。

妻子常常抱怨孙忠诚：找了一个不顾家的人。其人却信奉魏书生的一句话：多干工作就是赚便宜。

王积坤

1992年8月，从姚哥庄镇中心小学副校长任上被破格提拔为柴沟镇教委主任。积坤第一次在全镇教职工会议上露面，其貌相颇让人小视，及至一开口，有板有眼，又不免令人刮目。积坤曾经当过多年民办教师，对民办教师工作高付出,生活低待遇,感同身受。为从根本上改变这一状况,积坤在深入调查研究的基础上,决定争取为民办教师办理地方城镇户口,使其与公办教师待遇并轨。为促成此事,他三番五次找镇党委、政府负责人。某日午,他竟立于主要负责人家门前,任凭七月骄阳暴晒一个多小时,直候到人家午休完毕,方得请示。终于,1996年,柴沟镇在潍坊市率先实现民办教师与公办教师同工同酬。

1993年秋,镇一中准备扩建操场。积坤约镇建委、范家大村村委的负责人一同来到现场。为紧邻学校南院墙的一条10米宽的路,双方争执起来:范家大村一方认为,向南割地100米,应包括此路在内;积坤认为,此路原来就有,故除此路外,应再向南割100米。人谓积坤:"你才来一年,还是不要得罪人好。""公家的事,何必那么认真?"积坤答:"差一米,就建不成一个标准操场。事关多少代子孙的教育,该争的不争,要我何用?"双方一直争到镇党委主要负责人那里。问:"你说建操场多少米就够了?"答:"加上那条路,割110米就够了。"结果,积坤终达目的。

某年春,小王柱村发生一起家族间械斗,导致其中一方男主人被打死,上小学的孩子被打伤。积坤闻知后,当即前往医院看望受伤的孩子。是日晚,积坤接到一电话,要求他严肃处理受伤的孩子的班主任,称该班主任对孩子受伤负有直接责任,云云。电话是孩子的叔父打来的。其时,积坤已做了调查,知该教师为犯罪嫌疑人的妹妹,但并未参与械斗。受害方扬言,如不停该教师的课,严肃处理,就告到市、省教委。积坤表示,理解受害方的心情,但没有证据不能停老师的课。受害方称:"你不管我就上告!"积坤答:"你不知道市教委的电话,我可以告诉你!你想借此报复人,扰乱了教学秩序,办不到!"答毕,摔了电话筒。次日上午,积坤即上市教委汇报有关情况。数月后,械斗事件被依法做了处理。其间,积坤多次看望受伤的孩子,并与之结成帮扶对子。

镇中心小学音乐教师老田欲调往一所市直高中,持商调函见积坤。积坤言:"你知道,我们这里也缺音乐教师。半年前,为了装备你的那个二胡队,教委专门拨了好几千元款……"老田闻之,深感有愧,欲走。就在此时,积坤挥笔在商调函上签了字,并称"如果调动办不成,我还欢迎你回来!"年近半百的田老师拿起商调函，不禁泪眼模糊。

学生王某之父母犯罪入狱，王某与其妹失去生活来源，不得已而辍学了。积坤闻知此事，心头倍感沉重：孩子无辜，不能让孩子失去阳光！遂同镇妇联同志一起，筹资1000元，当日送到王某家，并为其申请了市妇联"春蕾计划"资助。姐妹俩重新回到校园。6年来，在积坤的关心下，柴沟镇共有100多名学生成了"春蕾计划""希望工程"的直接受益者。

邱法庭

姜庄镇教委主任。教过多年语文，于高密教师进修学校教语文时，讲《岳阳楼记》《荷塘月色》等名篇，总是边踱步，边背诵，将学生带入诗的境界。再于"文眼"处重点处理，绘声绘色地说其"只可意会，不可言传"之妙处，让学生充分享受语文。法庭尝言："如果不是遵命挂了个一官半职，我专心致志地把课一路教下来，说不定早已成了语文名师了。"

法庭深知：现代信息技术是21世纪的通行证。为确保有足够的资金来购置网络设备，遂将原准备修缮镇教委办公楼的款项拨给学校，于是，刮风下雨季节，办公楼内自然有所感应。其人却言："我们几个人稍微经受点风雨，几十个学生就驶上了信息高速公路，值！"

法庭家居县城，任镇教委主任后，星期天、节假日都"泡"在姜庄，以致妻子不无抱怨地称：老邱把自己"卖"给姜庄了。法庭辩称："我得为姜庄教育负责！不然的话，心里不踏实。"

于成德

1997年8月，由四中办公室主任调任阚家镇中学校长。上任伊始，即为自己制订了一个现阶段"三三制"工作规程：利用三分之一的时间走访调查，三分之一时间分析论证，三分之一的时间外出取经。经深思熟虑，成德写出《阚家镇中学现状分析及对策》，在此基础上，一年内陆续主持起草了三十余个规章制度，力求通过建章立制把学校工作推向良性循环的轨道。

1998年7月，成德被提拔为阚家镇教委主任。为改善办学条件，成德找镇党委、政府摊盘子、亮底子，软磨硬缠，终于争得当地党政领导支持。是年，初级中学建起2000平方米的教学楼，中心小学建起1000平方米的教学楼，结束了阚家镇无教学楼的历史。

于常言："我是为教师服务的。只要老师们安心了，我也就舒心了。"他主持在镇经济开发区繁华地段建起教师公寓楼，全部分给一线教师和老教师。有人劝其留下一套自己住，他拒绝了。自己该晋高级职称了，硬是不申报，把名额让给了一位骨干教师。

成德教过二十多年语文，勤于动笔。不管任阚家镇中学校长，还是镇教委主任，单位重要文件和自己的发言稿，从不找人代劳。他撰写的《语文诱导模式初探》《农村中学如何实施素质教育》等多篇经验总结文章在报刊发表。

成德的胃部三分之一被切除。现仍患有胃疼病，随身携带"雪尼替丁""西咪替丁"一类胃药。某日，他正起草一份"月工作计划"，突然胃病发作，疼得直冒汗，办公室主任劝其休息片刻。成德回言道："明天开办公会就研究这个计划，已经通知了中小学校长，怎能随便推迟？"言毕，他服药继续工作。成德于今年"五一"荣获高密市"创业奖"。获此荣誉者全市仅5人。

贾玉德

1953年生于河崖镇，先后任河崖镇一中教导主任、校长，河崖镇教委主任。1998年7月升任市人民政府教育督导室主任。

其人中等个，方脸浓眉，发黑如漆，眼有些斜视，故乍接触常予人一种睥睨一切的感觉。

任河崖镇一中校长之初，贾主持制订了一整套管理规章，辅之以激励政策。激励举措之一：加大奖金发放数目，以确保教育教学功臣得到最大实惠。有人担心奖金数额过大，学校兑付不了。贾表示："开弓没有回头箭！宁可贷款也要保证兑现！"

贾玉德深知农村中学筹资之难。某日，镇花卉生产基地一负责人与贾闲聊，说起雇请一批短工帮助自己进行季节性生产。老贾一拍脑袋：何不来个校企合作？于是，几经磋商，学校与镇花卉生产基地、建筑公司等厂家签订了合同：师生利用劳技课和课外活动时间前去勤工俭学，厂家支付一定报酬。三年下来，将勤工俭学得来的钱款，全部投入校园环境建设，学校被评为高密市最佳花园式学校。原国家教委蒋景华司长视察该校，深为校园之美所感动，遂欣然题词："勤以工作，俭以治学，勤工俭学，培育新人。"有记者问贾勤工俭学收入如何，他却"顾左右而言它"："五育并举，劳技也是学生的必修课嘛！"

老贾立有一条规矩：老师的父母及50岁以上的教师生日时，学校都派专人送上一生日蛋糕。某日，有好事者约一群老教师前来为老贾祝寿。老贾礼物拒收，并"礼送"出门。好事者不甘心，"谏"曰："贾校长，我们这些老头子过生日，您总挂在心上；您过生日，我们也应该略表寸心吧……"老贾顿时横眉立目："心意，我领了；礼物，请诸位拎回去！再'嚷嚷'，我立马发通报！"众人快快离去。有人发誓："我再不进贾玉德的家门！"

1998年6月18日，高密市教委在河崖镇召开基础教育改革现场会，已升任镇教委主任的老贾介绍了双向选择、分级聘任经验。不久，贾专门主持召开镇教职工大会，会上郑重声明："聘任的原则，是看你的工作表现与成绩，不看人情、面子。谁对聘任有意见，骂我，可以；想拉关系，找人情，我要曝你的光，提议校长落你的聘！"临散会，又"发表"第二次声明："有谁工作有突出成绩，聘任没有受到公正对待，我欢迎你直接找我。确有此事，有一人，我自愿降一级工资；有两人，我降三级；有三人以上，我卷铺盖，下台！"言毕，偌大阶梯教室竟鸦雀无声。片刻，掌声四起，感叹如潮。

1998年7月，贾玉德被高密市教委公开选聘为教育督导室主任。他在上任后的首次全市督导工作会议上，亮出了督导室的"约法三章"：实行"三公""三不"制度。"三公"为公正、公开、公议；"三不"为不吃请受礼、不以任何理由向被评估单位收取费用、不接受任何级别的招待。

某日，贾带队下乡督查。中午，乡教委主任请其一行到酒楼就餐，并说党委书记要出面招待。老贾亲自找到书记，婉言谢绝。午饭，"生活自理"，自己定用餐标准,与饭店结账。下午,继续在该乡督查。不日,一记者闻知此事,在市报上发了一篇言论——《为"生活自理"叫好》,倡议其他部门在评优、检查、调研时,向高密市教育督导室学习。老贾言:"吃人家的,嘴短,是自己为自己设置障碍;生活自理,就坦然了,有利于做到公正。"

去年3月16日,山东省教育督导工作经验交流现场会在高密市召开,贾玉德在会上做典型发言。高密市教育督导室连续两年被评为省教育督导先进集体,其工作经验得到了国家教育督导团的充分肯定。

老贾冷面,若干人多有领教。其实,此人却有一副热心肠。1996年秋,河崖镇一中迎接山东省规范化学校验收。此事,对一所农村中学是一大事。验收前一日,教导主任许百功的父亲因病住院,许找到贾校长,"呐呐"良久,方言明请假事由。贾一挥手,道:"治病要紧!"边言,边从口袋里掏出随身带的一张"伟人像",加上一些十元、五元散币,数也没数,递给许:"拿着挡挡急,有什么困难,再电话联系。"

鹿云义

身材瘦削,头发略鬈,额头宽大,小个子,小眼,塌鼻,善言辞,动作敏捷。1991年7月,升任方市乡教委主任。该乡人少地僻,有"高密南大荒"之称,办学条件、学校设施等均居全县下游。云义上任后,积极争取乡党委、政府和办学单位支持,多方筹措资金,用于改善办学条件。不到三年时间,全乡9处中小学均达高密市规范化学校标准,其中3处被评为潍坊市校园美化绿化先进单位;10所幼儿园被评为一类园所。同仁们说:"'塌鼻子'本事通天。"

云义自谓"命运多舛"。征之其家庭,信哉。1997年秋,其母操劳农活,不慎将腿摔折,住院达七十余日。是年冬,其妻因患重感冒,引起旧疾复发,治疗不及时,遂由肺炎转化为肺结核,住院月余。后肺病日益恶化,不幸亡故。对此,云义不胜愧疚,泣言:"我顾了工作,失了妻子!"

或言云义"小气"。1993年建乡教委办公室,建筑队称,只要每晚出10元钱,即负责看管建筑材料,保证万无一失。鹿不从,每夜与几位教职工轮流值班，席地而卧，置地面潮湿、蚊虫叮咬于不顾。建房 32 日，鹿值班 15 日。如此辛苦，反省下 320 元钱，颇令人不解。然鹿不以为悔。

云义已过知天命之年，然老当益壮，其勇力有时非一般青年人所能及。去年某日，乡教委值班室遇雨房漏，天晴，鹿亲自登院墙观望，发现房顶有一瓦裂。遂叫来两个青年教师，嘱其上房换瓦，二人互相推让不已。鹿怒目相向："胆小鬼！看我的！"遂蹭蹭登梯上房，弓腰蹑步，扒裂瓦，换新瓦，俨然一熟练泥瓦匠，顿令房下青年教师汗颜。

赵升明

1993 年主动请缨，从高密镇教委机关到城南中学任校长。

到任之日，为城南中学开学前教师集中培训日。上午 7 时余，老师们开始陆续到校，见面不免对新任校长"嘀嘀咕咕"，而对路边花园一埋头拔草的中年汉子却视若无睹，以为是学校新雇之勤杂工。8 时整，正式开会。只见那位两手尚沾有些泥土的"勤杂工"道："老师们，咱这次培训的第一课是——拔草！学校就是我们的家，家里面杂草丛生，像个过日子的吗？"众人方知拔草者为新任校长。于是，赵升明与老师都成了灭荒者。

1994 年春，听说南方树苗品种多，价格便宜，赵升明遂从自己家里带了 600 元钱，南下江苏沭阳。车到沭阳已深夜，问了几家旅店，赵均嫌住宿费贵，索性折回火车站，躺在候车室的长椅上挨到天明。沭阳之行，赵带回两汽车树苗，在满足本校绿化需要之后，将剩余树苗运至市场出售，不但赚回了本钱，还略有盈余。初战告捷，赵趁机设立校园经济开发部，主营南方花木。此种方式成功运作，既让校园绿化没花一分钱，又为学校发展积累了部分资金。

1997 年 3 月 18 日，新世纪教育发展公司在县城中心繁华地段隆重开业。该公司属城南中学所有。此前数月，考虑到信息技术飞速发展，赵积极与几家电脑公司商洽，终于成为北京盛唐电子有限公司在胶东半岛总代理和济南浪潮电脑经销商。新世纪教育发展公司的成立，乃赵"借壳"发展学校的成果之一。

赵常津津乐道于朱熹的"圣贤施教，各因其材，小以成小，大以成大，无弃人也"。有老师反映，93级几个"挠头"学生，上文化课要么无精打采，要么窃窃私语，可一到体育课上就来了劲头，潇洒得很。赵道："这几个学生有体育特长，可以让他们走体育成功之路。"遂配备得力教师，制订专门计划，让其发展体育特长。毕业后，有的被市体校录取，有的考上重点高中体育班。另有一女生，个头高，好打扮，不少师生认为她不够本分。赵却不苟同，发动有关教师为其"开小灶"。后来，该生被济南模特学校录取。

在德育工作中，赵很重视日常行为规范教育。某日，潍坊教育电视台记者来城南中学制作专题片，每个学生都主动跟其打招呼，要么问"叔叔好"，要么点头致意。及至放学，记者发现没有一个学生跨过校路中线，均靠右行走。

2000年8月，赵调任为向阳中学校长。一上任，即通过校报《向阳花》向全校师生、社会各界将自己的办学思路和盘托出：三点指针（以提高教育质量为立足点，以教研教改为突破点，以现代技术的应用为切入点），四项战略（以德立校，以法治校，科研兴校，特色强校），两项工程（教学手段现代化工程，铸师德塑师魂工程），并公开征集修正意见。一时间，老师们争说赵校长的"办学经"，不知不觉把心思铆在了学校的"二次创业"上。

"工欲善其事，必先利其器。"不到一年时间，赵筹集130万元资金投入向阳中学的现代化工程建设，每个教室都安装了微机和34英寸大屏幕彩电，建成了"三叶帆"校内电视台和校园网，实现了教师人手一台微机。回顾筹资之难，赵感慨不已："真是难于上青天！我就差给人家跪下了。"

市教委一位退休干部去年建议教委设立创业奖。说，像赵升明这样走到哪里就创业到哪里的校长就该重奖。今春，赵果然获得此项奖励。

杜光军

身材魁梧，方脸，平头，眼睛不大，但目光犀利，出语慷慨，时发警句一二。高密市立新中学校长。

光军初任曙光中学校长，高密镇举行初三统考，"曙光"数学成绩特差。遂找数学教师张立春谈话："张老师，您从教十几年，教学经验丰富，并且很会发现学生闪光点，在同学们中有很高的威信。现在，我很想听听您下一步工作打算……"结果，毕业考试，张立春所教数学成绩全镇第一。

光军有一嗜好：给本校教职工子女赠书，并题上"祝你学有所成"之类话语。张守云老师上小学二年级的儿子对《365 夜故事》《儿童童话选》爱不释手，每晚都要缠着妈妈读上一篇方去睡觉。那两本书皆为杜校长所赠。

1998 年秋，学校建教学楼，杜力主典雅精美之欧式风格，同一领导争吵起来，冲口道："建，就要建精品（工程）！"听说老乡郝传东在济南电力建筑设计院搞设计全国出名，杜拽上有关领导，三上济南，使郝深为感动，半个月即拿出高质量图纸，设计费由每平方米 8 元降至 4 元。不到三年时间，即推倒全部平房，建起建筑面积达 6000 平方米的欧式教学楼，且实现了网络化教学。为此，学校自筹资金达 500 万元。谈起筹资种种艰辛，杜强调："我们真正发扬了武训办学精神！"

光军极重教师队伍建设，尤重名师培养。每有老师参赛，都当成学校大事来抓，提供一切便利。即使学校资金再紧张，每年也都拿出七八万元，用于教师外出听课，参加学术研讨会、各种技能比赛。

截至去年底，立新中学作为一处镇办初中（教职工 124 人），已有省级教学能手、优质课获得者 5 人，市地级教学能手 10 人，市县级教学能手等骨干教师 24 人。谈及此事，杜言："教师的成功就是校长的成功！"

綦敦田

36 岁时提任高密市曙光中学校长。其人个子不高，敦实，方脸，才思敏捷，幽默风趣。綦上任两年，创地市级规范化学校，三年创高密市素质教育示范学校和潍坊市法制教育先进单位，四年开通校园网，实现教育手段现代化，创省级规范化学校。

綦善依法治校，重情感投入。上任不久，即倡议教职工晚 9 点前必须回家，不得在外聚赌、打扑克、搓麻将，并致信家属，以求共管。教师当作笑柄，漠然置之。隔三日，綦敦田接一举报电话，"状告"其夫连续两天午夜之后方回家。綦找到"被告",晓之以理,并令其公开"检讨",向妻子赔礼道歉。此后,白天办公再无教师打瞌睡。"举报电话"成了"感谢热线"。教师家属皆称綦校长是"塑造模范丈夫的好校长"。綦遂致信家属:"夫妻俩都支持学校,曙光创优指日可待。"

綦敦田校长治校善打外围。每年元宵节,总要叮咛总务处为教师准备6袋元宵,每份两袋,一份给教师,一份给父母,一份给公公婆婆(岳父岳母)。礼轻情义重,用綦的话说:"送去的是关爱和尊重,换来的是心与心的交融。"綦校长不仅"约束"男教师,还会"改造"女教师。他提议学校工会组织"婆婆之歌"演讲会,讴歌婆婆们的艰辛,寻求婆媳间的理解。"婆媳效应"很快起到作用。媳妇们多了理解,婆婆们少了埋怨。谈起"婆媳效应",綦校长幽默地说:"婆媳关系处理好了,这是为社会稳定做贡献。我们也把婆婆争到学校一边,这是鱼帮水还是水帮鱼?学校反正多了份关爱。"

上任之初,曙光中学办学条件差,学校又远离市中心,教师队伍不稳,未婚青年想调离。綦敦田明白:留不住教师,就没有学校的发展。他一边加快学校建设步伐,一边主动同周围企事业单位联系,利用五一、元旦等机会,组织青年教师与外界进行联谊活动,为未婚青年教师穿针引线搭桥。五年间,曙光中学有五位青年教师联姻成功,"红娘"均为綦校长。

敦田校长办公桌上贴有这样的格言:"百行德为首。非德之威,虽猛而人不畏;非德之明,虽察而人不服。"

刘卫国

河崖一中校长。不苟言笑。

1997年秋,卫国与总务处綦宗茂主任到济南购买理化生仪器,沿街来回步行两三里路,选一最便宜旅馆住下,吃的多是从批发部买来的方便面,以至綦主任称,他们跟当年买稻种的梁生宝相比,就差铺着麻袋在屋檐下过夜了。

有朋友不无讥嘲地道卫国:"你这校长太抠了!"刘答:"学校这么个大摊子,需要钱的地方多着呢!能省的就应该尽量省!"

孙世军同学因车祸导致腿部严重受伤，住进市人民医院。卫国得悉，立即约同其班主任连夜赶到医院看望，对其家长讲，医药费不够，学校会想办法。临走，掏出200元钱硬塞到孙父手里。此款，刘原准备用来为妻儿买衣服。

李常学

戴眼镜，说话绵软，个头不高，脸瘦削而长，整整一个文弱书生的模样。李常学上中师时，尝作一文，言及除夕一家团聚，用"禁不住笑声从口里流了出来"一语，状乐不可支态，同学间传为笑谈。1998年8月，李由市教委秘书被聘为梓童庙小学校长。

《人民教育》《山东教育》等传媒都报道过高密镇梓童庙小学"一个都不能少"的故事。此故事之筹划者，即为李常学。李到梓童庙小学赴任后，发现教室前那柿子树不见一个柿子。一调查，原来，此树年年春季白花飘香，之后，嫩果如青绿珍珠缀满枝头，一入夏，果子却日渐稀少，终至收获季节却无果可摘。于是，次年柿树开花时，李设计了"一个都不能少"主题班级活动。班会上，老师向同学们"请教"让柿子嫩果长大的办法。一月后，李亲自领着同学们到柿子树下数出嫩果数目。之后，分班级让学生利用课外时间轮流当柿子树的园丁和卫士，并做好轮值记录。霜降时节，李和全体师生都来收摘柿子：128个，与第一次数的数目完全一致。当这128个柿子分到各班让同学们品尝时，大家觉得特甜、特香。无形中，爱护公物、团结协作、认真负责之品格在孩子的心目中扎下了根。

李常学刚到任时，发现花园中一些仙鹤模型被拧去了头，折断了脖子，心情很是沉重。开办公会研究，有人提议赶快拆掉，换上新的，免得影响校容。李却言：圆明园被八国联军烧毁，其废墟同样可以教育国民，尤其是青少年。我们是不是可以从这里受到启发？遂在没了头的仙鹤模型前，立上一块牌子，上书："鸟无头不飞！"近三年过去，牌子上字色几近褪掉，而校园内原有的和新置的动物模型却安然无恙。

1999年春，李常学邀请梓童庙村负责人来学校参观。走到灶房门口，村支部书记杨启华发现火炉上蹲放一铝皮水壶，与其相连的烟箱上摆放着八九把军用水壶。有老师向杨书记等人介绍，这是李校长的点子，这样可以最大限度地利用火炉热能。杨听了很表歉疚，连声说："我们对教师关心不够……"李站在一旁不加评论。次日，杨亲自带人送来一套节能锅炉，之后，又为学校盖了一处锅炉房。或曰："李校长的'发明'成为历史了！"李却私下对一同仁讲："请杨书记看灶房，是我故意安排的。"

崔升福

关公脸，身材高大，快人快语。知天命之年，被任命为高密市大牟家镇中心小学校长。上任之初，即在办公会上提出一年创"市规"（潍坊市规范化学校），三年创"省规"（山东省规范化学校）。后，"市规"目标如期完成，"省规"目标提前一年实现。

老崔酒量甚豪。某日，承包校舍扩建工程工头携三瓶名酒相赠。崔却道："此酒每饮一杯，屋基少一块石头，屋顶少一块瓦片。"遂再三婉拒。推让间，一瓶酒砰然坠地，霎时酒香四溢，老崔猛吸鼻子，言："好酒！好酒！可惜，非我钱财购得，无福消受。"

2000年秋，因殚精于筹建微机教室、多媒体教室资金事宜，血压增高，糖尿病加重。有人提议，不妨请办学单位的领导开个碰头会，会毕撮一顿。另有人提出异议：崔校长遵医嘱已年余滴酒不沾，席间让人"将军"咋办？老崔道："也只有这一个办法了。"碰头会上，老崔就教育技术现代化痛下说辞。各办学单位领导均频频称是。及至提出筹资"明细账"，却无人响应。中午就餐，酒过三巡，老崔又重提筹资事宜，言："现在初中考高中，要考微机。为了孩子们的前途，我老崔求求各位领导了！"某村党支部书记兼办学委员会主任陈光喜善饮，豪爽过人，见老崔抱拳作揖，遂端一大杯酒，对老崔道："崔校长，俺是庄户干部，没文化。不过，俺听说'酒品见人品'。您干了这杯，我立马签字付款！"众"头头"皆呼："干！干！"副校长再三申明老崔病情，并提出由自己代喝。陈不让。众目睽睽之下，老崔接过杯，慨然道："只要付款，别说一杯酒，就是一杯毒药，我也喝！"遂一饮而尽。结果一饮住进医院。师生闻知，皆落泪，纷纷前去看望。陈光喜亦带办学单位诸"头头"到医院探视，握住老崔的手道："我跟你开个玩笑……没想到你真不能喝……"崔称："君子一言既出，驷马难追。孩子们还等着学电脑呢。"陈泪水盈眶："俺杨家庄就是砸锅卖铁，也一定如数筹上款！"不久，各办学单位分担之筹资皆到位。

某家长以交不起学杂费为由，强迫其子辍学。班主任做工作再三，无效。老崔闻知，亲往其家，向其父晓之以理，并许诺免交杂费。其父不从，老崔遂火起，当众指其鼻子斥曰："有你这样的糊涂虫家长，真是老少爷们的耻辱！你不愿供应孩子上学，我供应！"遂带孩子回家，嘱其妻好生呵护，并天天携孩子上下班，达十余日。这期间，找与孩子同村一教师捎话，称，如其父仍不悔改，就告上法庭，并邀电视台、报社记者曝光。其父闻知，便于一傍晚，亲至崔家赔礼再三，保证不再让孩子辍学。

其办公室内高悬一书法作品，上书："只要孩子们有笑脸，我就是最幸福的人。"

（原载《山东教育》中学版2001年第26、29期，高密市教委寒山参与本文写作。）

走进教育的本质

——山东潍坊市普通高中教育写意

"我们在讲升学率时,要求不下达升学指标,不以升学率作为评价教育工作的唯一标准,但是我觉得在潍坊可以讲升学率。潍坊全面推进素质教育,促进了学生的德智体美全面发展。"教育部原副部长、国家总督学王湛在山东省潍坊市进行教育考察时如是说。

> 教育的全部意义在于让人成其为人。
>
> ——作者题记

山东省潍坊市——世界风筝之都。一年一度的风筝节，来自五湖四海的国际友人盛会于此，鸢飞青云，各显风采。

如同扶摇直上的飞鸢，新世纪以来，潍坊的教育也展开了腾飞的翅膀……

2003年3月，教育部副部长、国家总督学王湛在山东省潍坊市进行教育考察，并听取了李希贵局长的汇报。当听到潍坊市近年来普通高考成绩突出，2002年全市本科录取达到16295人；音乐、体育、美术本科录取人数分别达到543人、514人和2801人，占全省总数24.4%时，王湛指出：我们在讲升学率时，要求不下达升学指标，不以升学率作为评价教育工作的唯一标准，但是我觉得在潍坊可以讲升学率。潍坊全面推进素质教育，促进了学生的德智体美全面发展。

在2003年，潍坊市普通高考又创下了历史新高。全市本科录取人数达22789人，占全省总数的14.23%。其中，文史类4270人，占全省13.51%；理工类12519人，占全省12.24%；音乐类1022人，占全省19.14%；美术类4106人，占全省24.89%；体育类450人，占全省18.02%。全省本科录取率为32.45%。潍坊市人口为849万，报考人数为53849人，录取率为41.4%，万人比为26.72。本科一批录取6195人，占全省19.94%。其中，文科录取1254人，占全省19.46%；理科录取3696人，占全省14.22%；美术录取589人，占全省20.89%；音乐录取195人，占全省19.88%；体育录取422人，占全省17.72%。

57名考生升入北京大学、清华大学，占全省两校录取总数的1/5。

84名艺术类考生考入中央美院、中国美院、中央音乐学院等名牌大学，其中2人被清华大学录取，32人被中央美院录取，25人被中央美术学院录取，10人被中国人民大学录取，1人被中央音乐学院录取，4人被中国戏曲学院录取，2人被解放军艺术学院录取……

这些数字的确光彩夺目，让人不胜羡慕，让人为之眼热。但是，数字本身并没有多少意义和价值，到底有没有意义，有多大价值，要看数字的背后。而数字的背后，自然要涉及一个很敏感的话题：

到底能不能抓高考升学率？

抓高考升学率是否就是"应试教育"？

这是一个长期困惑人们头脑的问题。

其实，讲基础教育不能不讲普通高中教育，讲"普高"，不能不讲高考，不能不讲升学率，不管你承认也罢，不承认也罢，高考升学率是"硬道理"，谁都不敢忽视，也不能忽视。而这都不是关键。问题的关键在于：你抓的是什么样的升学率？你培养的是什么样的人？是"应试机器"，还是全面发展的高素质的人？

这才是问题的实质所在，也是教育的本质所在。

对此，潍坊市以其多年来在素质教育的雷区——普通高中教育阶段全面推进素质教育的丰富实践和桃李芬芳、日益辉煌的教育成果，做出了明确的回答。

第一章　为实现理想走进来，为服务人类走出去

全面实施素质教育，集中体现在培养全面发展的人。

在潍坊，当你走进学校，第一眼接触到各个学校的教育理念和校训，便会感到一种博大的人文之气，一种大写的人气：

　　——为四十岁做准备

　　——为实现理想走进来　为服务人类走出去

　　——科学求真　人文求善

　　——传承书院文化　创办现代教育

　　——勤朴公勇　敬业乐群

　　——诚恒

——立言 立德 立心 立人

——把每个孩子的一生变成一个成功而精彩的故事

……

校训是学校的眼睛,是学校教育理想的集中体现,是学校对理想中的"真正的人"的期待和呼唤!这些富有感召力的校训,具有震撼人心的力量,让你会不由地发出一声感叹,确信:这样的学校是有灵魂的,有灵魂的学校自然会培养出有灵魂的人。

在收获才学智慧的同时, 始终要保持心灵的纯洁

2003年高考,潍坊市直属以及所属每一个县市区的每一所普通高中学校,几乎都是一个丰收年。但是,与这里的校长和老师的接触,他们却很少谈及升学率。他们最津津乐道的是他们学生的高素质。谈及他们的学生,他们都是如数家珍,自豪之情溢于言表。

张晓菲,今年山东省高考文科状元,毕业于高密一中。

对于高考状元,人们总是怀有一种神秘感,但张晓菲却并不神秘,而且看起来还比较平常。

"她学习一直很好,也听话,我们从不给她太多的压力,我当时想她能上山大、中国海洋大学就不错了,可她自己瞄准的是北大清华。她很自信。"她的父亲这样看自己的女儿。

刘老师是张晓菲高中三年的班主任,他称赞他这个得意弟子"最突出的个性是非常沉着,心胸宽广。她不是班里最聪明的,但她能用平常心看待自己的成绩,保持一种向上的心态"。

张晓菲平常喜欢看小说、杂志,也喜欢自己老乡莫言的作品。"我看课外书全当休息,文科的也该涉猎广泛一些。参加班里的活动,取得了成绩,可以增强自信心。"

对于状元的桂冠,她似乎并不在意:"高考成绩好一点,只是起点高了,可

以选择一个好的学校,我也没有什么功成名就的感觉。"

对于人生,她已经有了自己独特的体验和理解:"经历过蜕变的阵痛,才有蝴蝶的重生;经历过沙子的磨砺,才有珍珠的光华。在付出的同时坦然地面对成败荣辱,不必斤斤计较,不必患得患失,平和的心境更有利于最大限度地挖掘出自己的潜力。没有谁能永远成功,也没有人会永远失败——人生来不是一个失败者,请相信:风雨过后,终见彩虹!"

她特别喜欢爱因斯坦的话:"成功＝努力＋方法＋少说空话。"

和张晓菲同班的刘蕾,是山东省高考语文单科状元。浏览着高密一中校报《滨北时空》,刘蕾同学的《享受过程》使我们得出了这样的结论——这里的学生不是两耳不闻窗外事的"苦行僧"和书呆子,而是视野开阔的"思想者"——

> 回顾高中生活,我觉得那是一种享受,在享受的过程中,我把握住了自己,为梦想插上了高飞的翅膀。在语文实验室里,我们可以自由地翱翔于书的世界,在穿越时空与先哲们进行心灵对话的过程中得以提升境界、沉淀情感,在丰富多彩的活动中得以开阔视野生长智慧。
>
> 高中是人生历程中的一部分,每一天都要认认真真地去过。只有那些真正有所抱负、拥有独立人格的人,才会永远"在路上"时刻准备着,高瞻远瞩地策划人生的每一步,创造生命的价值,寻找自己的梦想。我们要不懈地追求,但不要奢求。也许我们典当青春,但我们会赢得未来!

杜凯,潍坊一中应届高中毕业生,2003年高考以562分加艺术特长被北京大学录取。杜凯是老师、同学公认的一名全面发展的好学生,是潍坊一中素质教育的典型实例。

杜凯自小爱好广泛,10岁自学竹笛、乐理知识,12岁开始学习书法、绘画等。杜凯考入潍坊一中后,在老师们的精心培育下,养成了以学习为乐趣的良好习惯,不刻意追求高分,而是注重全面文化素养的提高和能力的培养,学习成绩一直名列前茅。升入高中后,他开始学习声乐。高二时他通过中国音乐学院业余考级九级,多次在各类比赛中获奖,在2002~2003年北京大学、清华大学的艺术特长生冬令营比赛中均获一等奖。除文化课学习、唱歌以外，杜凯还热衷于歌曲写作和 MIDI 编曲，自高一开始，自己摸索创造、制作歌曲累计五十余首，自制 VCD 唱片两张，出版诗集一部。

广泛的爱好使杜凯对生活充满激情，同时生活使他懂得了在一切荣辱中保持心态平和的重要性。他说："考入理想大学，我只是进入一个全新的起点，一切只能向前看。我努力的目标是：在收获才学智慧的同时，始终要保持心灵的纯洁！"他坚守的人生信条是：做学问前先做人，当庸人也不当奸人！

寿光现代中学是一所刚建成不久的现代化学校，今年才有第一届毕业生，可令人欣喜的是，该校在高考之前，就有四名同学在第 19 届全国奥林匹克竞赛中获一等奖，其中获得化学竞赛一等奖的贾维杰免试进入清华大学，获得生物竞赛一等奖的朱湘磊免试进入北京大学。在本届全国奥林匹克竞赛物理赛场上，该校冒出了两个全国一等奖，从而改写了原先由省会学校垄断一等奖的格局。在山东省参加全国化学竞赛的 6 名队员中，只有寿光现代中学的贾维杰是来自农村的，在省里集训的时候，数他最刻苦。在高三，有些同学为了集中精力参赛或应考，把属于自己的爱好和乐趣都丢掉了，可贾维杰还是照样打篮球、踢足球、练书法、读文学书籍。他说："我的这些爱好都不精通，参加这些活动仅仅就是一个目的——调节情绪，保持很好的心态。"参赛结束后，他又主动辅导起了化学兴趣小组的同学们，同学们说他讲得很好，平易近人……朱湘磊同学家境贫寒，父亲早逝，母亲拉扯着他姊妹三个度日，其他同学一般每月一二百元的生活费，而他至多花 60 元，但就在这样的条件下，他靠着刻苦钻研的精神和坚忍不拔的毅力，终于蟾宫折桂。

在潍坊市，谈及今年高考，每一所学校都能讲出一连串学生"成功而精彩的故事"。昌邑一中有个女子排球队，曾在全省取得了三连冠的佳绩，并在全国夺得亚军。高考结束后，有 4 所大学不约而同地来"争抢"该校的女排队员，3 个队员被"双免"，其中潘饶华被选入清华大学的体育队。谈及潘饶华，孙宏儒校长特别强调："她的文化课成绩高达 547 分。"该校的一个乒乓球队员还被选入了八一队……

还有被清华大学 2003 年 5 月提前录取的潍坊一中的毕道明。谈及毕道明，于建平校长更是滔滔不绝——

历次期中、期末考试，都名列班内前三名，尤为突出的是在单科竞赛中的表现。代表潍坊市参加全国计算机联赛，获一等奖。喜爱化学，勇于探究，参加全国化学奥林匹克竞赛获一等奖。喜欢生物，获全国生物奥林匹克竞赛一等奖。还是学校足球队著名的主力中后卫；爱好围棋，是潍坊市棋类比赛中学生组第一名；能言善辩，曾获校辩论比赛第一名；担任班干部，很有亲和力，被同学们呼之为"老毕"……

要赢得明天，赢得胜利，就要敢踏别人不敢涉足的雷区，干别人不敢为的事业

2001 年 4 月。北京。灯火辉煌的军事博物馆展览大厅迎来了展示我国改革开放成果的盛典："中国专利 15 年成就展"。

江泽民主席等党和国家领导人在国防展区第一展位前驻足。逼真的导弹模型和代表第二炮兵参展的两项重大国防专利成果，深深吸引了党和国家领导人的目光。当江泽民了解到这两项专利的技术方法已经达到国际领先水平时，连连点头，亲切地勉励站在展台前的一位年轻人："你还很年轻，好好干，多搞点大项目。"

这位年轻人叫肖龙旭。

一时间，肖龙旭成了新闻人物。《人民日报》《光明日报》《解放军报》《中国青年报》《科技日报》等全国各大新闻媒体纷纷以"祖国的需要就是我的最高追求""长空铸剑人""追求跨越""走在未来战争的前沿"等大字标题报道了他的事迹。

肖龙旭，41 岁，我国导弹方面赫赫有名的青年专家，因引发导弹发射史上的一场革命而被称为"青年导弹专家"第一人，现在中国人民解放军二炮某研究所工作。

肖龙旭1982年毕业于潍坊市寿光中学,并考入第二炮兵工程学院。毕业后十几年的时间里,他先后取得42项高等级科研成果,获得23项军队科技进步奖,3项国家发明专利,并荣获第三届"全国优秀青年科技创业奖"和国家"杰出青年奖",荣立一等功一次,多次受到江泽民等党和国家领导人的接见。1999年被清华大学免试录取为博士研究生,时任清华大学副校长的杨家庆说:"清华能为培养肖龙旭这样的人才感到高兴。"

肖龙旭无疑是他的中学母校寿光中学的骄傲,也是整个潍坊教育的骄傲。母校特别为之骄傲的是他的人格——他的爱国之心、报国之志,他的脱于流俗的人生追求。肖龙旭曾在日记中这样写道:"祖国和人民的需要是我人生的最高追求,军队科研工作者第一位的生命,就是对打赢负责,要赢得明天,赢得胜利,就要敢踏别人不敢涉足的雷区,就要干一番别人不敢为的事业。"

在《科技日报》"军事新闻"一栏中,我们看到这样一则报道:

> 近几年,肖龙旭的科研成果,如"芝麻开花",一项接一项地冒了出来,其中90%已转化为战斗力和生产力,产生了巨大的军事和经济效益,这使肖龙旭成为媒体关注的"焦点人物"。随着名声的不胫而走,形形色色的聘书接踵而至。面对种种诱惑,肖龙旭不为所动。他说:"如果要赚钱,我有这个能力和条件,但我的志向和追求是做一名受人尊敬,让人敬佩的科学家。"

对于肖龙旭,家乡父老为之自豪还因为他的"温室气肥增施装置"。这项获得了"当代专利科技成果博览会"金奖的高新技术成果,为其家乡寿光这个大棚蔬菜之乡解决了以往大棚蔬菜生长慢产量低的难题,从而使各类蔬菜年增产达40%~102%。

在改革开放以来,从潍坊全市各中学走出的青年学子中,王少伦是另一个代表人物。

王少伦,中国当代中青年油画艺术家最杰出的代表人物,因国庆50周年大庆创作巨幅领袖人物油画《邓小平》而被多家新闻媒体报道,受到高度评价。王少伦1987年毕业于潍坊市临朐一中美术班,考入山东师范大学美术系。三年后王少伦因为有自己的专业志向且痛感于文化课基础知识薄弱而主动退学，又到诸城一中边教学边求学，1992年考入中央美术学院油画系。学习期间，王少伦深得其导师靳尚谊、王沂东等大家器重。毕业创作时，他回到潍坊市临朐山区老家，以家乡父老为原形，创作了大型油画《水……水……》。《水……水……》是中央美院多少年来少有的巨幅人物画作，作品淋漓尽致地表现了中国农村生活的艰辛，表达了作者对中国农村现状的关注，对家乡父老的深厚感情。"我是一边哭，一边画出来的。"谈及此画，王少伦常情不能自已，潸然泪下。该作被中央美院美术馆收藏，王少伦也因此被中央美院留校任教。2001年，其作品《灰衣少女》被俄罗斯艺苑收藏；2003年，又被教育部公派到俄罗斯列宾艺术学院研究生班（又被称为大师班）深造。在艺术上，王少伦有自己的执着追求：我要用自己的画笔，表达当代中国人民的心声，并以此作为自己的艺术良知。

上个世纪90年代后期，在高密一中的带动下，潍坊市的教育进入了一个新的发展期。随着素质教育在全市普通高中学校的深入实施，潍坊市一届又一届高中毕业生开始以新的面貌步入人生的征途，虽然他们大多数现在还只是20多岁的青年学子，但中学时代的锻造使他们在各个方面已经表现出了独具的特点。

孙晓莉，2000年从潍坊一中高中毕业，是年，以其独特的节目主持风格被国防科技大学破格录取。升入大学后，孙晓莉因成绩优异和表现出色多次受到嘉奖。2002年，她代表国防科技大学参加全军第三届演讲比赛，以总分第一的成绩获特等奖。孙晓莉上初中时，学习成绩一般，上高中时，因其文艺和主持特长被破格录取。高中期间，她担任学生会副主席和学生电视台台长，在老师的精心指导下，认真钻研，刻苦学习主持人艺术，终有所成。孙晓莉曾说："如果潍坊一中没有校园艺术节，没有学生电视台，我的特长就不会得到发展，也就不会有我的今天。"

昝涛，北京大学历史系博士生。这位出身贫寒农家的青年学子，中学时代是靠勤工俭学（学校提供工作岗位，他选择的是打扫公厕）每月60元的报酬完成学业的，而现在，他已经开始了"通往哲学之路"，开始思考中国"读书人"——知识分子的命运问题，关注"文化的全球化问题"。由孙志刚在广东收容站被打死一案，他想到："读书人不应该仅仅会讲理，也应该会变通。……历史与现实告诉我们，中国不但有敢于为真理而奋笔疾书的知识人，也有投笔从戎的读书人。"针对第二次海湾战争，他尖锐地指出："人道主义买不来人心，因为除了生存，人还要有尊严！伊拉克人对战争的记忆大多是仇恨。这一切都将被书写进历史……因此，不管现在如何重建伊拉克，必须考虑到的是伊拉克人对战争的不同叙述和不同记忆，才能在人们的记忆中多一些美好与和平，少一些肮脏与仇恨。"

昝涛的所思所想，让我们不能不联想到他中学时代的经历，或许，正是那段经历，使他具有了大悲悯的情怀，养成了他自尊自强的人格。

李大伟，2002年考入北京大学"元培实验班"。李大伟中学时代就是学校有名的"百科全书"。关于他，我们听到许多颇具传奇色彩的小故事。我们曾见过他高一那年写下的《暑期喜欢的十本书和理由》，很惊异于这个当时只有15岁的孩子对作品的精辟评点——

1.《纸牌的秘密》：以引人入胜的童话式故事将人引入最原始的哲学思考。2.《显克维奇精选集》：宏大的叙事场面和难以抑制的爱国热情。3.《死水》：杰出学者在新诗发展中的一大贡献。4.《鹅掌女王烤肉店》：诙谐的文笔，美妙的谈吐和随处可见的讽刺。5.《伊豆的歌女》（［日］川端康成）细腻的叙述、缠绵的感情，让人产生一种奇妙的共鸣。6.《唐宋名家词选》（龙榆生编）：偏重大家而稍有遗珠之憾。7.《雍正王朝》：将复杂的官场揭露得一览无遗。8.《苏菲的世界》：很好的哲学启蒙书。9.《契诃夫精选集》：深刻的讽刺，特别是短篇小说。10.《戴高乐传》（布赖恩·克罗泽）：略带感情地公正评价了伟人的一生。

李大伟高中时的英语老师刘汉珍还讲了这样一个小故事——

在高三阅读中，一篇文章需要用到文艺复兴方面的知识。这是一个所有文科学生都熟悉的话题，但是有一个题目却要考查文艺复兴是以希腊文化还是以罗马文化为主的复兴，我记得在历史课本上是没有把这个问题深化到这种程度的，所以感到很难回答，而且也查不到这方面的资料。我就想，反正学生也不知道很多，到时候把答案公布一下就可以了。结果讲到这个问题时，班上熟悉李大伟的同学都喊："让李大伟给我们讲讲，他知道。"这时李大伟这个深藏不露的"百科全书"就站了起来，开始讲文艺复兴了。他的讲解就像老教授在讲历史，从历史的各个角度帮同学们分析了是以什么文化为主，还讲到了为什么是这样的。那节课让我见识了他的博览群书，他的分析问题的能力。

李大伟高三时参加"山东省英语口语竞赛"，获得"十佳"称号，直到高考之前还在读书，但不是课本，而是《欧洲文明史》。考入北大后，他学的是理科，选修的却是哲学、敦煌学。业余爱好：围棋。

……

"志向高远，人格健全，基础扎实，特长明显"。不难想象，这样的青年学子，他们会有怎样的前途；对国家，他们会带来什么样的希望！

天无不覆，地无不载，这些十七八岁的孩子"覆""载"着什么？

在潍坊市的校园里，我们还了解到几个发生在在校学生身上的真实故事。
2003年7月3日的《昌乐报》报道了这样一则消息：

王红玲飞身救少儿

2003年6月30日中午12时许，在昌乐镇政府门口，一个3岁左右的小男孩正往公路中央跑，眼看就要被由南往北疾驶而来的大货车撞上。在这千钧一发之际，正放学路过此地的昌乐二中高一年级四班王红玲同学奋不顾身，一个箭步冲上前去把小孩推到路边。小孩得救了，王红玲却摔倒在地。她起来后看到小孩安然无恙，就悄然回家了。货车司机和小孩的父母根据王红玲遗落在地上的学生胸卡，找到了学校，对王红玲同学舍己救人的高尚行为深表感谢。

学校已决定对王红玲同学进行表彰，并号召全体师生向她学习。

对于这则消息,昌乐二中的赵丰平校长特别补充了一个细节:王红玲起来后,看到小孩安然无恙,就把被大货车压瘪的铅笔盒修整了一下,从压碎了的圆珠笔套中抽出圆珠笔芯,从地上捡起散落的铅笔芯,然后才悄然回家。

救人不惜身,却舍不得扔掉一截铅笔芯,对此,不少人会感到难以理解。但在王红玲这样的农村孩子看来,这一切都是自然而然理所应当的事。前者,她并不当作是了不起的英雄壮举;后者,她也并不觉得有什么不好意思、小气。而这,正是这个功利浮躁的社会久违了的最宝贵的东西。在潍坊,昌乐县的经济并不好,但其高考成绩多年来却稳居全市前列,寻找理由,从王红玲这样的学生身上,你或许能悟出点什么。

诸城一中"博士榜"前有棵大槐树,枝叶丰茂婆娑,树冠庞大低垂,在槐树前,李宪阳校长很自豪地向我们讲述了有关大槐树的两个小故事——

暑假前的日子,我们想把这棵大槐树修理一下,因为我们觉得这树干有点过低,路人行走不太方便。这消息不知怎么被学生知道了,有一群学生突然找到我说,这槐树可不能动——全校就数这棵槐树的造型最美!它应该是我们学校根深叶茂的象征,它的一枝一叶都记载着不知多少学校发生的动情故事……学生们一气历数了近10个"不能动"的理由。我们只有顺从了学生。后来,学生还"得陇望蜀",郑重地提出:学校的那两排旧房子一定要保留着,千万不要被现代化的楼房给取代了,因为50年校庆时,老校友多数在那儿留的影,他们对那儿的感情最深,拆除了这唯一的两排旧房子,就等于剪断了维系风筝的绳索,就等于割断了校史……为了避免"历史性的错误",学校决定,今后想方设法保留住这两排旧房子,并把旧校照原貌做成沙盘,永久地存放在校史展室里。

又有一天,我刚到校门口,发现在地上有一个纸包,打开一看,里面包着两只死麻雀,纸上还写着一封信:"地无不载,天无不覆,我们怎么就保护不好这几只麻雀呢?学校为大槐树灭虫,难道就不会选择或研制一种既能灭虫,又能使其他生灵免遭屠害的药品吗?如果目前没有这样的药品,我们一定要利用研究性学习的机会集体解决这个问题。"

生态意识、人文关怀、民主精神、科学态度……就这样自然和谐地生长在潍坊市这些时刻准备着"为服务人类走出去"的青年学子心里。天无不覆，地无不载，这些十七八岁的孩子"覆""载"着什么？读了上面几个小故事，答案是不难得到的。

与潍坊市教育局局长李希贵先生交流，他曾经谈及自己的心曲："我们现在的这些学生，确实是了不起的。我总感到，他们当中将来会出了不起的人才，会对国家，对人类做出大贡献。十几年二十几年之后，他们当中可能会出现蔡元培，会出现钱学森、邓稼先、李四光，会出现徐悲鸿……即便在平凡的岗位上，他们也会是有社会责任感的国家公民。作为潍坊市的教育局局长，我对潍坊市的学生是有信心的。这也正是潍坊教育值得骄傲的地方。"

沧海桑田，人间正道。"全面建设小康社会，开创中国特色社会主义事业新局面"，中国正处在一个社会转型期。转型期应当是一个创造期，各个领域都需要有前无古人、后无来者的建树。而这样的工作，非志向高远、才识卓著、意志坚忍者所不能为。对此，教育应当做好准备。

从基础教育的角度，潍坊市的教育已经在自觉地做好准备。

相关链接之 (一)

第二个沉寂的四年之后是 "一场革命"

真正把肖龙旭推进导弹专家行列的是他的"新的导弹发射技术"，此技术被誉为导弹发射史上的"一场革命"。

导弹部队作战需要依托发射阵地，发射准备时间的长短直接影响作战能力的发挥。怎样缩短发射准备时间，提高导弹部队发射后的生存能力呢？这个问题困扰着一代又一代的导弹专家。

1992年，肖龙旭提出：创立新的导弹发射技术，从根本上解决上述难题。"石破天惊""异想天开""天方夜谭""根本不可能"等评价纷纷袭来。肖龙旭理解人们的反应，革命从来就不是容易的。也难怪，自人类开始研究导弹发射以来，一直就是按这条思路、这种方法进行的，你要从理论到实践对这项很成熟的技术来一个革命，人们当然有权不理解。

肖龙旭请求上级领导组织一次学术辩论会，让他直接与持不同意见的同志辩论。

辩论会上，辩论双方针锋相对，唇枪舌剑。辩论的焦点集中在两个问题上：创建这种新的发射技术可不可能？有没有实际意义？

都是本领域的专家、行家里手，都本着一颗科学求实的真诚心。当肖龙旭以大量无可辩驳的数据证明，这一全新的发射技术不但可行，而且能创造巨大的军事效益时，在科学面前，人们服了。

1993年，31岁，还是一个普通工程师的肖龙旭统领着一个由10多家协作单位、上百名科研人员组成的"科研集团军"向这一还停留在设想中的"革命"出发了。

既然是革命，就没有传统可循。从理论构建到第一次、第二次……第N次试验发射的成功，其中的艰辛，非笔墨所能描绘。

专家鉴定认为：这一方案大大缩短了导弹发射时间，是导弹发射技术的一次重大飞跃，走在了世界前列。这项技术获得国防专利和军队科技进步一等奖，国家技术发明二等奖。"革命"成功了。

（《中国青年报》2001年10月29日）

相关链接之 二

我的头没有垂下

"承受着命运的鞭打，我的头在流血，但没有垂下。"忘了是哪一位诗人写了上面这几行诗，但我想，他一定深深地体验过痛苦与失败，一定同命运做过不屈的斗争。

"命运",好一个神秘的字眼!我常常面对这个词不寒而栗,在它面前,我只觉得自己像波涛汹涌的大海上的一只孤舟,上下颠簸,时刻会被海浪吞噬。可命运又是什么呢?莫非就是《巴黎圣母院》开篇的那个字符?就是海明威笔下老人那坎坷的经历?我不知道,我甚至不能判断它的存在。但我可以确信,人生注定要充满艰难险阻,充满无常与不公。这,或许就是命运。命运的大海中,我们痛苦,我们无助,我们太弱小,但我们不能消沉!正如伽西莫多对美的不懈追求,正如老人对大鱼的捕捉与保护,我们不能因为艰难险阻而退却,而要奋起,做一番抵抗和拼搏。有人会说:"那又有什么用呢?到头来不免是头破血流。"这是怯懦者的梦呓。生命美,就在于抗争,在于结局时的坦然与恬淡,面对艰险裹足不前,这样的人生有何价值呢?

有人会说:"人生又有何价值可言呢?面对茫茫太空,冥冥命运,我们还是别再奋斗了吧!"这又是一类人,他们自以为看破了一切,并由此蔑视人类,蔑视一切抗争,他们走入了魔道。殊不知,看穿人生诚然可贵,但更可贵的则是希腊神话中的西绪福斯,一次次把那块不断滚下的巨石推上山顶,周而复始,无始无终。唯有如此,我们才能进一步体验人生的真谛,体验伟人们"知其不可而为之"的可贵精神。

与命运抗争,不需要胜利,只需要过程。我们痛苦,然而快乐;我们失败,然而充实;我们撞得头破血流,但我们的头颅从未垂下。最终,我们将得到人生的真谛!

(李大伟高中诗文选)

第二章 根之茂者其实遂, 膏之沃者其光晔

美国心理学家陆哥说:"我们最大的悲剧不是恐怖的地震、连年的战争,甚至不是原子弹投向日本广岛,而是千千万万的人们活着,然后死去,却从未意识到存在于他们自身的人类未开发的潜力。"所以,开发人的巨大潜能,已成为现代社会最具前瞻性的教育课题。

开发人的潜能,就是一个解决好非智力因素的问题。人的学习和成长的过程

是一个智力因素和非智力因素互相影响，又以非智力因素起决定作用的过程。非智力因素对智力因素具有始动、激活、定向、维持、调节和补偿作用。非智力因素称为动力系统，主要包括志向、动机、兴趣、情感、意志、气质、性格、习惯等，其中最核心的是志向、情感、意志、习惯。教育的实质，从心理学角度讲，就是使学生的智力因素和非智力因素相互作用，和谐发展，形成良性循环，产生整体效应，提高人的综合素质。

"启动学生的动力系统是教育成功的前提"（李希贵语）。潍坊市教育成功的"秘密"，就在于通过人生教育、艺术教育等，首先解决好了这个"前提"，从而使学生自我选择、自我教育、自主学习成为教育常态，教育因此进入了一个自由的境界。

以人生教育为支点——非志无以成学，非学无以广才

启动学生的动力系统，应从人生教育切入。

关于人生教育，李希贵局长做过精辟的论述："学生的潜能是巨大的，就看怎么发掘。仅仅盯着知识和学习成绩以'管、卡、压'的办法是不可取的！教学的高成绩决不能以学生身心健康的牺牲和道德的滑坡为代价！欲成材，先成人。教育必须以人生教育为支点。启动学生的动力系统是成功的前提。强化人生教育，就是要启动学生的动力系统——志向、情感等非智力因素。我们要使学生具有志气和骨气——教育如果不能启发一个人的理想、希望和意志，单纯强调兴趣，那是舍本求末的做法。有了志向，学生才会自强不息，在这样的基础上，学生才能进行自我教育。"

人生教育就是让学生认识生命的意义、价值，帮助学生自己为自己确立一个人生的信念、坐标，找到一个精神家园，一开始就进入大境界，有一个高层次的人生起点。信念产生动力，它可以使侏儒变成巨人，庸才变为天才。

高密五中有个学生叫侯文峻，1998年考入清华大学，现在继续在清华深造，攻读博士。侯文峻刚入高中时，正处在人生的迷惘阶段，目标在哪里，路在何方，茫然不得其解。学校了解到这一情况，结合其智力水平和学习情况，帮助他

确立了"为进清华而奋斗"的目标。从此，想象中的清华园时常出现在他的脑海中，并成为他高中三年求学路上永恒的推动器。

侯文峻生于农村，父母都是老实巴交的农民。除了继承了父母淳朴的品质外，良好的生活习惯和学习习惯都没有养成，这已成为他成功路上的最大障碍。他有一个最坏的习惯就是日常生活杂乱无章，如物品摆放从无固定位置，用时四处乱找，学习资料几乎是堆在一起，课堂笔记也没有固定的本子。可以这样说，入学之初，他的学习和生活都处于无序状态。为此，学校对他严格要求，并由教师监督。一段时间之后，养成了他讲究秩序的习惯，使他的学习和生活进入了有序状态。

侯文峻在人格方面有两大缺陷，一是在虚荣心的驱使下，往往显得不够诚实；二是不敢直面失败。作为人的立身之本，失掉了诚信这是最可怕的事情。在正反面事例的教育下，侯文峻渐渐地去掉了虚荣，找回了诚信。侯文峻怕失败，一旦失败，往往沉溺其中不能自拔，针对这点，学校专门为他提供了心理咨询。没过多久，他就不再为失败而懊恼不已了，并能从失败中总结教训，很快从阴影中走出来。高中毕业时，他已经以一个人格健全、诚实、能经得起风雨的新形象出现在大家面前。大学四年，侯文峻也以他的诚实赢得了导师和同学的信任，以他的坚忍、他的不畏挫折，博得了同学们的敬佩。

侯文峻在给母校的信中这样说：是五中教会了我志当存高远，是五中教会了我穷且益坚、不坠青云之志。今后的人生路上，我将不断为自己设置高远的目标，走向人生的辉煌。现在，正在攻读博士学位的他，又将目标定格在攀登水电工程的最高峰，决心为祖国的水电事业做出贡献。

马克思说过："教育绝非简单的文化传递，教育之为教育，正是由于它是人格心灵的唤醒。"这其中有三重意思：一、"简单的文化传递"不是真正意义上的教育；二、真正意义上的教育是要唤醒"人格心灵"，即唤起受教育者"人的自觉"，人格、人心、人性的自觉；三、教育是唤醒，而不是改造、灌输。所以，它必须是人性化的。人性化的教育才能培植人性，非人性的、工具化的教育只能带来非人性。

围绕人生教育，潍坊教育园地里生出了许多新的理念，开出了许多绚丽的花朵。

——"每一个学生都是一个鲜活的生命，不应当单纯以学校和教师的愿望为中心设计学生。"昌邑文山中学毕业的明亮亮2003年考取了北京大学。就是他，高三时仍然参加学生会主席竞选。当时，为了让学生集中精力迎接高考，学校不再让高三学生在学生会任职。可明亮亮却提出了竞选学生会主席的申请。他认为，只要有锻炼自己才能和有利于自己长远发展的机会，就要抓住。为此，学校答应了他的申请，结果他靠实力竞选上了学生会主席。在2003年高考中，他非北大不报，最终被北京大学录取。其实，明亮亮原来是个腼腆的孩子，通过学校组织的活动，展示了自己吹笛子和体育方面的特长，他才找到了自己的价值，从此成了一个公益活动的积极组织者，也因此加速了他各方面的发展。

昌乐一中的高艳，高考前还一直坚持拉手风琴。鉴于她学习成绩很好，教师想把她培养成清华、北大的学生，可她就是离不开手风琴，也不想考什么北大、清华——"为什么非要我考北大、清华呢？"后来，她考上了北京理工大学，入学后的第一场晚会，她拉的手风琴就轰动了全校。从此，她在学校的学习、活动等各方面都遥遥领先。

——"每个学生都是带着美好的愿望来上学的，其心中都有希望的火花，教师的首要任务就是不熄灭这团希望之火！"可往往有些教师一句话就浇灭了这团火。怎么办？引导教师自我反思。昌乐二中赵丰平校长说，我们通过组织"有奖征文"来引导教师自我反思，自我超越。在昌乐二中的《教育案例获奖征文集》上，我们发现了不少教师自我剖析、自我反省的故事。一位教师谴责了自己以前的一个失误：那一年，我范读了一个学生的作文，之后问："某某同学，这篇作文是你自己写的吗？"学生后来对别人说："从此我再也不喜欢那位老师和他的课！"如今，这成了我的一大遗憾，今后，我一定要……

发现 李希贵

要点燃学生心中"希望的火花",就要尊重学生。换句话说,要让学生"成人",就要把学生"当人"。尊重学生不能只挂在口头上,而要落实在点点滴滴。潍坊市要求新接班的教师都要尽快认识学生,有的学校还举行"认识学生比赛"。为此,教师们一开学就把学生的照片贴在作业本上,一有空就和学生交流。这样,在很短的时间内教师们就能叫出学生的名字,因而一下子缩短了师生距离,学生也会因此而变得自尊自重。

——"欲成才,先成人。成人教育要大处着眼,小处入手。要长目标、短落实,切合实际。"以前,就理想教育来说,一提就是实现共产主义,这些学生一下子难以理解。怎么办?诸城一中把理想确立为三个层次:生活层次(衣食住行)、职业层次(兴趣工作)、社会层次(服务社会)。李宪阳校长解释道,从大处说,世界是个地球村,诸城就有70多家外资企业。学生去企业打工,这同时也是为人民服务。总之,你有了本领,你就能更好地为人民服务,否则凭什么为人民服务?应教育学生从最基本的事情做起,去实现一个一个的理想。这样的教育不脱离实际,学生容易接受。昌邑一中提出了"好人、能人、贤人"的育人目标,先要求学生起码做一个好人,在此基础上,争做"能人""贤人",不盲目拔高,脚踏实地,但效果显著。从这样的视角进行人生教育,学生易理解、见效快,能在心底扎根,能在社会上结果。昌邑一中多年来实行学生佩带"自我承诺牌"。

——"我向社会承诺:明礼诚信,遵纪守法。"内在激励加外在督促,使学生于不知不觉中将"明礼诚信,遵纪守法"内化为一种现代文明人意识,一种生命的"自觉"。所以,从昌邑一中走出的学生,25年来从来没有违法犯罪现象发生。昌邑一中1998届毕业生胡心龙,在考入北京大学后,他把当时潍坊市颁发给他的600元"鸿启奖学金"捐给了特困生。2002年北大毕业后,作为北大学生会主席,他放弃了读研深造的机会,第一批自愿报名援疆。联系到中学母校接受的教育,他这样做,当然也就并不奇怪了。

"世界上最动人的皱眉是在读书苦思的刹那,世界上最美丽的风景是读书时那会心的一笑。"谈人生教育,不能不谈高密一中的"语文实验室计划"和诸城一中的"大教科书意识",以及由此波及潍坊全市许多学校的以"读名著、背名篇"为基点的读书之风。在潍坊市各学校,博观约取,习文悟道,以文化人,以此培养学生"高尚的道德情操,高雅的兴趣爱好,高层次的人生追求",已成共识。

不读书不会有人生的大境界,不读书也不会真正成人。前面提到的高密一中毕业,现正在北京大学攻读博士的昝涛,回忆自己的高中生活,对此深有体会——

高密一中的课程里,给我印象最深的就是"以建立语文教学实验室,还学生以独立学习的自由"为课题进行的语文教改实验,用1/3的课时解决教材本身的问题,余下的2/3的时间安排学生到语文实验室自学,这有效提高了学生的读写能力。李老师(时任高密一中校长的李希贵)曾经说:"当我们把学生解放出来,把他们放到一个宽松自主的听说读写的大语文环境之中,最终使他们血液里流淌起真正的人文素养和人格情愫时,我们才真正有可能无愧于我们耗时费力的语文教学。"

的确,除了学习上的收益,对于李老师所倡导的这种学习模式,我的最大收益在于培养了我的自学能力和对自由的热爱。现在,我比任何时候都更加珍爱自由,虽然卢梭也承认金钱是人保持自由的重要手段,然而,精神上的自由却是一种修养。在这个世界上,尤其是中国,文化上最缺乏的莫过于独立的思想和自由的精神。而这种东西的培养绝不是靠引进西方的理论就够了,而是在学校尤其是中小学就应该给学生一定的自由时间,让他们在自由的空间里独立思索,茁壮成长;学校和老师的作用不再是控制和支配学生,而是去诱导和指引他们的选择。这种实践意义上的独立与自由,才真正能够使人印象深刻,并努力维护之。

无论是学校还是教师,都希望留给学生"印象最深刻的"东西。什么是学生"印象最深刻的"?昝涛的话值得我们深思。

在潍坊市，学生都把学校视为"圣地"——

　　学校就是我眼中的圣地。不要笑我把学校当圣地：一个孩子会把迪斯尼当作她的圣地，一个军人会把战场当作他的圣地，作为我，我把学校当作我的圣地。我时时恋着她，时时为她而努力，她就是我的圣地，尽管她不是最后一个，但她在我漫长而短暂的人生中永远都是一方圣地。

学生为什么会把学校视为"圣地"？当你领略了这里的校园文化景观，自然就会明白。

诸城一中有个博士榜，红底金字，刻石记载了已有近百名高中毕业于此的博士的名字。每当学生走进学校大门，映入眼帘的便是这排炫目的、触发学生人生思考的博士榜——

　　我放慢了步伐，带着欣羡的眼神，凝看一个个灿烂的生命轨迹。他们是我的前世之师。同样，曾在一中这人生的驿站中磨炼意志，怀着海潮般澎湃的理想，从这里出发奔向了人生的目的地。而今，他们已经分布在祖国乃至世界的角角落落，为人类做出贡献。我默默地观望着，心中此起彼伏，一种难以名状的自豪感油然而生。博士榜是一个极其强烈的光源，将它的光芒射向四方；多少个杰出的一中儿女铭记着他们曾经在此宣下的誓言，驰骋于21世纪的疆场。我的梦此时似乎已在那迎风飘扬的红旗顶上定格，我也已暗暗在那阴阴的楼前埋下了奋进的种子。

潍坊市的校园里，一草一木都有一个美丽的故事，每一栋建筑都是一部蕴含深意的教科书。被誉为"百年教育经典建筑"的高密市康成中学，就是一个典型例证。关于这一经典的深刻内涵，最好还是听一听康成学子自己的解读——

　　我们的四座教学楼与学校的办公楼四角相连，形成了壮观的办公教学联体楼群，从上俯视，它是一个标准的立体"X"造型，"X"代表未知，这个楼群便是一座名副其实的"探求未知的殿堂"。每座教学楼又是一只振翅欲飞的和平鸽造型。

攀登"三十一级台阶",你会懂得：在16岁花季就应设计好未来,"三十而立"后,还应更上一层,终身学习。

经过"九曲回廊",它警示你,成功的道路是曲折的,只有克服困难,战胜挫折,才能到达成功的彼岸。

登上崇实楼,仰望天文台,俯视地理园,你顿悟：这里将走出一批"上知天文,下晓地理"的大才、通才。

绵延"藏龙山",巍巍"卧虎区",康成园乃"藏龙卧虎"之地,只要在其中磨炼,你就会成为直上青云之龙、气吞万里之虎。

这里的青松、翠竹、蜡梅告诉你：人要有高洁的情操;银杏树、石榴树的故事也感召你成为一个高尚的人。

……

在潍坊市,不管哪一个县市区,教育上都有自己的"代表作",都有精心创意,足以代表当地办学境界和教育品位的校园文化景观。

临朐实验中学,整个校园设计呈舟型,寓意"希望之舟""自然之舟""社会之舟";每座楼造型均为船型,学校整体是由若干只小舟组成的一艘承载学生横渡知识海洋的航空母舰,喻示着学生走出校门,将乘风破浪,直挂云帆,登临成功的彼岸。

寿光现代中学设计新颖,建筑很有现代气派。"名人广场"更是独具匠心,在孔子、贾思勰、华罗庚、哥白尼、诺贝尔、居里夫人等中外科学泰斗、文学巨匠中,留下了"现代中学未来名人座",激励学生奋发有为,早日填补"空白"。还有青州一中的王曾读书台,松林书院,"勤朴公勇敬业乐群"的校训钟声,闫石庵校长的青铜铸像;昌乐一中的翰苑、院士路,以及刘振兴、刘以训两位中学曾就读于此的中国科学院院士铜像;还有"身居陋室,心忧天下""一屋不扫何以扫天下"的"宿舍铭",昌邑一中的"树人"窗帘和学校车棚上的"秩序美是所有美之最"……点点滴滴方方面面无一不具有无限的教育文化内涵,无一不在润物无声地让学生接受着文明的启蒙,人生的洗礼。

难怪学生都把这里的学校视为"圣地"。

难怪这里的学生都有一种"学校情结"。

当学校成为学生心中的"圣土",成为他们的一种"情结",也就意味着他们已经找到了自己的精神家园,有了人生的"自觉",意味着学校教育的真正成功。

以艺术教育为基点——以艺激情, 以艺养德, 以艺启智, 以艺正行

2002年5月27日晚。

首都北京中山音乐堂。

全国首家小学生民族管弦乐团在此举办专场音乐会。

演出单位来自山东省潍坊市,是一所并无多大名气的市级规范化学校——潍坊市潍城区青年路小学。

教育部原副部长(现为教育部关心下一代工作委员会会长)邹时炎,教育部艺术教育委员会秘书长杨瑞敏、文化部社会文化司司长陈骐琳、中国音协副主席顾春雨、中国音乐家协会一级笛子演奏员王铁锤、中国打击乐学会荣誉会长刘汉林、琵琶演奏家吴玉霞、中国歌剧舞剧院艺术指导刘文金、中国民族管弦学会一级演奏员郭一、中国音乐学院音乐学校校长屈连江、《人民教育》副总编翟福英、《音乐周报》副总编安瑞、《中国音乐报》主编张鸿玮等三十多位教育文化界的领导、专家和上千名来自首都各界的群众观看了音乐会演出。新华社、《人民日报》、中央电视台、《中国教育报》、《中国文化报》、《人民音乐》、《中国音乐》等十多家在京新闻媒体的记者也参加了音乐会。

演出获得了巨大成功。

邹时炎会长看后激动地祝贺演出圆满成功,并表示:这是我见过的最精彩的一场小学民族乐团的演出;艺术靠交流,乐团很不错,要走出国门,走向世界,进行更多的交流。中国打击乐学会荣誉会长刘汉林也写信从艺术的各个角度对演出予以肯定,信的末尾连用三个"好"来表达自己的心情。

对乐团的成功演出,首都各大新闻媒体也相继做了报道:

"潍坊小学生：民乐动京城"——《新华每日电讯》。

"聆听小乐手的演奏"——《人民日报》。

"小学生京城献艺"——《中国教育报》。

"管弦乐团团员还不满10岁"——《中国文化报》。

"'风筝城'飞出的少儿民乐队"——《音乐周报》。

潍坊市潍城区青年路小学民族管弦乐团演出的成功是该校艺术教育的成功，也是整个潍坊市艺术教育的成功。

多年来，艺术教育一直是潍坊教育的一大亮点。特别是近些年来，随着素质教育理念的深入人心，艺术教育在潍坊全市更加红火，无论是广度还是高度、深度，都已成大观。2003年高考，潍坊全市艺术类本科录取人数占全省录取总数的22％，其中84人被中央美院、中央音乐学院、解放军艺术学院等名牌大学录取，就是一个很有说服力的例证。而且从城市到农村，遍地开花结果。青州九中地处农村乡镇，为三类学校，艺术类本科录取100人，考入中国美院1人；临朐九中坐落于远离县城的偏僻山区，艺术类本科录取48人，考入中国美院1人……

另外，从幼儿园到小学，到初中到高中，合唱团、京剧团、舞蹈团、体育舞蹈团、民族管弦乐团、管乐团、课堂乐口风琴乐团……各种艺术团队百花齐放，竞奇争艳，各领风骚。参加各种演出、比赛，获得的荣誉更是令人惊羡——

潍坊市中小学艺术教育中心体育舞蹈团参加中国体育舞蹈协会组织主办的少儿体育舞蹈比赛，获一等奖；奎文区胜利东街小学参加中央电视台主办的"雅利士杯"第四届全国少儿艺术电视大赛，其创编的舞蹈《明天开学了》获舞蹈类儿童组金奖；潍城区芙蓉街小学合唱团参加中国蓬莱《和平颂》国际青少年文化节演出，获合唱第一名；潍坊二中民族管弦乐团应文化部人才艺术中心邀请进京在北京音乐厅举行专场音乐会，为外地中学在该厅举行专场音乐会首例，2001年春节又应教育部和中央电视台邀请参加全国首届知名中学春节联欢会演出……特别令人瞩目的是，潍城区外国语学校民族管弦乐团和管乐队，已经接到奥地利中国文化教育协会、维也纳国立音乐和表演艺术学院邀请,正准备赴维也纳金色大厅演出。

潍坊市的艺术教育在高考和各种比赛中成绩突出,是他们多年来致力于此的必然结果。但是,多送走几个艺术生,多拿几块奖牌,却并不是他们抓艺术教育的主要目的。他们是以教育家的眼光来认识和实施艺术教育的。艺术教育是审美教育,也是情感教育;"以艺激情,以艺养德,以艺启智,以艺正行"——他们要通过艺术教育启动学生的动力系统,从而使学校教育成为一种审美境界中的学生自我完善行为,成为一种诗意的生活。

要了解艺术教育的真谛,最好听一听来自潍坊市中小学学生们的感受:

——艺术所赋予我的,是说不尽的快乐与幸福,她可以使人的精神爆发出火光。听到好的音乐,我会忘记一切烦恼。正如冼星海说的:"音乐,是人生最大的快乐;音乐,是生活中的一股清泉;音乐,是陶冶性情的熔炉。"

——艺术是生活中不可缺少的,她好比是兴奋剂,给我们的生活带来无限的生机。艺术提供有教养的娱乐,有文化的休息,丰富人们的精神生活,给人以轻松的美的感受。艺术将伴随我们度过幸福的人生。

——我们欣赏了《蓝色多瑙河》这首洋溢着浓厚的维也纳风格的圆舞曲。她带给我的是美,是向上,是勇气,让我觉得除了音乐,没有别的能使我有这种激情。她带给我的不仅仅是学习之余的一时的轻松,更多的是精神上的快感、动力。她的魅力让你心醉,让你流泪,让你欢乐。她带给我的是对明天的憧憬,对明天的执着;她是我最神秘的知心朋友。

——当《祖国颂》那跌宕起伏的旋律、紧凑密集的节奏传入我的耳中时,我又一次陶醉于这乐声中了。随着音乐,我仿佛坐在一个巨大的屏幕面前,眼前是一片汪洋大海,太阳从海与天相接的地方露出半边脸,那阳光仿佛映在了我的脸上。海鸥在朝霞中飞翔欢叫,像在为朝阳欢呼;画面突出,屏幕上是高山、白云、鲜花。随着音乐,画面在变,我的心情也在变。我的心中充满了激昂豪迈之情,充满了作为一个中国人的自豪感,使我感到,我们每个青年人都应时刻担起建设祖国、保卫祖国的世纪重担!
……

要了解潍坊市艺术教育的真谛,最好再听一听几个真实的故事。

故事之一(高密市仁和镇瑞发学校孙莉老师讲述):

  我刚到单位的时候,初三的一位班主任向我推荐了一位"歌手"。之所以说他是歌手,是因为他的知名度非常大,我们这儿9路车的司乘人员、学校附近的商店、书屋,以及学校食堂、后勤的人员,都对这位同学非常熟悉。他能用他的歌换一盘他想吃的菜,他能用他的歌任意地看书屋的书,但他的歌也能吵醒熟睡的同学、老师,让正在上课的老师心烦。也就是说,不管是什么场合、什么时间,他张嘴就唱。我曾经对他说过这样的一句话:"你的歌让我欢喜,你的人让我担忧。"我在喜忧参半的心情中让他学音乐,从他喜爱的歌,到如何让别人喜爱他的人,一点一滴地开导,渐渐地,他的歌、他的人有了本质的改变。在学校的晚会上,他成了最受欢迎的同学,在艺术节的比赛上,他为学校争得了荣誉。正如他自己所说:"是音乐改变了我,更是音乐完善了我。"

  还有一个叫坤的男孩,16岁的时候转到我的班里,母亲第三次离婚后抛下他到南方。他随姥姥生活。这是一个比较特殊的学生,曾经因为打架斗殴被拘留,也曾因割坏别人的摩托车车胎被学校劝退。记得我们学校刚刚买回架子鼓的那阵儿,每当课外活动的时候,他总是徘徊在音乐活动室外。虽然我知道他爱好音乐,并且弹得一手好吉他,但因为他劣迹斑斑,我不敢让他到我们队上来。

  艺术节比赛前夕,我们的鼓手因为患"水痘"不能参加比赛,我抱着一种"死马当作活马医"的心情,把他推上了训练场。训练的结果引起我对他关注的同时,更让同学们对他刮目相看。作为他的班主任和音乐老师的我,抓住这个时机,引导他学习器乐演奏。他从学习音乐的过程中找回了自信、找回了自尊,更找回了那些失落的、扭曲的做人道理,他那颗仇恨的心开始融化，由一个张口脏话、行动粗暴的怪异男孩，转变成彬彬有礼的好学生，经过自己的努力，他以优异的文化课和专业课成绩考入高中。

故事之二（潍坊七中殷菁华老师讲述）：

陈勇为，潍坊七中学生，2003年考入中国美术学院绘画系。昨天我刚与他通了电话，我把他的话记了下来。作为他的老师，我很激动，也很欣慰。下面是他自己的叙述——

老师，您不知道，三年前，我是以理科生的身份参加了高考，结果失败了。因为高中三年，我对学习不感兴趣，经常逃学，与社会上的人整天混在一起喝酒、打架，就是一个"小混混"，好像只有这样才能找到自己的尊严和地位，但心里却还是挺虚的。高考结束后，我不知道自己该干什么，以前想象的那些事情，感觉一下子变得虚无了，不现实了。我很茫然。偶然的机会，我开始学习美术，也开始了我的新的生命。起初，我对美术一窍不通，感觉希望渺茫，心里很浮躁。也曾想放弃过，但是教过我的老师们却是不断地鼓励我，找我谈心，谈艺术，谈人生。突然间，我感受到人与人之间的交往还可以如此地贴近与坦诚，生活还有这么多美好的东西等你发现。就这样，我逐渐地入门了，看到了希望，建立起了信心。我开始有了自己的主见，可以独立思考问题了。我的目标更明确和清晰了。刚开始我只想能考上大学就行，后来我的目标从省内院校提高到国家一级美术院校，我的信心更坚定了。这个过程是苦涩的。复读第一年好不容易入了门，也外出学习，长了见识；第二年竟有些狂妄了，结果吃了苦头；第三年，我变得稳重了，踏实多了。通过学习美术，我体会到绘画与做人之间的联系，要画画，先做人。一切美好的品质，都会在你的画里体现出来，它们相互影响着。我开始一步一步踏踏实实地做人、画画和学习。文化课成绩有了很大的提高，因为我坚持不懈，这是从绘画中体会到的。

绘画在我的思维中播种了无数的可能性，使我了解到什么都没有绝对的。经过这段的压力与磨炼，我开始成熟了起来。我感到没有吃不了的苦，没有解决不了的问题。现在我可以从多方位考虑问题，思路打开了，又对生活充满了无限的希望和信心，干什么事情都有劲，心境也变得随和且坦然了。可以说我整个人都经历了心灵的洗礼，从此脱胎换骨了。高中这三年的经历，是我一辈子的财富。是美术赋予了我新生，开辟了我今后人生道路的新起点。

故事之三（潍坊一中吴彦华老师讲述）：

米杰，男孩，初中升高中时分数不够，因为艺术特长，而被录取为潍坊一中95级学生。他调皮成性，经常搞恶作剧，愚弄同学，迟到早退，吸烟喝酒，不服从管理。高一期间，班主任经常找家长做工作，但成效甚微。有一次，家长过激，在家打了他，他就把怒气带到了学校，无事生非，班主任实在忍无可忍，把他的书包从窗口扔了出去。后来，学校调整高中班级结构，就把他编到了艺术班。当班主任交接时说，这个学生太任性了，要是把他要到班中，一准"一颗老鼠屎坏了一锅汤"，绝对是害群之马，别说是升学，就是毕业也非常困难。新任班主任综合了当时的情况，和各任课老师做了交流和分析，首先肯定了学生具有特长，是个性和能力的展示，但个性要有规范。米杰只要是学文化课，就无精打采，但他特别喜欢雕塑，经常用橡皮泥和泥巴做雕像，像来访的外国元首、班级中的同学，都能将其特征做得惟妙惟肖。老师就根据其特点，和他讲米开朗琪罗、罗丹等世界大师。米开朗琪罗不仅是个雕塑家，他还是数学家、工程师、建筑家；罗丹在当时和雨果、巴尔扎克等大文学家经常聚会交流。他们能成为大师，是他们有深厚的文化知识做底蕴。你想搞好雕塑，也需要有文化知识，当前首要的就是要以高度的热情投入到学习中去。经过多次交流，米杰开始转变了，有了较大进步。但他在班内不分上课和下课做泥塑，影响别人，老师就帮他在仓库找了一角，并帮他借来做雕塑的转盘等工具。这样，他在课堂上安静了，课余非常专注，雕塑做得越来越好，文化课也日益进步，人也变得越来越懂事和认真了，按他母亲的说法是"变了个人"。高三参加高考，以专业全国第八，文化课高出录取线 36 分的成绩，被中央美术学院录取，成为恢复高考以来潍坊城区第一个进入中央美院的学生。在入校的第一个元旦，他寄来了一张自己做的独特的贺年卡（把高考成绩单、美院录取通知书、自己从小学到大学入学的照片复印拼制成了一个贺卡），上面写着："感谢母校，感谢老师，没有您，就没有今天的米杰。"入大学后，他的成绩非常好，在大四就随导师参加了中国历史博物馆大型浮雕的创作和制作，受到了专家的好评。目前在北京发展自己的事业，已小有名气。

……

艺术，可以给人以生命的动力，使人感到人生的美好。

艺术主情，情动则神奕，神奕则心灵；艺术为美，知美则性善，性善则行端。这是潍坊市艺术教育的实践得出的结论。

"兴于诗，立于礼，成于乐。"（孔子）离开了艺术，教育不仅难以"兴"，而且也不可能"成"。对此，为教者不可不明。

相关链接之 三

《博士榜》 前言

公元二〇〇一年，适逢世纪交替，千年更迭，朗朗乾坤，千舸争流；泱泱中华，万象更新。古老神州，如睡狮猛醒，金鸡雄立，民富国强，蒸蒸日上，其蓬勃恢宏之势，可谓盛哉！缅怀沧桑岁月，华夏文明源远流长。琅琊故郡，文气森茂；密州新都，人杰地灵。古之圣贤虞舜，公冶长，张择端，赵明诚，今之才俊王尽美，王统照，臧克家，皆与此方热土相系。或名之以大德，或赋之以华彩，英才豪气，悠悠精魂，足令山水生辉，来者感奋。想我诸城一中，建校五十载，承东武之奇气，继先贤之遗风，教书育人，硕果累累。莘莘桃李，竞相芬芳，读书建业，多有所成。其间获博士学位者，五十余人。博士者，学界之精英，国家之栋梁者。当其在此求学之时，无不豪情满怀，立殷殷成才之志，拥拳拳报国之心，修身立德，强体砺志，精于学业，扬其所长，实为有志者之楷模也。今建此博士榜，刻其姓名业绩于其上，既以彰贤者，又以之为后继之观此榜者勖。

辛巳孟春，校长李宪阳题。

相关链接之 四

聆听小乐手的演奏

5月的北京，鲜花竞相盛开，绿树相继滴翠。山东省潍坊市潍城区青年路小学民族管弦乐团前来北京中山公园音乐堂演出，让首都观众领略了远道而来的小乐手们的风采。5月27日晚，当青年路小学民乐团管弦齐奏，清新、悦耳的乐曲在音乐堂鸣响时，全场的听众被这群稚气未脱的小同学的精湛演奏深深地吸引了，铿锵有力、热烈奔放的《拉德茨基进行曲》与雷鸣般的掌声交织在一起，构成了一道亮丽的风景。

呈现给观众的民族管弦乐器乐套曲《春节序曲》《喜洋洋》《丰收锣鼓》《沂蒙情》等表现了我国劳动人民热烈欢腾的喜庆场景和朝气蓬勃、奋发向上的精神风貌，同学们娴熟的技巧和对民族音乐的深厚感情与理解打动了观众。闭目聆听他们的演奏，时而气势磅礴，时而委婉细腻，动人心魄，令人心旷神怡，而且声部层次清晰和谐，相互配合准确默契，自如洒脱，落落大方。这支编制101人的青年路小学乐团创建于1999年7月，现有团员231人，年龄最大的13岁，最小的只有8岁，平均年龄10岁。他们起点高，编制全，建团才3年时间，就能熟练演奏近20支中外名曲，在省、市、区的多次比赛会演中均获最高奖项。潍坊市青年路小学民族管弦乐团的健康成长，是学校高度重视民族音乐文化教育，把民族音乐文化作为母体文化来培养学生健康的审美情趣和高尚情操，以此作为培养学生健全人格的有益探索，是帮助学生树立正确的审美观念，激活思维，开阔视野，促进学生素质全面提高的有益尝试。到目前为止，这支乐团已成功地演出了多场大型音乐会。山东潍坊市潍城区青年路小学的艺术教育与实践具有一定的启示意义。

(《人民日报》2002.06.11)

第三章 让学生自主选择教育，以考试引导学生发展

2003年1月7日，潍坊市教育局办公室突然收到了一份署名"谭女士"的传真：

局长您好！

今天晚上7：30，看完《新闻联播》，转换频道，正巧CCTV－10"当代教育"栏目在播放我们潍坊市的教育改革情况，作为一名初一学生家长，便锁定频道，认真观看。我特别赞赏您提倡的"因材施教、分层教学"等教学理念，作为家长，我们已从孩子学校里的英语走班分层教学中看到了它显现的好处，孩子的学习热情更高涨了，主动比学赶超。同时，我特别赞赏您在片中所描述的潍坊市新中考改革方案。通过您对中考改革方案的剖析，我感到非常振奋，感到我们的考试确实是素质教育的保障和指南。虽然对教学改革不是很内行，但我还是要投一赞成票。祝愿这一改革实施顺利，结出硕果！

一张来自学生家长的字数不多的电传，点击和肯定了潍坊教育的两项重大改革，这不能不引起我们的深思。任何教育改革都应以提升教育品质，提高教育质量为目的。大面积、高品质的教育质量的实现，除了要有科学的教育理念为先导，还要有机制的保障。潍坊市的这两项改革，一项是教学组织形式的改革，一项是考试制度的改革，都是深层次的教育改革。正是这两项改革，为其教育质量的不断提升提供了强有力的机制保障。

进行教学组织形式的革命，构建适合学生发展的教育

《基础教育课程改革纲要（试行）》指出："教师应尊重学生的人格，关注个体差异，满足不同学生的学习需要，创设能引导学生主动参与的教育环境，激发学生的学习积极性，培养学生掌握和运用知识的态度和能力，使每一个学生都能得

到充分的发展。"

其实,《纲要》里讲的理念就是一个因材施教的问题,显然并不新鲜,但是,作为一个教育理念,现在以新的表述重新提出,这恰恰说明了通过真正的因材施教来促进每一个学生充分主动发展的迫切性。为什么这样一个人人皆知的教育理念在长期的教育实践中就是不能实现呢?对此,李希贵局长做了深入分析:

> 从孔子的《论语》开始,几乎没有一个教育家不是主张因材施教的,尽管他们在许多方面可能有分歧,但对于因材施教却几乎是众口一词,包括那个把班级授课制发挥到极致的凯洛夫,也在他的《教育学》中,把因材施教作为他提出的六条最重要的教学原则之一。可是以前的教学,我们是怎么去贯彻落实的呢?在同一个班级里,讲一样的内容,做一样的练习,考一样的试卷,这种大一统的教学组织形式,怎么能"满足不同学生的学习需要"?又怎么"使每一个学生都能得到充分的发展"呢?

正是基于上述思考,伴随着新一轮基础教育新课程的实施,2002年春天,潍坊市开始了以"走班制"为主要形式的分层教学的探索。

所谓走班式分层教学,就是在原行政班不变的情况下,把同一年级的某些学科根据学生的自主选择设定不同层次,教师再根据不同的学习层次选择相应的教学策略,学生根据自己的学习基础和能力,结合兴趣、习惯、爱好、特长,自主选择学习层次和任课教师,并到相应层次班学习该科课程。其特点是:"分科分层不分班,保底促中不封顶。"

走班式分层教学如何实施?

潍坊市认为,尊重学生的选择是分层教学的生命。为此,他们确立了"自主选层、理性选择、动态调整"的分层原则——要100%地尊重学生的选择,不能靠行政命令搞哪怕是1%的结合,更不能搞强迫。

——自主选层:保证学生百分之百地自主选择,把自主选择视为体现学生主体地位,培养学生自我审视意识的良好契机。

——理性选择:在坚持自主选层的前提下,为避免自主选择的盲目性,学校根据学生的情况进行宏观指导,帮助学生理性选择。

——动态调整:所有层次都是开放的,学生可以根据自身情况进行动态调整。调整也完全尊重学生的意愿,不搞"教师批准制"。这是坚持自主选层和理性选择的有力保障,旨在建立学生的自我激励机制。

把选择层次的权力完全交给学生,行吗?万一学生都瞄向了较好的学习层次,而较低的层次没学生肯去,那可怎么办?再说,如果真的和孩子们商量起来,那还有个完?鉴于这种顾虑,实验伊始,老师们还是倾向按成绩一刀裁,上A上B,考一次试,划一条线,张一个榜,简便易行。这样既可以"因材施教",又可以提高升学率,岂不一举两得?

对此,李希贵局长强调指出:"这其实是对教育的错误定位使然。大家常常习惯于不惜以产生大量失败者为前提,去进行所谓的人才培养,成功者走进了高一级学校,而踏上社会的,却是大量的失败者,说得严重一点,这样的教育是危及民族的教育。我们应该尊重学生,要学生在选择中学会选择。"

实践证明,学生是能够在选择中学会选择的。

"刚开始我选报了C层,可过了一段时间,我觉得不大跟趟,又主动要求调到B层,B层的老师讲得详细,符合我的口味,我很快就能做好题目,老师还表扬我做得很快,我心里真高兴。"潍坊市樱园中学的肖琳同学这样说。

潍坊十中校传达室一位职工的孩子,在物理分层时选择了B层,其实,他的成绩在全班是最差的。老师找他谈话,希望他能正视自己,理智地选择,谁知他哗地从书包里倒出一大堆书来,老师一看,全是一些物理的参考书。这孩子咬着嘴唇"嘣"出一句话,"说什么我也要学好物理",把老师感动得一句话也没说,说服工作只好作罢。这位老师说,这样的学生,你能不让他在B层试试吗?事实上,最终选择的结果基本上属于常态分布。例如,潍坊十中的物理学科分了A、B、C三个层次,每个层次学生报名的数量,基本上正是教师所希望的。

学生自主选层为什么会出现这样的结果?这是因为潍坊市的走班分层教学的教师资源分配绝不是传统意义上快慢班的分配特点。各层次班的教师安排是"走班式分层教学"成败的一个关键问题。针对学生和家长的疑虑,潍坊市让学生、家长心目中的好教师来教A层（较低的层次）和C层（优秀的层次），力争让教师的配备得到老师、学生、家长的广泛认可。为此，首先让任课教师申报执教层次，然后由学校综合各种因素做出安排，学校特别注意选配社会威望比较高的教师执教A层，放手让年轻教师执教B层、C层，鼓励优秀教师执教两个层次甚至三个层次，努力促成各层学生对任课教师心理上的认可和形成教师之间的竞争环境。为了给学生提供在同一层次中再选择教师的机会，每一个层次再安排两名以上的教师供学生选择。这样的教师安排克服了传统快慢班带来的弊端。学生反映："分层教学对每一个学生都是有益的，这绝非什么'尖子班''渣滓班'。因为，教A层的反倒是最好的老师，再有，层次班对同学们是开放性的，一定时间内可以调整。请那些杞人忧天者放下心吧。"

为了让学生充分了解每一位教师，以便更好地选择适合自己的学习环境，在学生选择层次和教师前，学校组织参与分层教学的所有教师向学生做自我推介，包括姓名、年龄、特长、兴趣、爱好、教学风格、教学成绩、对分层教学的认识、对所教层次采取的教学策略、对师生关系和师师关系的理解等等，让学生对教师有一个全面的认识，为学生选择教师提供充分的依据。

分层教学的实施把教师推向了卖方市场，教师们也面临挑战。如何超越自我，以研究的状态改进教学，迎接挑战？康成中学同时执教A层和C层的李秀萍老师的教学札记就是一个"晴雨表"——

> 分层教学要求教师不断提高自身素质，加强师德修养，多方面了解学生需求，在分层教学中，老师的综合素质与知识量面临挑战。
>
> 自从教C班后，感受到了原来教毕业班都不曾有过的压力。学生对知识量的需求与提出的疑难问题远远超出了教材，有些必须查资料才能回答；学生在写英语作文时，人手一本词典查生词、词组，我在批改时也必须把词典摆在面前，否则我一颗脑袋是应对不了50多颗脑袋的。这使我感到有些许恐慌，从教10年从未感到过知识如此匮乏！如何使学生在课堂上更动起来？思维更活起来？我原有的教学方法是如此的苍白！为了C层教学，我每天至少

挤出半个小时背单词或阅读英语原著；一有空就研读有关提高授课艺术的书刊，来不断更新知识，为课堂教学寻找活水，也在不断完善学生、成就学生的同时，不断完善自己、成就自己。

成就学生，不能以"牺牲"教师为代价。"在成就学生的同时，也成就教师自己"，这样的教育才真正具有生命力。

分层后怎么教？针对不同层次班的教学，潍坊市初步确立了相应的教学策略——

将学生学习差距较大的学科划分为A、B、C三个层次的教学班（分别为基础层、中间层、提高层）。各层次目标及教学策略是：

A层班： 总的教学要求是"多鼓励、密台阶、重基础"。以打好学科基础，培养健全人格为目的，在知识的迁移和应用上强调低起点、小台阶、大密度，重视师生、生生之间的情感沟通，树立起学生的自尊、自爱、自信以及对学习的兴趣。

B层班： 在掌握基本知识、形成基本技能的基础上，对知识的迁移和应用要提高层次，坡度适当加大，台阶适当加宽，初步培养学生综合运用知识的能力，为学生的发展和超越奠定坚实的基础。

C层班： 总的要求是"求深度、拓宽度、重创新"。给学生提供足够数量的学习资料和相关信息，创设研究性学习的氛围，使学生形成浓厚的学科兴趣和学科追求，培养学生终生学习的理念以及多渠道获取知识的能力和分析解决问题的能力。重视培养学生的自学能力与良好的思维方式。C层课堂教学可以教师指导与释疑为主，多探讨良好的学习方法，培养自学能力，形成良好的思维方式，引导学生自主发现问题，并自主或在同学之间解决问题；同时也适当扩充其知识面，以最大限度地发挥学生的优势智能，释放学生潜能。

在潍坊市教育局的指导和组织下，参与分层教学的教师们已经探索出了各自的教学经验。康成中学的一位教师这样总结道——

为了迎接A层教学的挑战，我们应当做到：

1. A层教师对学生要再自然些、再耐心些、再亲切些，对学生有较强的亲和力与感染力。

2. 知识的讲授与巩固要小台阶、大密度、循序渐进，时时考虑学生的承受能力。

3. 作业与练习题要降低难度，学生查书能独立完成，不宜布置过难作业而挫伤学生积极性。决不吝惜鼓励性批语，一句暖心话比为学生挑出一处作业错误重要得多。

4. 慎用批评之箭。"大声地表扬，悄悄地批评"。对个别难管理的学生也不宜在课堂上当面批评，更忌讽刺挖苦；可在课后师生均平静后，找好突破口，用中肯的话语触及其心灵。

5. 教师能做学生过细的思想工作，尽量避免学生在情绪上和学习上过频出现反复。每生建立一本"师生心桥"来进行师生交流。学生可把自己学习中遇到的困难、平日的心理不适、苦恼等种种感受倾诉于笔下，老师与之进行笔头交流，令学生感到老师真正会"快乐着你的快乐，痛苦着你的痛苦"，增强学生对老师的信任度，促使师生关系亲近融洽。

如何迎接C层教学对教师提出的挑战？

1. 备课要精细。由于C层学生基础好，思维活跃，因而课堂上时常有学生对老师正在讲的知识提出质疑。这就要求教师备课既要注意基础知识，又要预见可能出现的问题及解答方法；课堂习题既要有基础练习，又要设置适量拔高题，以满足C层特优生的需求。

2. 授课方式要灵活。由于C层学生成绩好，对老师及课堂要求就会"苛刻"些，因而要采取灵活又富有挑战性的授课方式。如：值日班长每日告知同学们一英语谚语（English saying）和一英语小幽默（English humor）；或课前来个英语猜谜大赛（Guessing game），或课堂上开展链条游戏（Chain work），英语课本剧表演比赛（English play）；甚至可让口语好、组织能力强的学生在老师的指导下学习备课，代替老师授课。这些都能极大地调动学生参与课堂的积极性，形成生生互动。

3. 作业布置不墨守成规。忌布置抄抄写写、不用动脑筋的作业。作业布置应与课堂授课方式相适应，形式活，挑战性强，能发挥学生的探究学习能力。如："造句"——用当天学的词组造句；"五词十句"——每天搜集五个生词，并用之造十个句子；"英语作文"——像语文记周记一样，每周用英语写三页作文，内容不限，但必须每页用三个生词；课文改写；自办英语手抄报等。

走班制分层教学虽已取得初步成果，但也存在一些问题。针对各层课堂教学的一些问题，李希贵局长通过听课调研指出：

——控制 A 层学生的注意力，取决于思维的品质和情感，取决于学生的见闻广度；

——上课不是上演教案剧，而是诞生一部成长诗，知识要力争堂堂清，情感要坚持堂堂生；

——让学生选择最适合自己的起点，是为了更好地到达同一个终点；

——只有活跃气氛，而没有凝神思索的课堂，不是理想的课堂；

——归还学生思维，应该给学生最佳的思维等待时间，不同层次学生，等待时间也同样不同。

一路坎坷一路歌，分层教学后，大家都找到了新感觉。

校长们的感觉是共同的：

现在的学生可好啦，就连原来那些"老大难"学生，见了校长都是一脸灿烂，当这样的校长心里特别舒服。过去有相当一部分学生视学习为苦役，视校长为陌路，校园里、大街上，一见到校长，把头一扭就过去了，当校长的当到这个份上，心里真不是滋味。什么原因呢？其实，追根究底，责任还在我们。过去我们在教育教学和学校管理工作中对这部分学生太漠视了。在传统的教学组织形式下，说是面向全体学生，其实是一句空话。现在分层教学，才实现了真正意义上的关注每一位学生。投桃报李，人之常情，你关注他了，他心里最清楚，他怎么会不尊重你呢？

有一位教师对分层教学一直有看法，心里嘀咕。分层教学实施一个周后，他找到学生，问他们的感受。说实话，他从心底里希望学生谈些不同的看法，没想到，同学们一个个都高兴得不得了，就连当初分层时闹别扭、特不情愿的同学谈起分层的好处，都是一二三四。这位教师最后找到了校长说，看来，分层教学还真有道理。

分层教学后，"A"层学生的新感觉最耐人寻味。一个叫史建封的同学在《分层教学的感受》中这样写道：

在初一时，我的英语学得一团糟，和我一样英语差的"难兄难弟"更着急，每次早上上课就发誓：一定要学好英语。多少个晚上睡觉前都发下誓愿：明天的英语课一定要好好上，但一到课堂，就像听天书，或者说对牛弹琴。

正在我们要掉队时，学校开展了分层次教学，就像一场及时雨，我们这些落后生久旱逢甘霖，看到了曙光。我报的自然是A层。我们鼓足干劲，从每一个字母学起，老师也从初一时最基础的知识教我们。就这样，一个月过去了，我们大家感觉学到了很多东西。其中王梅老师的功劳可不小，她把每一个问题总是用最通俗的语言表达出来，对我们的错误，更是耐心辅导，直到弄懂每一个问题为止。我们不仅学到了很多知识，更学到了王老师那种一丝不苟的精神。

王刚，这位曾经上课时屁股下像按了弹簧、令老师头痛不已的"三差生"，在以"我谈走班式分层教学的体会"为主题的班会上也热烈发言：我现在盼望着上英语课，因为在这门课上有我发言的机会。在老师耐心的讲解下，我感到英语好像一下子简单了。以前一节英语课40分钟就像过了40年，现在就像过了4分钟，椅子未坐热就下课了。

C层学生在具有优越感的同时，则产生了紧迫感。C层学生以前那种"稳坐钓鱼台"的"从容"不见了，以前悠着学也能名列前茅，但现在一不留神可能会

"名落孙山"。现在老师也不可能因为一个简单问题有同学不明白而再讲几遍，也不用耽误时间来维持课堂纪律，课堂效率极大地提高了。学生相互间你追我赶，竞争激烈。正像臧婕同学所说："分层教学后，老师不用再对我们重复讲述那些老掉牙的题目，而是领我们踏上冲锋舟飞翔——到巴黎、到伦敦……我们走向大千世界，走向五彩缤纷。但是，每个人的心里都明白，这是一个高手云集的班级，稍一不慎，就要掉队。"

一个学科分层教学了，还能影响到其他学科。有一位同学在日记里写道，"自从物理分层教学后，连其他学科，我也学得认真了许多"。为什么？因为他从物理学习中找回了自信，影响到了他的学习情感和学习态度。

走班制分层教学，目的是"使每一个学生都能得到充分的发展"。要达此目的，就要让学生在自我选择的基础上自主学习，这是一个学习态度、学习情感问题，是一个学习效率问题，更是一个价值观问题。走班制分层教学使这一切问题的解决成为可能，所以它是具有强大生命活力的。当然，这一改革目前还处在探索阶段，并未全面铺开，但它所体现的让学生自我选择、自主学习、"使每一个学生都能得到充分的发展"的教育理念却早已在潍坊全市包括普通高中在内的各类学校扎根，并且不同程度地得到了落实。如：寿光一中的"以学为主，先学后讲，分层教学"和"分层评价，分层评优，分层辅导"；安丘一中课堂教学的"五看""五不"要求（"五看"是指：一看学生学习的兴趣与热情的高低，是否解决好了"要我学，还是我要学"的问题；二看教师在课堂上是直接传授现成知识或答案，还是引导学生自己发现知识或答案；三看课堂上学生参与教学面的大小；四看教师教学设计中的激思程度；五看课堂上学生发表见解的多少。"五不"是指：凡是学生能看懂的，不教；凡是学生自己能学会的，不教；凡是学生自己能探索出结论的，不教；凡是学生自己能做的，不做；凡是学生自己能说的，不说）；安丘实验中学的"面向全体，分层管理，分类指导"；寿光中学的"加强学生的动力系统研究"；高密市育才实验中学一直坚持的"弱科生超前补，拔尖生滞后辅"的教学策略；全市普遍开展的研究性学习，全面启动的"自我锻造工程"等等，都已取得了丰硕的成果。潍坊市教育质量的全方位提高，恐怕这是更深层的原因。

改革高中招生办法，引导学生全面发展

有教育，就会有考试。有什么样的考试，就有什么样的教育。

在基础教育中，中考和高中招生最关键，是牛鼻子，是试金石。在这块试金石面前，一切种类的教育终将暴露出它们的庐山真面目。

潍坊市多年来以高中为龙头，大力推进素质教育，自然导致了中考和高中招生改革；而中考和高中招生改革又为素质教育在全市的深入实施和教育质量的全方位提高提供了强有力的保障。正是从中考和高中招生改革中，我们更加清晰地看出了这里教育的高境界和高品位。

潍坊的中考怎么考？其基本思路是：

——改革考试命题的内容和形式，落实新课程提出的"三维"目标，即知识能力、过程方法、情感态度价值观。

——探索多次考试、双向选择、综合评价、等级录取、诚信推荐的考试、选拔方式，改变一次考试一张试卷选拔人才的做法。实行重考制度，学生如果对自己的成绩不满意，可以申请重考，一个学科允许考两次，毕业时以最好成绩作为录取依据。

考试内容和形式与传统相比，有了革命性的变化，命题实现由考查知识为主向以考查能力为主的转变。在继续加强"双基"考查的同时，重视过程方法和情感态度价值观目标的考查，做到：

——取消带有死记硬背、机械训练性质的题目，一般不单独考查基础知识，着重考查学生对知识的理解和运用知识解决问题的能力。

——考试内容加强与社会实际、学生生活经验的联系，增强问题的真实性和情境性，重视考查学生在真实情境中提出、研究、解决问题的能力和收集、整合、运用信息的能力。

——结合学科内容，用开放性、探究性题目考查学生在过程方法和情感

态度方面的达标情况，从而更好地发挥考试在培养学生的独立思考能力、发散思维能力和创新精神方面的导向作用。

——不追求对知识的全覆盖，重点考查对学生高中阶段学习乃至终生学习影响较大的知识和能力，给学生留有较大的思维时空。

——语文学科考试分阅读理解和写作两部分，阅读理解内容大多取材于教材之外，写作一般不搞命题作文；政治学科考试一般不考选择题、填空题、简答题等，主要是主观思辨题；历史学科以考主观思辨题为主，同时重视对重要历史人物和重大历史事件的考查；文科命题增加考查学生批判性思维的题目。

——继续加强和完善物理、化学、生物实验操作技能的考试，将考试结果作为中考录取的依据之一。

——外语在完善听力考试的基础上，增加口语交际考试，将考试结果作为中考录取的依据之一。

——学有特长的学生可以参加特长考试。

——增加选做题。一种是必选题，即要求考生在给出的若干个题目中必须选出规定数量的题目解答；一种是可选题，即在卷面后附加选做题，供学有余力的学生选做。选做题成绩记入总分。

这样的考试，从内容到功能，与过去相比，都发生了根本性的变化。过去侧重于选拔，现在侧重于认定，学生拿着这个认定，可以去选择学校。过去主要考知识，现在全面衡量学生的情感、态度、价值观、学习过程、学习方法等。过去是学校规定统一考试，现在是学生自己申请考试，主动权在学生手中。过去单科成绩相加，并不能真正反映学生学习的倾向性，而如今把各科成绩分为等级，学生各科学习的情况一目了然，从中可以看出学生的个性特长和发展倾向。

潍坊中考的另外一个显著变化就是将以往初三毕业考试的内容分散在三年当中。初一可以参加历史、地理、生物考试；初二可以参加物理、化学、政治、历史、地理、生物考试；初三可以参加全部学科考试。这样，把压力分散到不同的年级，每年 1 月与 6 月组织两次考试，所有学科都开考，学生可以根据自己情况决定考试科目和时间。同样地，初中学校可以根据课程资源，对课程开设做出自己的选择和安排。比如，某一学科集中安排在一个学期讲授，允许学生在学有余力的情况下提前结束某些学科。用李希贵局长的话来解释，就是化整为零，增加机会，尊重选择，分散压力。

与中考改革相配套，高中招生录取也进行了相应的改革。

潍坊市的高中招生录取与以前有何不同？

以前，学生主要的文化课成绩总分是招生录取的唯一依据。现在，则必须满足一个必备条件：政治思想进步，道德品质良好；综合实践活动满 30 学分；音乐、美术考查达合格以上；参加社会义务劳动满 10 个工作日。同时，还要达到各高中学校的自定条件：

各科学业成绩、英语口语交际和理化生实验操作考试成绩应达到的等级，由招生学校自定；

各类竞赛获奖者的奖励政策和特殊考生政策，由招生学校根据有关规定自定；

特长考试成绩的使用，由招生学校自定——既可作为录取特长生的依据，也可作为录取普通生的重要参考；

说明和表现学生特长和才能的作品或其他成果，如何处理，由学校自定——可以作为录取的重要参考，也可以直接作为录取的依据；

破格录取的少数学生，由招生学校根据两名教师的推荐信和调查核实的情况自定；

特长生的录取标准由学校自定。

从上述规定可以看出，潍坊市的高中有"权"了。

把高中招生录取的权力下放给高中，由各校制定本校录取方案，为高中学校提供更多的自主选择的机会，学生可以自由选报适合自己志向的学校，这样的双向选择，既便于学生的发展，也便于学校形成自己的特色。比如，潍坊一中对以文科见长的学生，要求语文、数学、外语、政治、历史、地理六科中有四科达 A 级，两科达 B 级，理化生实验加试在 D 级以上（含 D 级）；对以理科见长的学生，要求在语文、数学、外语、物理、化学、生物六科中有四科达 A 级，两科达 B 级，理化生实验加试在 C 级以上（含 C 级）。对音、体、美专业生，要求相应专业成绩在 B 级以上（含 B 级），音乐、美术专业生的文化课成绩，要求语文、外语、政治、历史、地理中有四科达 C 级，一科达 D 级，数学、物理、化学、生物和实验加试在 D 级以上（含 D 级）；体育专业生的文化课成绩，要求语文、数学、外语、物理、化学、生物中有四科达 C 级，两科达 D 级，其他科目及实验加试在 D 级以上。

学校有权了，怎样保证各高中正确地行使招生权利？潍坊市规定：各高中成立招生录取专家认定委员会，由教代会从教学管理人员和骨干教师中选举产生，其中学校领导不超过总数的 1/3，社会各界人士不低于 1/3。认定委员会负责对学校录取标准和办法进行认定，对报名学生的证书、证件、作品、成果等进行审核认定，对申请破格录取学生的有关材料（包括推荐信）真实性的认定和是否录取的评审，对提出申诉的学生情况进行复议，对在招生录取中弄虚作假、营私舞弊行为进行调查。

"道德品质良好""综合实践活动满 30 学分""音乐、美术考查达合格以上""参加社会义务劳动满 10 个工作日"，这些必备条件的依据是什么？

依据是"学生综合评价报告书"。

学生综合评价报告书是学校对学生的全面评价，学校要依据学生的成长记录、学期（学年）考试、作业状况等，对学生的基础性发展目标、学科学习目标和个人特长等方面的状况进行全面总结性评价。对学生参加综合实践活动和学校课程的情况进行综合描述，特别要对学生的思想品德、公民素质、个性特长等进行个性化和发展性评价。综合报告必须真实反映学生的优势和不足、进步和潜能，并提出改进和提高的建议。另外，学校要在学生综合评价报告书后附学生参加综合实践活动、校本课程和社会义务劳动的有关证明材料，如开展研究性学习的主题报告、作品或其他成果，社区对学生参加义务劳动的证明材料等。综合实践活动和学校课程实行学分制管理。综合实践活动包括研究性学习、劳动技术教育、信息技术、社区服务和社会实践，各 10 个学分，共计 40 学分；学校课程 10 个学分。学生每项至少修满 6 个学分，共修满 30 个学分，方可取得毕业和升学报名的资格。

另外，学校可以根据教师的推荐信破格录取某些具有特殊才能的学生。

怎样保障推荐信的可信度？

为此，潍坊市推出了"教师推荐诚信制度"，包括推荐教师资格认定标准、实施办法、推荐工作程序（含调查、查看成长档案和个别谈话等）和推荐信公示制度等。推荐教师要实事求是地对被推荐学生的学习、思想品德、个性特长等方面情况进行全面评价，并对学生的学习态度、习惯、方法、学习能力（特别是课堂上的表现和开展研究性学习的表现）及个性特长作重点推介。招生学校成立招生录取工作专家认定委员会，负责对推荐信的监控和认定。推荐信经一周公示无异议后，作为破格录取的依据。如发现推荐信有失实现象，取消推荐人两年推荐资格；如有严重失实现象，取消推荐人终生推荐资格。初步录取的结果要向社会公示，公示一周无异议后确定最终录取结果。同时，建立考生申诉制度。考生如对考试和录取有异议可直接向招生学校或当地教育行政部门提出申诉。招生学校和教育行政部门必须认真对待考生的申诉，并成立由社会各界参加的调查仲裁委员会，实事求是地做出恰当处理。

李希贵局长介绍说："这样做的根本目的是为了改变单纯以分数选拔学生的做法，体现对学生综合素质的评价，使学业考试成绩与平时表现均作为选拔的依据。把招生权力真正下放给学校，利于不同层次不同类型的学校选拔合格新生，利于促进学生和学校的个性化发展。建立教师推荐诚信制度的最根本目的在于从学校开始打造诚信社会，教育者首先要把教育园地变成诚信的圣土。"

教育园地是人类的良知所在，是社会道德的起点和最后一道防线。当教育以弱小的身躯、悲壮的情怀坚守住了这道防线，同时就是为国家、为民族留下了最后的希望。

基于上述特点的中考和高中招生改革，体现了新课程所倡导的发展性评价的要求，对整个基础教育的影响是方向性、革命性的。

——通过中考对义务教育阶段学生的学习和发展进行全面鉴定，检查义务教育阶段学校的教育教学情况，引导义务教育阶段学校全面深入地实施素质教育。

——通过中考为高一级学校录取新生提供学生学习和发展方面的信息,有利于高一级学校选拔合格新生。

——通过中考为社会、家长提供学生学习和发展的全面情况,以充分发挥社会、家长指导和促进学生发展的作用。

归根结底一句话,潍坊市的中考和高中招生改革,目的就是要以考试为导向,促进每一个学生全面发展,让每一处学校成为培养"人"的圣地,而不是生产"物"的工厂。现在,这一改革已初见成效,随着它的更加全面、更为深入的实施,整个潍坊教育的前景将更加辉煌。

相关链接之 五

92分的遐想

如果不是亲眼看到,我一定会认为自己在做梦,一定不会相信,这是真的——我的物理卷子上的92分。

不记得从什么时候起,我的物理成绩迅速下滑,从80多分到了30几分。这么低的分数,我自己懊恼,父母发愁,可又有什么办法呢?

车到山前必有路。不错,办法还是会有的,学校给我们按实力分层,这不仅使我们有了适应自己学习的环境,同时也大大减少了我们的自卑感。

开始我选择了B层,可是由于我底子不好,竟连续两次测试在全班垫了底。还好,就在我感到自卑、无助又无奈的时候,老师建议我去A层试试。

意志坚强的人是不会被困难吓倒的。在A层活跃的课堂气氛中,我开始对物理产生了兴趣,我又重新找回了自信,重新认识了物理。

不久,在一次测试中,我竟得了92分。那个考30几分,那个在B层连续两次得倒数第一的人,这次竟得了92分。我乐了,爸爸妈妈也乐了,老师更是为我的进步感到高兴。

(潍坊十中初三李亚娜)

相关链接之 六

潍坊市 2003 年中等学校招生考试试题 （节选）

一、思想政治试题（节选）

第二题：关注社会，解析热点

材料一 一年来，国际形势风云多变。欧元现钞正式流通，欧洲经济一体化进程加快，中国和东盟正式启动建立自由贸易区。与此相伴，阿富汗战争，巴以冲突，朝鲜退出《核不扩散条约》等等，引起国际社会极大关注。特别是从 2003 年 3 月 20 日开始的美英等国绕开联合国发动对伊拉克的战争，成为当前世界的焦点问题。

材料二 十届全国人大一次会议上所当选的国务院总理温家宝在回答中外记者时提出：我们主张伊拉克问题应该通过政治手段和平解决，尽量避免战争。

1. 结合材料一，谈谈你对当前国际形势的看法。

2. 结合上述两则材料，谈谈我国在伊拉克问题上为什么要坚持"和平解决，避免战争"的立场。

第三题：以案说法

经查实，著名电影演员刘晓庆作为北京晓庆文化艺术有限公司法定代表人，其个人行为已涉嫌偷税犯罪。2002 年 7 月 24 日，经北京市人民检察院二分院批准，刘晓庆被依法逮捕。

请你结合有关法律知识，谈谈这一案例说明了哪些道理？

二、数学试题（节选）

小明在阅览时发现这样一个问题："在某次聚会中，共有 6 人参加，如果每两人都握一次手，共握几次手？"小明通过努力得出了答案，为了解决更一般的问题，小明设计了下列图表进行探究：（图表略）请你在图表右下角的横线上填上你归纳出的一般结论。

三、物理试题（节选）

许多公园里都有供游人休息的石凳或木椅，在夏日阳光的照射下，用手摸石凳和木椅，感到石凳比木椅热，对于这种现象的原因，张扬同学提出了以下几种假设：

A. 石头比木头的温度高

B. 石头比木头的热容小

C. 石头比木头的密度大

D. 石头比木头传热快

（1）对这几种假设，你认为正确的是_____；

（2）为了验证这个假设是否正确，请你设计一个实验，并简要说明实验步骤。

第四章　整合一切社会教育资源，跳出学校教育圈子办教育

汝果欲学诗，工夫在诗外。

教育是一个系统工程，特别是在信息化社会里，要实现教育的高效益，单凭学校教育的有限资源是远远不够的。必须确立"万物皆备于我"的大教育观，跳出学校教育的小天地，整合一切可以利用的社会教育资源，才会实现教育的加速度发展，教育的本质才能得到更深刻的体现。为此，学校必须"主动出击"，"引导家庭教育，调动社会教育力量"，形成教育合力，在学校教育质量得到提升的同时，促进"社会的全面进步"。"跳出学校教育圈子办教育"，在潍坊市，从教育局到各学校，这一新的认识已经成为共识，且已付诸实践。我们也因此有幸领略了一个别开生面的教育新天地。

"亲子共成长"工程：争做成功父母，孩子/父母/家庭共成长

家长是孩子的第一任老师。在教育这个系统工程中，家庭教育是重要的一环。家庭教育既可能是助推孩子成长的强大动力，也可能是在"好心"的幌子下阻碍孩子发展的顽固阻力。没有良好的家教，学校纵然付出天大的努力，也不会

得到完美的效果。遗憾的是，以"重家庭"著称于世界的中国，大部分家庭却并没有家教意识。没有比中国家长更"爱"孩子的了，也没有比中国家长最不懂得"爱"孩子的了，中国现在的独生子女被称为"小皇帝"，就是证明。但是，家长不是在具备了家教的素养后才成为家长的，也不能等孩子长大定型、家长悟出了家教的得失之后再对孩子进行"回炉家教"。谁来给家长补上现代家教这一课？谁来清除家教中的诸多误区？潍坊市的教育部门自觉地承担起了这一重任。

"观念是教育的灵魂，提高家长素养，首先要从转变和完善家教观念入手。谁来传播现代家教观念？我们请全国一流的专家传经送宝。"李希贵局长的家教工作思路一出，每月一次的系列"亲子共成长"专家报告会开始了。

自2002年8月份开始到现在，潍坊市已成功举办了十期更新家庭教育观念报告会。除"非典"期间，每月都有一至两名家教"名家"莅临潍坊播洒家教甘霖。

来潍讲座的大多是全国家庭教育观念报告团成员，例如，家教专家"知心姐姐"卢勤，南宁市"优秀家长"莫欣荫，全国家庭教育"园丁奖"获得者王蓬，钢琴王子吴纯的母亲吴章鸿，北京市家庭教育学会副会长、中国家庭教育学会常务理事王宝祥，中国陶行知研究会赏识研究所所长周弘，辽宁省首届教子有方"十佳母亲"赵文晶，潍坊市优秀家长标兵丛锦文……专家声情并茂的演讲，推心置腹的交流，看得见摸得着的家教成果，震撼了每一位家长，家长代表回家后趁热打铁，再次宣讲给其他的家庭成员，于是，专家们的观念——"走出家庭教育中的误区""给孩子一个人生的支点""陪孩子长大""让孩子在肯定中长大""让孩子在快乐中学习""让孩子在困境的砥砺中成长""以德育人是大根本"……点播到了全市每一个家庭的每一位家长的心里。专家们用自身家庭教育的事实告诉家长，"播种行为，收获习惯；播种习惯，收获性格；播种性格，收获命运"。

为了给"亲子共成长"工程添薪加火，李希贵局长还就家长们当前最关心的新课程改革问题，深入浅出地主讲了《新课程下的家庭教育》，并强调指出：教育首先是"人"的教育，而不是知识、文化的传授和技能的学习。我们今天的教育是为了让儿童能够一生持续地学习，有尊严、高质量地生活；是为了让他们能够为自己所处的环境做出充分的贡献，并且有能力把握自己的人生。"教育即生活""生活即教育""学校即社会"，作为家长，不能把学校与社会机械地分隔，把教育与生活简单地剖开。要走进学生的心灵，要更多地关注思想的东西。他还为孩子们开列了读书参考书目，指导家长为孩子们选择适合阅读的书籍。

一石击破水中天。十期报告会的成功举办，在社会上引起了强烈反响。报告会引起了社会对家庭教育的空前关注，引导家长走出了家教的误区，提高了广大家长教育孩子的能力和水平。

潍坊市实验小学学生家长耿艳丽在题为"让灵魂感受洗礼"的"亲子共成长"报告会感想中激动地写道：

> 精彩的报告，犹如给干旱的心灵原野普降甘霖，给无知狭隘的家教理念拨正方向，给充满阴霾的家庭环境带来光明。
>
> "亲子共成长"报告是我家教观念的分水岭，它使我们从当初的只关注孩子的学习转变为现在的关注孩子的心灵，从当初的只关注孩子的结果转变为现在的关注孩子的成长过程，从当初的只关注孩子的知识掌握情况转变为现在的关注孩子的学习方法……通过学习，我觉得自己是幸运的，自己的女儿是幸福的。同时，我想呼吁所有的家长：让孩子的灵魂时时饱尝爱的滋味！只要我们的目光含钙，相信我们的孩子一定会长出钢筋铁骨。
>
> 观念决定行动，行动塑造灵魂。从此，"每日一优点"的举措时时让孩子的灵魂受到爱的滋润，往日母女僵持的现状已化为乌有，"心灵沟通，享受亲情"已成为三口之家的主旋律。让我们带着科学的理性和人间的亲情珍爱我们的孩子吧。

报告会让许多家长认识到，"我们以前的教育孩子的方式是极其简单、粗暴的，我们不是成功的父母"，并且进行了深刻的反思："1. 没有注意培养孩子的品德、性情、人格和良好的习惯。2. 在让孩子参加各种辅导班学习时，目的是学习知识，没有把培养孩子的态度、情感放在第一位。3. 只用分数评价孩子，分数好一切都好，分数不好一切都不好。4. 只关注孩子的生理需要，不关心孩子精神、心理的需要；只关注他的学习，忽视了与他交流思想情感。总之，在应当开始教育的时候坐失良机，在孩子厌恶学习，出现各方面问题时才开始急急忙忙乱七八糟地乱管硬逼一通。"反思之后是家长们真诚的呼唤："让我们争做成功的父母！父母与孩子应建立真诚的朋友关系，互相交流，互相沟通。这种关系是纯洁、亲情、理解的化身，是尊老爱幼、家庭和睦的基础。"

"亲子共成长"工程也确确实实实现了家长、孩子，乃至整个家庭共成长的意图——

> 听完讲座，我立即买了相关资料，回到家放上光盘，让家里的其他成员学习。我们大家都有共识，变化在悄悄地发生，家里的气氛更加融洽、快乐，家长与孩子像朋友一样地真诚交流。我们不再过多地督促孩子学习，而是自己努力地工作、学习，用我们的行动带动、影响孩子，使他很自觉地完成自己的学习任务。在和孩子民主平等交流的过程中，孩子给自己提出了很多批评意见。比如，孩子嫌我有时说话不够文明，有时外出应酬太多。照以前，我可不准他提意见；可我参加了报告会后，也虚心接受了。我争取通过良好的言传身教来影响孩子，我和孩子得到了共同成长。

为了更好地满足群众对高质量家教工作的指导要求，潍坊市还在全市范围内组建了家庭教育导师团，同时培养了一支专兼结合的家庭教育师资队伍，到各县市区巡回报告，以此在全市营造更好的家庭教育氛围。潍坊市还要求市县校都要成立家庭教育咨询室，面向社会和家长开展家庭教育咨询服务；在潍坊教育电视台等媒体开办家教专栏，利用潍坊教育信息港家长频道，组织家教专家定期答疑，以更好地宣传家庭教育知识。

家庭是社会的细胞。每一个细胞焕发了生机，整个社会才能充满活力。发展教育，"旨在提高国民素质"，促进"社会的全面进步"，才能从根本上解决问题。当学校教育延伸到家庭，为家庭所认同，才能获得可持续发展的不竭动力，才能赢得真正意义上的教育质量，赢得自身应有的荣誉和地位。

"大师"走进"朝阳读书计划":百万人家竞读书

潍坊市地处鲁中,是古九州之一的青州的腹地,自古以来就有读书尚文的风气。北宋苏轼知密州(潍坊市所属的诸城市)有诗云:"至今东武(密州)遗风在,十万人家尽读书。"清代郑板桥知潍县,也力倡文事,曾重修文昌阁,撰碑文云:"文云乎哉!行云乎哉!神云乎哉!修其文,懿其行,祀其神,斯得之矣。"

教育是与读书联系在一起的,书籍是最重要的教育资源。对于读书,李希贵局长有其独到的认识——

一个学生在他相应的年龄段,如果没有读过适合他读的书,那是无法弥补的遗憾。应该让读书活动伴随孩子的一生!作为学校,就要养成孩子读书的习惯。如果一个人从来没有读到一本令他激动不已、百读不厌的读物,从来没有苦苦地思索过某一个问题;如果从来没有一个令他乐此不疲、废寝忘食的活动领域,从来没有过一次刻骨铭心的经历和体验;如果从来没有对自然界的多样与和谐产生过深深的敬畏,从来没有对人类创造的灿烂文化发出过由衷的赞叹……那么,这个人就不会有人性光辉,就难以走进一个丰富而美好的精神世界。这样的教育就不是真正的、良好的教育。

正因有这样的认识,在他任高密一中校长期间,便启动了"语文实验室计划",学生因此受益终生。担任潍坊市教育局局长后,又在潍坊全市大张旗鼓地启动了"朝阳读书计划"。

"朝阳读书计划"如何深入实施?

——读什么书?市教育局为此专门成立了相关立项课题,例如,"中小学生阅读心理研究";经过长期科学调查论证,确定了每一个学段的选读书目,为读书活动提供参考依据。

——在学校内如何实施?借鉴高密一中的"语文实验室计划",用1/3的时间学习教科书,用2/3的时间在语文实验室(专门装备的阅览室)按特定的流程读书和写作。

——举行"朝阳读书知识竞赛"和读书征文评选活动。与《潍坊晚报》联合，定期在《潍坊晚报》刊登竞赛题和优秀读书征文，由"朝阳"读书工作委员会负责阅卷和发奖，经公证后，对获奖者登报表彰。

——暑假期间每所学校组织小学三年级以上学生两次返校开展读书报告会活动，要求每个学生都要汇报自己的读书感想、体会、收获或评介名著、名篇的思想内容、精彩片段。

——举办"朝阳杯优秀藏书之家"评选活动，按照层层择优申报的程序，由潍坊市教研室组织专家评出潍坊市区十佳优秀藏书之家，颁发证书，并在《潍坊晚报》表彰。

——举办"朝阳杯读书之星"评选、"朝阳"读书活动先进组织者和先进学校评选。在所有的"朝阳"读书活动中，最令师生兴奋的是"大师"走进"朝阳读书计划"：定期邀请国内外著名作家来潍坊为学生搞读书讲座。

取法乎上，仅得其中；取法乎中，仅得其下。让"大师"走进"朝阳读书计划"，意在"取法乎上"，让学生一开始就进入一个读书——人生的大境界，有一个高起点。

第一位走进"朝阳读书计划"的"大师"是《红高粱》的作者、著名作家莫言。当自己崇拜的偶像一下子从"天上"来到身边，和自己进行心的交流，对学生的教育意义当然不是学校教育本身所能达到的。

"大师"走进"朝阳读书活动"，在同学们心中播撒下了见贤思齐的种子，激发了自己刻苦读书学习的热情：

——我们非常幸运。真的，像这样的人物，我们一向是只可"闻名"而不能"见面"的。没想到的是，我们居然见到了莫言，而且还能听到他给我们畅谈读书之道。这个机会太难得，也太宝贵了。我们都意想不到。莫言老师像一个指路标一样，指引我们如何走向成功之路。莫言老师又像一位老师，告诉我们如何获取打开文学之门的金钥匙。莫言老师的经历就像一本书，听了之后细细品味，我们品出了好些很有价值的东西。莫言老师为弘扬我们民族文化做出了卓越的贡献,他是我们中国的骄傲。不久的将来,但愿我们也能成为文学大师。

——我们每个人的成长都离不开好书陪伴。在书的海洋中,我懂得了做人的道理,了解了古今中外的社会发展史,知道了我们的过去,使我清贫的大脑丰富起来,使我在成长的过程中成熟起来。当我听完莫言老师的演讲,我决定以后更加努力地读书,像莫言老师一样努力,全身心地投入书的海洋、知识的宝库。

"大师"走进"朝阳读书计划",还使同学们真切地感受到成功者所具有的坚忍不拔的毅力,使不爱读书的同学也爱上了读书——

人们都看到了莫言老师今日的成功,可谁又计算过他曾经读了多少书呢?数次的投稿未中,给他带来了打击,可少年时代的他,没有灰心,没有气馁……我原来不是一个喜欢读书的孩子,但自从听了莫言老师的这次演讲,使我对书有了一个全新的认识,让我爱上了读书,也让我更了解了写作,了解了文坛巨星的风范和经历。

听了"大师"的报告,同学们领悟到了创作乃至人生的真谛,他们开始变得成熟了,开始解读生活,思考人生——

"远远地望去,那片田野很美",在这大自然的恩赐中,一个懵懂的男孩在学会倾听,倾听幼小的生命中颤动的每一刻。鸟鸣、人嚣与动荡的年代糅合在一起,絮说着生活。孩童的眼光从这里认识了世界——自己的世界。记得他曾这样谈及:"在一次与台湾学者的讨论会上,听到台湾学者在童年时已读过了自己二十几岁时读的书,我就说道,其实自己也在读,用耳朵读,倾听生活,阅读现实。在场的人惊愕了。"是啊,大师的智慧,难道不源于生活的本色吗?

"读好书,好读书,读书好",从大师身上我们再次体味到了这深深的含意,从莫言老师的身影中我们读懂了——一个作家的成功源于何处。作家头上神圣的光环消失了。

　　生活、读书其实是一体的，书源于生活，书又可指导生活，只有将两者恰当地融合，才能拥有美好的人生。相对而言，我们是否珍惜现在？是否学会了解读人生呢？辛波兹曾说过这样一段话："他们深信，是瞬间迸发的热情让他们相遇；这样的确是美丽的，而变幻无常更为美丽。"让我们为大师的生活之道喝彩，也为变幻的世界喝彩吧。

伴随着"大师"走进"朝阳读书活动"，"专家学者进校园"在潍坊市也红红火火。

诸城一中根据师生要求制订学年规划，定期从高等院校、科研单位及企业界聘请教授、专家到校讲学，与师生座谈交流等，内容涉及经济改革、社会热点、高新科技领域、现代企业管理等，令学生大开眼界。近三年来，他们先后从中国社会科学院、北京大学、北京师范大学及山东省知名高校、海尔集团等单位聘请专家、教授为学生做报告近30场，受到广大师生和社会各界的一致好评。1999年5月，"99国际乒乓球挑战赛"在诸城一中体育馆举行，中央电视台向50多个国家和地区现场直播两小时。学生们反映，这些活动使他们的视野开阔了，追求的层次高了，学习的积极性也进一步增强了。李宪阳校长说，通过这些活动，我们的学生就像炮台上的麻雀，见过大动静。其他的风吹草动，你奈何他不得！

在潍坊市的高中，邀请外国在华留学生来学校讲学、交流已经是家常便饭。美、法、韩、日等外国留学生先后多次到潍坊市的有关高中和学生们面对面交流。有趣的是，高密康成中学等学校还有一些外国学生在此留学。

目前，潍坊全市已引进外籍教师近100名。在各县市，吸纳各种社会教育资源办教育也各有奇招。高密一中从社会名流中聘请的特长生导师团成员多达100位；寿光一中与中国人民解放军海政歌舞团合作，歌舞团定期派人到校指导艺术教育，歌舞团副团长霍向东、著名编剧刘哈青来校直接指导音乐、舞蹈教学……专家、教授和各行各业的成功者到校讲学，外国友人来校与学生交流，教育专家担任办学顾问，省内外知名教师担任学校的名誉教师等举措，全面提升了潍坊基础教育,特别是普通高中的教育质量。

"整合一切可以利用的教育资源,跳出学校教育的圈子办教育",目前在潍坊市,文章已越做越大,全潍坊市基本形成了"党以重教为先,政以兴教为本,民以助教为荣,师以从教为乐"的社会风尚。近几年来,市委市政府每年都要召开多次教育工作专题会议,单是中考改革和潍坊一中新校规划,就召开了多次。一中新校建设,是潍坊市政府重视教育的一大举措。一中新校是一所和社区融为一体的"森林中的学校"——花草树木,只要能在此成活者,凡所应有,无所不有。一中新校建成后,将是潍坊教育的点睛之笔。2003年教师节,潍坊市委市政府又拨专款30万重奖优秀教学成果,有近300名教师获奖……

"全社会都来关心支持教育"的大环境也已形成,各部门各单位积极主动地帮助学校排忧解难。

青州市交警部门把"保障学生的交通安全"变成交警部门执法目标的一项责任,他们不但主动给学校免费安装有关交通标志,还主动派人员在处于交通要道的学校门口维持交通秩序。

昌乐县把"协助政府搞好学校的危房改造"列为建委的教育执法目标,建委主任会同有关部门摸清了城区中小学危房改造的底子,向分管教育的副县长主动请缨,承担了危房改造任务,加快了危房改造的进程。

诸城市2002年调整税收秩序,规定纳税单位首先缴纳"城市教育费附加",当年1~10月份就征收879万元,比去年全年多收225万元。

……

潍坊的教育工作由教育内部行为变为政府行为和社会行为,还有一个重要原因就是:强化地市级政府的教育督导,创新教育督导工作机制,落实"以县为主的义务教育管理体制",以此促进教育工作的良性循环。

强化地市级政府对县市级政府的教育督导,依法解决了许多阻碍和困扰教育发展的老大难问题。

长期以来,令群众担心、师生寒心、学校揪心的诸如危房隐患、拖欠教师工资、乱收费、乱摊派、挤占教育经费等问题,一直困扰着教育,成为制约教育发展、引发社会矛盾的公害。潍坊市教育督导抓住教育管理体制转换的时机，扬起"尚方宝剑"，力挫"老大难"，使政府部门增强了依法治教的意识，啃下了"硬骨头"。

潍坊市政府教育督导评估还设置了"改革与创新项目"，激发了县级政府的改革创新意识和锐意进取精神，创造性地解决了许多发展中的新问题。

长期以来，农村幼儿教师的待遇，没有一条稳定的解决渠道。寿光市把在编的合格农村幼儿教师依照合同制工人退休养老保险办法，全部在劳动保障局办理了退休养老手续，解除了幼儿教师的后顾之忧，稳定了幼儿教师队伍，在全省为农村幼儿教师的规范管理树立了榜样。

2002年5月18日，安丘市成立了全省第一家"特困生救助协会"。该协会是全市教职工和社会各界共同自愿结成的地方性法人社会团体，是继"希望工程"和"春蕾计划"之后，集中社会力量救助特困学生的重大举措，为调动社会力量关注弱势群体开了先河。

……

类似的改革创新项目，仅2002年，全潍坊市就涌现出了60多个，有力地促进了潍坊教育的跨越式发展。

强化地市级政府的教育督导，改变了全社会，特别是各级政府发展教育的责任观，上上下下由此形成了"政府统揽全局、两办牵头、督导监控、部门连动"的新格局，教育工作真正由过去的行业部门行为转变成了党委政府和全社会的行为。

潮平两岸阔，风正一帆悬。当我们领略了潍坊市基础教育，特别是普通高中教育的洋洋大观，教育上多年来许多争论不休而又让人不得其解的问题，诸如高考升学率、"应试教育"、素质教育等等，答案已经变得越来越清晰，越来越明确了。就在本文行将结束的时候，我们意外地收到了一位高密一中的校友发来的电传。她叫李文斐，当年高密一中学生电视台的台长，北京大学毕业，现在"宝洁"供职。对于上面提及的问题，对于潍坊市普通高中教育，作为过来人，她应当是最有发言权的。所以，最好是倾听一下她的发言，或许可以让我们对潍坊市的普通高中教育乃至整个教育问题有一个更深刻的了解。

——我没有资格给它们（我所经历的高中教育）作一个界定，说它是素质教育还是"应试教育"，毕竟我有了一些所谓不务正业的经历，没有在考试的压力下变成书呆子，因此有时会被引用为素质教育的正面例子，可却在"应试教育"的终极目标的高考中成为一个极端的"应试教育"的反面典型（按高考制度＝"应试教育"）。我自己也糊涂了：作为芸芸学生的一名，我和其他人到底是哪种教育体制的产物？我只知道，作为教育的受体，我感到了愉悦和满足，并在思维方法和人生观上向着更成熟的我迈了一步。要是再把这个想法表达得复杂一点，我觉得这样的教育是以受教育者为核心并以发展人为目标的。

"以受教育者为核心并以发展人为目标"。

说得真好！

（本文发表于2005年上海《基础教育》1、2月合刊和《山东教育》1、2月合刊，时间虽已过去十几年，但其中的教育思想仍有现实的启迪意义，当时中国教育存在的种种弊端，迄今仍无改变，所以，当年李希贵引领的潍坊的教育改革具有永久的意义）

一个城市的金色名片

——山东省潍坊市教育览胜

教育应当培养什么样的人？什么样的教育是为民族的明天准备素质的教育？早在十几年前，发生在潍坊校园里的这一个个成功而精彩的故事，就已经做出了最好的答案！

一个城市，如果她亮出的名片是政府办公大楼，说明她崇拜的是权利；

如果她亮出的名片是经贸大厦，说明她迷信的是金钱；

如果她亮出的名片是学校——教育，说明她看重的是——人。

教育，是"立人"，而科学发展观的核心是：以人为本！

山东省潍坊市亮出的自己的名片是学校——教育。近几年来，潍坊市委、市政府从科学发展观的高度出发，响亮地提出了"建设教育强市、教育名市"的口号，各级党委、政府和社会各界都把教育作为一项最重要的"民心工程"来做，从民族的未来和家庭幸福的角度，关心教育，支持教育，潍坊市的教育因此连年持续高位走强。

2004年，潍坊市的普通高考成绩又一次震撼了山东省，其重点本科录取人数突破万人大关，达到11883人，占山东全省的19.5%。这样，继2001年普通高考录取人数名列全省第一后，潍坊市的高考录取率已连续5年大幅攀升，重点本科录取人数、录取总人数、单科成绩、万人比、艺体类考生总数等多项指标都名列全省第一。5年来，被北大、清华录取的学生数逐年增加（2000年，27名；2001年，34名；2002年，42名；2003年，57名；2004年，65名），达225名，占全省总数的四分之一。

普通高考升学率是全社会最为关注的，是衡量一方教育质量最重要的一项指标。多年来，不少地方高考成绩不好，面对社会的责难，常常以"实施素质教育"为挡箭牌。潍坊市一直是全国实施素质教育的典型，而她全面推进素质教育的结果是，包括高考在内的教育质量得到了全方位的提升，从而使教育真正走进了"民心"，成为全社会公认的潍坊市最引人注目的亮点——潍坊市的金色名片。

高考成绩是结果，结果说明不了过程，从教育的眼光看，过程比结果更重要。

当你接过这张金色的名片，走进潍坊市的教育，在一系列高考数字指标的背后，你会看到更重要的东西。

一、 学校是我们心中的 "圣地"

看潍坊市的教育，要先看学校。

走进潍坊市的学校，首先会感到一种博大的人文之气，一种大写的人气，一种动人心魄的精神气。这种人气、精神气首先来自学校的教育理念和校训：

——为民族的明天准备素质，为学生的终生幸福奠基

——勤学，深思，躬行

——科学求真，人文求善

——读书，尚礼，立志，成才

——无个性即无人才，成功的秘诀就是与众不同

——为报国做准备，为立身打基础

——用智慧培育智慧，用生命培育生命

——传承书院文化，创办现代教育

——把每一个孩子的一生变成一个成功而精彩的故事

——立定脚跟处世，放开眼界读书

——用我们的智慧去启迪学生，用我们的情感去感化学生，用我们的人格去熏陶学生

……

校训是学校的眼睛，眼睛是灵魂的窗口，透过这一个个别有洞天的窗口，你会看到这里学校教育的高品格，会得出这样的结论：这里的学校培养的是"人"，而不是"工具"！

能够展示潍坊市教育高品质、高境界的，还有她的校园文化景观。在这里，一草一木都有一个美丽动人的故事，每一栋建筑都是蕴含深意的教科书；在这里，点点滴滴皆成文章，时时处处都有意味，就连空气也会让你感到一种浓重的

文化气息，也在传递着一种书香、心香。

潍坊市所属诸城市有一个龙源学校，龙源学校内有一处"书苑"。龙源书苑坐落于绿树掩映、花木扶疏之中，是一座集古代建筑艺术与现代文化意蕴于一体的仿古建筑群。"书苑"谓之"书苑"，是因"苑"中有诗情，"苑"中有画意，"苑"中有其丰富的文化内涵。在这里，连接亭台轩榭的是中华历史画廊，从"盘古开天地"到"大禹治水"，从"仓颉造字"到"毕昇的活字印刷"，以及孔子、孟子、韩非子等中华五千年的文明和历史人物，都由艺术教师浓缩在画廊中。

这里不但有画，也有诗。"路漫漫其修远兮""寒江独钓""荷花映日""举杯邀明月""把酒问青天"等30余首诗词歌赋尽收其中，屈原的悲情、李白的飘逸、杜甫的沉郁、苏轼的豪放，在这里得到了最好的诠释。

这里有一园，曰"未名园"。因其园小，故"未名"。

"未名"原为一平地，更无柳池、荷塘。学校教职员工因地制宜，因时造势，就地开河、挖塘、筑池、栽柳、建亭，始成今日之貌。园中之河、池，源自书苑"卧龙潭"之水，经暗河，流"康桥"，九曲三折至园中。初为溪，渐成河，河至弯处汇成池。池虽小，却不失池之本色，游鱼穿行其间，落英漂流其上，间或人造喷泉喷云吐雾，流光溢彩，更是别有一番景致和情趣。

绿树掩映中有凉亭一座，曰"立志亭"。隶书"立志亭"三字，苍劲中更显俊雅，别有一番深意。

园中有拱形石桥三座，横跨东西之路，贯通南北之水。桥面由大理石砌成，护栏为蟠龙石雕，古朴中又显典雅。小桥名曰"康桥"，寓含学生健康成长之意。登桥观景，绿树红花相映成趣，亭、桥、池、树浑然天成。

园中有鹅卵石小道，蜿蜒而曲折，道旁突兀的岩石镌刻着学生自我励志的题字，"三思""求索""问道""水滴石穿"等名言，隐含着龙源学子进取向上的志向。

龙源学校还创造了自己的"灯箱文化"。在这里，你随处可见长廊中、主路旁一排排、一列列的学生灯箱和教师灯箱。一张张灿烂的笑脸和一句句自我激励的名言，构成了一道亮丽的学校风景线。

树身边典型，学身边榜样，把龙源240多位学习标兵、劳动标兵、礼仪标兵、三好学生、优秀班干部、模范共青团员以及"文艺星""体育星""特长星""进步星""创造星""科技星"等一一搬上灯箱，为名生提供了一个展示自我、超越自我的平台，也为后进生树立了"我也是个好孩子""只要拼搏就能成功"的自信。

龙源不但有名生灯箱，也有名师灯箱。在教育长廊两侧就悬挂着26位获得"学科带头人""导师班主任""潍坊市教学能手""山东省教学骨干""全国优秀教师""全国模范班主任"等称号的名师灯箱，灯箱中详细介绍了名师的业绩和教育理念。让"名师"上灯箱，让学生亲其师、信其道，不仅是一种榜样的力量，更是一种氛围，一种催人奋进、追求卓越的精神氛围。

学校不仅要求学生学星、做星、争星，还激励学生树立敢当"名人"的信念。在龙源，每一棵树都有学生的签名，每一块石头都有学生的题字，"求索""拼搏""奋飞"……就连艺术楼里的每一间钢琴室，也用学生的名字命名，如"刘亚娜钢琴室""王亚宇钢琴室"等等。

让学生做名人，让名生上灯箱，无疑给学生创造了成才的条件和树立了成就名人的信念。难怪许多学生家长专程来到学校拉着孩子在灯箱下合影，自豪之情、自信之心溢于言表。

龙源学校取名"龙源"，本身就是一种暗示。龙源——龙之源，从这里走出的学子将来定会像中国龙一样腾飞万里。

在潍坊市，不管哪一个县市区，教育上都有自己的"代表作"，都有精心创意，足以代表当地办学境界和教育品位的校园文化景观。

高密康成中学被誉为"百年教育经典建筑"，其四座教学楼与办公楼联为一体，构成一个标准的立体"X"造型，寓意这里是"探索未知的殿堂"。同时每座教学楼又是一只振翅欲飞的和平鸽造型，象征着"和平"，象征着这里是培植"人性——爱"的地方。

临朐实验中学，整个校园设计成舟形，学校整体是由若干只小舟组成的一艘承载学生横渡知识海洋的航空母舰，喻示着学子走出校门，将乘风破浪，直挂云帆，登临成功的彼岸。

寿光现代中学很有现代气派，"名人广场"更是独具匠心。在孔子、贾思勰、华罗庚、哥白尼、居里夫人等中外科学泰斗、文化巨匠中，留下了"现代中学未来名人座"，激励学生奋发有为，早日填补"空白"。

还有安丘四中的"宿舍文化"——"未名轩：学贵有恒，何必三更睡五更起；最无益，只怕一日曝十日寒""剑桥居：入梦为梦想，起床为奋起""北大屋：小舍内安居，大天下乐业""腾飞阁：学习就是休息，休息就是学习"；青州一中的王曾读书台，松林书院，"勤朴公勇敬业乐群"的校训钟声，闫石庵校长的青铜铸像；昌邑一中的"树人"窗帘和学校车棚上的"秩序美是所有美之最"……

点点滴滴方方面面无一不具有无限的教育文化内涵，无一不在润物无声地让学生接受着文明的启蒙，人生的洗礼。

潍坊市教育的点睛之笔是潍坊一中新校建设。一中新校建设集中体现了科学发展观的核心理念。学校占地 1000 余亩，70％为绿地，是一所森林学校，花草树木，只要能栽成活者，凡所应有，无所不有。建筑最高不过四层，都在绿树掩映之中，求得一种"天人合一"（人与自然一体）的效果。学校是开放的，无围墙，与周围的社区融为一体。有教学楼、艺体楼、体育馆、图书馆等，但无办公楼。教师、教干的办公室、宿舍与学生的教室在一起，以便于教师与学生学习、生活在一起，达到一种师生完全平等的教育境界。这里树的种植、湖的建造、花的栽种、路的修筑以及校门的设置，都很随意，一切顺其自然，浑然天成，不留"人为"痕迹，蕴含着一种顺应人之天性，发展人之个性的教育理念。这里有一路，曰书院路。潍坊一中的前身为清乾隆时所建的潍阳书院，书院教育文化为中国传统教育文化精华所在。现代教育应是对中国传统教育的继承和超越，以书院路命名，自然有传承书院文化，创办现代教育之意。这里有一广场，曰海德广场。其名由英国伦敦的海德公园转化而来。海德公园是现代民主的滥觞，马克思当年旅居伦敦，写《资本论》，常到此处聆听各种观点的演讲，从中汲取写作灵感。以海德广场命名，自然有吸纳全世界精神文明成果，特别是世界现代精神文明成果的用意。也就是说，从这里走出去的学子，是既具有中国文化血脉，又具有世界眼光、世界精神文明魂魄的现代文明人——社会主义现代国民。

森林是城市的肺脏，一中新校是森林中的学校，其教育是绿色教育，自然将成为潍坊市的肺脏。

难怪在潍坊，从每一个家庭到每一名学生，都有一种学校情结，都把学校视为"圣地"。

二、每一个孩子都是一个成功而精彩的故事

教育是为民族的明天准备素质的事业。今天的教育培养了什么样的人，这个民族就会有什么样的前途。所以，衡量一个地方教育的品质，最重要的是看这个地方学生的素质。

潍坊市普通高考升学率居全省第一。固然，高升学率并不能完全证明学生的高素质，但是，高素质的学生必然会带来高升学率，而潍坊市的高升学率正是素质教育的结果。

志向高远，人格健全，同时发展全面，个性鲜明，是潍坊学子的共同特征。

昌邑文山中学毕业的明亮亮 2003 年考取了北京大学。就是他，高三时仍然参加学生会主席的竞选。当时，为了让学生集中精力迎接高考，学校不再让高三学生在学生会任职。可明亮亮却提出了竞选学生会主席的申请，他认为，只要有锻炼自己的机会，就要抓住。为此，学校答应了他的申请，结果他靠实力竞选上了学生会主席。在 2003 年高考中，他非北大不报，最终被北大录取。其实，明亮亮原来是个腼腆的孩子，通过学校组织的活动，展示了自己吹笛子和体育方面的特长，他才找到了自己的价值，从此成了一个公益活动的积极组织者，也因此加速了他各方面的发展。

"把每一个孩子的一生变成一个成功而精彩的故事""让所有的孩子都站在阳光下""每一个""所有"，自然包括所谓"差生"。"薄田出高产""鸡窝里飞出金凤凰"，安丘四中就是一个奇迹。

安丘四中是一所地处乡下的普通农村高中，二、三流生源，却创造了高考神话，本科升学率已连续 5 年居安丘市第一名。2004 年 650 人参加高考，录取本科 406 人，录取率为 62.5%；其中文理应届考生 429 人，一榜本科上线 274 人，上

线率为 63.9%，为山东省本科招收率的两倍；重点本科录取 168 人，录取率近 40%。

"1999 年来四中时，我根本就没有想过要考大学。"安丘四中毕业的任利杰这样说。任利杰来自农村，父亲有病，家境困难，上初中时就有辍学之思，进四中时还没有达到规定分数线。就是这样一位"差生"，在他的"导师"刘建新的不断激励下（"导师"带"研究生"是四中实行的一项特殊制度，"研究生"的殊荣，学习好的学生是得不到的，必须是班内 21 名到 44 名者才能得到。学校规定，一个"导师"要带四名这样的"研究生"），很快树立了信心，看到了希望，学习成绩不断攀升，并担任了班长，最终考取了西安交大本硕连读。而在安丘四中，像任利杰这样的学生几乎占了三分之二。

在安丘四中，每天早晨，你都可以看到操场上国旗飘扬，学生跑操步伐整齐，昂首挺胸，神采奕奕；可以听到口号震天，地动山摇："脚踏实地，奋力拼搏。敢立壮志，誓夺第一。四中学生，潜力无穷。自强不息，我要成功。"

在安丘四中，走进一个个教室，处处可见这样的名言："我自信，我出色，我努力，我成功""脚踏实地山让路，持之以恒海可移""心志决定命运，态度决定高度"……

在安丘四中，学生"入室即入静"，静、专、思、主，"忘时，忘物，忘我"，推门也不抬头……

"以美启智，以美养德"，艺术教育是潍坊教育的又一亮点。在潍坊，从幼儿园到小学，从初中到高中，合唱团、京剧团、舞蹈团、体育舞蹈团、民族管弦乐团、课堂乐团、风琴乐团……各种艺术团队百花齐放，竞奇争艳，小乐手、小歌手、小画家、小书法家，星光璀璨，各领风骚。参加各种演出、比赛，其佳绩更是令人惊羡——

潍坊市中小学艺术教育中心体育舞蹈团参加中国体育舞蹈协会组织主办的少儿体育舞蹈比赛，获一等奖；奎文区胜利东街小学参加中央电视台主办的"雅利士杯"第四届全国少儿艺术电视大赛，其创编的舞蹈《明天开学了》获舞蹈类儿童组金奖；潍城区芙蓉街小学合唱团参加中国蓬莱《和平颂》国际少年文化节演出，获合唱第一名；潍坊二中民族管弦乐团应文化部人才艺术中心邀请进京在北京音乐厅举行专场音乐会，为外地中学在该厅举行专场音乐会首例，2001年春节又应教育部和中央电视台邀请参加全国首届知名中学春节联欢会演出；2003年，潍城区外国语学校民族管弦乐队应奥地利中国文化教育协会、维也纳国立音乐和表演艺术学院邀请，赴维也纳金色大厅演出；2002年5月，潍坊市潍城区青年路小学的小学生管弦乐团在首都北京中山音乐堂演出，更是名动京华。首都各大新闻媒体纷纷报道："潍坊小学生：民乐动京城""'风筝城'飞出的小学生乐队""管弦乐团团员不满10岁"……

潍坊市的学校体育也搞得风风火火，生龙活虎。2004年，潍坊市中学排球队在山东省"学校杯"排球比赛中勇夺三项冠军。其中潍坊一中男队获男子组冠军，潍坊二中男队获亚军；昌邑一中女队获女子组冠军，潍坊二中女队获亚军；昌邑一中男队获软排球男子组冠军。4月，潍坊一中男子篮球队参加教育部主办的第二届全国高中男子篮球北区联赛，获亚军。7月，昌邑一中女子排球队代表我国参加在澳门举行的亚洲中学生女子排球比赛，获亚军，同时，摘取了该项赛事5个单项奖中的3项，其中，袁晓宇同学荣获"最佳二传手奖"，黄欢欢同学获"最佳发球奖"，郭秀兰同学获"最佳拦网奖"。本次比赛共有8个国家和地区派队参加，参赛队员大都是国家、地区体育学校选拔出来的实力选手，有的直接选派国家青年队参加，国际大赛经验丰富。而代表我国参加的昌邑一中女排，其队员全部是在校学生，并且是第一次参加国际大赛。

在潍坊市，很多学校都有自己的体育长项。在潍坊城区，一中的篮球，二中的排球，七中的手球，都各负盛名。谈到篮球，潍坊一中的于建平校长常有说不完的话题，自豪之情溢于言表："我们学校校有校队，班有班队。但我们搞的是学校体育，不是培养专业运动员，所以我们的篮球队员都是全面发展，各方面都很优秀。我们一中校篮球队员解江凌考入中国人民大学后以优异成绩荣获'全国十佳大学生''五四'奖章；颜娟考入大连理工大学后一直读完博士，并且是我国第一个体育博士，在校期间，她一直代表学校参加'CUBA'（全国大学生篮球联赛）比赛……"

教育应当培养什么样的人？什么样的教育是为民族的明天准备素质的教育？这一个个成功而精彩的故事，就是最好的答案！

三、他们拥有一个共同的名字：老师

好的教育、好的学校是和好的老师连在一起的。
——让潍坊市的孩子接受最好的教育。
——让所有的孩子都站在阳光下。

在潍坊市，这些话已经成为老师们的核心教育理念，正是自觉于这样的教育理念，潍坊市的教师迅速成长起来，从而在教育这个大舞台上展示了自己独特的风貌。

杨小平：当老师，就要爱孩子

高密市康成小学的杨小平老师被誉为"妈妈老师"，在高密市可谓家喻户晓。潍坊市教育局李希贵局长几次提到杨小平，感叹道：杨小平不简单！

其实，杨老师的教育哲学很简单：当老师，就要爱孩子。她多年担任低年级的班主任，其角色是双重的：一半是老师，另一半是妈妈。班里的每一个孩子，她都像对待自己的孩子一样关心备至：每天在教室门口迎接孩子，跟每一个孩子打招呼、交谈，不时整整他们的衣衫，轻轻抚摸一下孩子的头；放学了，杨老师又当起"特殊交警"，手牵手送孩子过马路，春夏秋冬，刮风下雨，从不间断，这成了学校一道永恒的风景；孩子的裤子刮破了，杨老师备有针线包，随时给孩子缝缝补补，甚至有淘气的孩子故意把衣服弄坏，为的就是让杨老师为自己缝一缝……每天面对这样的琐碎小事，杨老师却乐此不疲。她觉得，在孩子的眼里，老师是伟大而崇高的，她的每一个动作、每一个表情都会给学生带来很大影响。她不会轻易拒绝孩子的任何一个小小的请求，更不会吝啬给予孩子的每一个微笑，每一份关爱。

刘磊是个不幸的孩子，妈妈身患绝症，无力照顾他，杨老师格外上心，经常帮他洗脸、洗头，把他领回家吃饭。看到他的书包破得不像样子了，杨老师就把给自己孩子刚买的书包给他用。妈妈般的爱，温暖了小刘磊的心。在杨老师即将调走的那天晚上，刘磊突然跑到杨老师的宿舍，扑到她的怀里说："老师，我知道你要走了，我要跟你一起睡。"杨老师也为这个孩子的一片挚情落泪了。

为了发动好学生帮助弱科学生，杨老师在班里组织"找朋友"活动。龚雪数学成绩不好，每次考试都紧张，越紧张就越考不好。学习很好的范梦芸主动找到龚雪，愿意跟龚雪交朋友。有一次，杨老师有意让龚雪跟范梦芸在一个教室考试。考完后，龚雪高高兴兴地找到杨老师，说自己这次考得很好，一点也没有紧张。为什么呢？她拿出了范梦芸考前写给她的一张纸条给老师看，只见上面写着："龚雪，你不要紧张，细心做题，我就在你后面。老师、父母、同学们都看着你，相信你一定能行。努力！加油！"龚雪说自己紧张了就拿出纸条看看。孩子间纯真的友爱让杨老师也感动不已，她很欣慰：孩子们开始懂得爱了。

杨小平老师没有太多的理论说教，她只有一个很朴素的想法：我们的教育应为孩子的一生负责，育人最关键，习惯最重要，在孩子的心里种下什么样的种子，就能结出什么样的果实。正是基于这种理念，杨老师从点滴小事入手，开始了她的养成教育。

杨老师每接到一个新班，就先给孩子们上特殊的一课。课上杨老师宣布把鞋和袜子脱下来，由老师检查，甚至拿起孩子的鞋子嗅嗅。这可把许多孩子难倒了。他们不好意思地把脚缩到桌子底下，恐怕在同学面前出丑。杨老师因势利导，告诉孩子为什么要讲卫生，并教他们怎样洗头、洗脸、洗脚、刷牙、剪指甲、洗衣服……刚开始的检查是严格的，杨老师会到孩子们身边闻闻有没有怪味，让每个孩子都不敢偷懒。后来就不用检查了，因为他们已经养成了良好的卫生习惯。杨老师这样做的目的很明确：让每一个孩子干干净净地开始每一天。一个身体洁净、衣装整洁的人，会在很大程度上影响到他的精神面貌和状态，而且，一个有着良好卫生习惯的人会慢慢影响周围的环境，让整个环境都干净起来。

杨老师不仅培养孩子良好的生活习惯、学习习惯，更以自己的一言一行对他们进行思想品德教育、做人教育。她班里的学生个个有礼貌，讲文明。他们在盥洗室洗手时如果看到老师前来，会立即让开，让老师先洗……一位老师感慨地说:"杨老师班里的学生,其习惯和修养,让人一下子就能看出来。杨老师所能做的,每一个教师都能做到,可是却没有人做得像她那样细致入微,持之以恒。"

苏霍姆林斯基说,爱,就是一切。杨小平老师的事迹就是对这句话的生动诠释。杨老师懂得真爱,懂得怎样真爱孩子,而且以爱点燃了爱,作为老师,这正是最不简单的。

韩守信: 学生就是他的全部

从教21年的昌乐县第二中学数学教师韩守信,这位培养了十几位北大、清华等全国顶尖级高校学生的基层中学教师,拥有的最宝贵的一笔财富就是他的学生。大略算了算,他的学生有3000多人了。

高顺峰是他曾经教过的一个学生。这个学生家境不太好,学习成绩一般,但毅力坚强。在高三的那个春节前的一天,他的父亲因重病去世。正在给学生上课的韩守信得到消息后,当即把高顺峰叫到办公室,嘱咐道:"你也这么大了,很多事情应该知道怎么处理了。你家里有点事情,回家看看,但要挺住……你还有弟弟,还要高考……要早点回来!"三天后,高顺峰回来了,说自己不想上学了。韩守信老师便在办公室里和这位正在痛苦中的学生谈了整整两个小时。事后,从自己的口袋中掏出钱来,塞到高顺峰手中,告诉他:"好好读,有老师在,就不要有后顾之忧。"

高顺峰很快振作了起来。高考揭榜后,他的成绩超出了本科线好几十分。填报志愿时,他特地找到韩老师,对韩老师说:"老师,我就报山东师范大学,我一定要做一名像您这样的老师!"

去年教师节,韩老师收到一封来信,打开一看,原来是2000年考入北京化工大学的毛晓春同学写来的,她在信中说自己通过竞选当上了系学生会主席,说她的成功源于韩老师的教育和帮助。原来,高中时的毛晓春天资聪颖,成绩优秀,但有些怪癖,不爱与人交往,所以尽管成绩优秀,却没有多少人缘。韩老师发现后,觉得她如果这样下去,走上社会肯定吃不开。于是便主动和她接触,巧妙地给她创造机会,让她学会与别人合作,养成帮助别人的习惯,并抓住她的闪光点，在班里大张旗鼓地表扬。终于，她的性格开朗了，也有了人缘，到高三时还以全票当选为优秀班干部。她在信中说，她永远忘不了那一次评选，是韩老师让她真正站到了阳光下！今年教师节更传来喜讯，她又考上了北京大学研究生。

鼓励和认可是韩守信对学生的一贯态度。这一年，韩守信接了一个高一班的班主任，班里有一个叫李霞的学生，尽管学习刻苦，但成绩却不理想，而且她同宿舍的同学相对班里其他同学成绩也不怎么理想。韩守信经过观察发现，李霞每天到教室很早，在做一些公益劳动后才开始学习。有了这个发现，韩老师就每天在班级的黑板报上写道："今天李霞同学第一个到教室来学习……"渐渐地，李霞成了典型。李霞所在的宿舍也逐渐形成了你追我赶比学习的风气，于是韩老师又表扬了李霞所在的宿舍。这种风气进一步扩展到整个班级。三年后，这个班的学生全部考上了大学，而且90%上了本科，李霞宿舍的8个人也全部上了本科。在回母校看望老师时，李霞感激地对韩守信老师说："没有您的鼓励，我顶多上个专科。"

对于韩守信来说，他和学生的故事太多太多，正如昌乐二中校长赵丰平所说，学生就是韩守信老师的一切。

董登平：一肩挑起一个学校

被称为"青州小西藏"的杨集山区属于青州市庙子镇，群山连绵，地势险峻，是青州最为贫穷闭塞、交通最为不便的地方。董登平所在的道沟小学就坐落在半山腰上，海拔700米，两座东西走向的大山像两扇巨大的屏风，把学校封闭其中。

这所学校的唯一一名教师就是董登平，他既是校长，又是教务主任、班主任、保育员、伙夫。从孩子的学习到孩子的安全、吃住，样样他都要操心。道沟小学曾经也有过几个教师，有的只待了几个月，有的只走到半路便"打道回府"。1977年董登平高中毕业来这里干民办教师的时候，还是个19岁的小伙子，到现在，已经是满脸皱纹的中年人了。

学校曾经设过五个年级的课，但是近几年孩子越来越少，现在只有17个学生。5个孩子上学前班,其余的读一年级,最小的不满 6 岁,最大的 8 岁,都是附近五个自然村的孩子,最近的离这里四五里,最远的离这里十几里。每天下午放学后,董登平总是目送着孩子们翻山越岭回家。逢上雨雪天,山路难行,他就背着小的,领着大的,一直把他们送到家。

山里人家大都比较贫困,碰上有交不起学杂费的学生,董登平就从自己微薄的工资里给他们垫上。在他的执教生涯中,从没有一个学生因经济困难或别的原因辍学。有个学生因父亲车祸去世、母亲精神失常而情绪低落,学习成绩直线下降,董登平便每天晚上步行七八里路进行家访,为其辅导功课,终于让她重新树立了信心,以优异的成绩升入了四年级。

董登平唠叨最多的是山里的孩子生活苦,自己的学生,那么小就跋山涉水地走一个多小时来上学,中午吃个煎饼咸菜,自己看了真是打心眼里心痛。三年级的学生,不过才 10 岁,要走更远的路到镇上的学校就读,一个星期不回家,夏天捎的饭都长了毛,可还是要吃下去。"城里这么大的孩子,怕还要父母搂着睡觉吧。"正因为如此,董登平才觉得应该尽最大的能力呵护他们。董登平的弟弟在一个施工队当头,早在他一个月挣二百块钱工资的时候,就提出让他到自己的施工队干会计,一个月给他 1000 块钱。但是董登平坚决不干,到现在他还是那句话:"要是没人来教学,这里的孩子怎么办?怎么着也不能耽误孩子们上学啊!"

仲玉花: 让课堂成为生命的绿洲

从 2002 年开始,海化实验小学仲玉花老师有幸成为新课改实验的实施者。

仲老师普普通通,在潍坊市并不知名。她是在新课改中成长的,所以,她对新课改有特殊的感情和自己深刻的认识:新课程呼唤充满生命力的课堂,倡导让我们的课堂回归生活。它要求教育提供给学生顺利成长与发展的土壤,要求教师的教学成为以学生个性发展为中心的育人行为,使课堂充满学生情感、智慧、人格成长的阳光雨露,并最终让课堂成为师生共同成长的生命绿洲。

围绕新课改,她讲了这样一个故事——

上课十多分钟，当孩子们读完《坐井观天》这篇故事后，我以"青蛙跳出井口"为题，让孩子们说几句话来谈谈自己的感受。孩子们各抒己见。有的说："青蛙真正感到了自己的见识太少了。"有的说："青蛙看见外边的世界真精彩啊！"还有的说："青蛙再也不想回到井里了……"这时，平时不爱讲话的葛梅蕾站起来说："青蛙从井里跳出来，到外面看了看，觉得还是井里好，又跳回井里了。"话音刚落，同学们捧腹大笑。这时，班上的调皮生崔在浩说："我看你才是一只坐井观天的青蛙。"按照一般的理解，井底之蛙孤陋寡闻，一旦出得井来，就可以见多识广，当然不会再回去了，这也是课文的应有之义。如果在以前，我也会认为该生想歪了，"跑题了"。

但笑过之余，静下心来想一想，新的教育理念要求学生对语文材料的反馈应当是多元的，教师就应当尊重学生在学习过程中的独特体验。作为一名新课改中的教师，应站在孩子的立场倾听孩子的语言，走进他们的内心世界，引导孩子们的思想，让他们把独特的感受、体验说出来。这个孩子为什么会这样说？她到底是怎么理解井底之蛙的？想到这里，我说："葛梅蕾同学的想法确实和大伙不一样，你们想听一听原因吗？""想！"孩子们异口同声地说。葛梅蕾怯生生地站起来说："青蛙跳出井后，它来到一条小河边，刚要喝水。突然，草丛中一只青蛙大声说：'不要喝，水里有毒！'紧接着，它还听见老青蛙被人用钢叉刺死的惨叫声……"话音刚落，全班响起了热烈的掌声。

"此中有真意，欲辨已忘言。"仲老师是深得新课改"真意"的老师。在潍坊市，随着新课程的全面实施，这样的老师已越来越多。

在和潍坊市老师的接触中，我发现：作为一个教师群体，这里的老师并不像一般人心目中的"明星老师"。从表象看，他们缺少光鲜的仪表，漂亮的辞采，翩翩的风度。但他们"有心"——有着对自己所从事的事业的痴心、恒心、慧心。正是凭着这样的心力，他们在成就学生的同时成就了自我，从而使"老师"这个称号有了特别的重量。

四、一个好校长等于一所好学校，等于……

一个好校长等于一所好学校，而好校长不应当仅仅是学者型的，他应当是教育家。

只想不做或只做不想，都不是教育家，教育家首先是思想者，同时又是实践家。潍坊市教育高品位的发展，得益于她拥有一批在教育改革中成长起来的教育家型校长。

孙洪儒：让学生的生活理想化，理想生活化

孙洪儒，昌邑一中校长。孙洪儒校长不但名字好——洪儒，大儒也，而且名副其实。

孙校长的教育理想，说高也高，说低也低，就是把学生培养成会寻找快乐、寻找幸福的人，让他们（学生）的生活理想化，理想生活化。

理想化的生活首先要把做人放在第一位。做人的标准是什么？"我们的育人目标是：'好人、能人、贤人'。先要求学生起码做一个'好人'，在此基础上，争做'能人''贤人'。在这里，我们又把'德'放在第一位。"由此出发，昌邑一中展开了中华传统美德——"中华魂""中华根"的教育，并确立了10个德目，即：公、义、仁、信、礼、智、美、俭、律、毅。同时又编写了《学会做人》一书，从"识人待人""修德养性"等12个方面，选取古代名句，让学生诵读、记背、感悟、消化，以此向学生昭示做人的方向。这是一个"明理"的过程。理不明，何以行？

"明理"并不等于"笃行"。"笃行"，就要做到"理想生活化"。"理想生活化"是一个"知、情、意、行"的相互转化过程，这就需要"把办学品位上升到文化层面，让学生用文化的眼光来审读学校的历史积淀，阅读校长的思想，让他们在潜移默化中得到人文精神的熏陶"；需要用文化的方式——大到学校的文化长廊、大型雕塑、植物园，小到学生的餐桌、宿舍的床头，大有大文化，小有小学问，为学生创设一个高境界、高品位的生态环境。理想的生态环境本身就是理想生活

的一部分，是理想的"人"的摇篮。孙校长说："通过文化浸润，我们希望看到的是一群'贤人'——有境界、有修养的人。用文化方式把校长的教育理念融进学生心中，他们才能愉快接受，并使之成为自己乐于掌握的东西。"

"生活理想化，理想生活化"应当是自我选择的结果，是一个自我发展、自我完善的过程。这其中最重要的是"自主"，只有"自主"，才能"自动"，才能成为生命本身、生活本身。由此着眼，昌邑一中在学生中广泛开展了"设计我的高中生活"活动，让每个学生走访3位不同行业的成功者，听听"过来人"的话，从"最大的收获"和"最大的遗憾"两个方面感受和体会成功者做人立业的经验，客观借鉴，辩证吸收，以确立自己的人生坐标。孙校长说："从学生交上来的'作业'看，他们走访的范围远远超出我的想象：科学家、老红军、城市清洁工、老农民、下岗职工……在学生眼里，成功并非意味着金钱多少、事业多大；成功，更意味着人生的成功，只要活得快乐而自信，活得有价值、有意义，就是成功的人生。这项活动让我感悟很多，也再一次认识了学生。"

孙洪儒校长最感到快慰的是读学生的来信：我们时刻以"一中人"这个称号为荣，不因为您的名望，您的历史，只因您对我们的爱与关怀……

韩中玉： 自信是成功之母， 自卑是失败之父

韩中玉是前面提及的安丘四中的校长。韩校长五短身材，给人的突出感觉是：和善。他面相和善，总是笑容可掬的样子，像菩萨。但是，就是这样一位菩萨校长，把一批又一批的"差生"带成了一支战无不摧、攻无不克的"铁军"，创造了一个"薄田出高产"的教育神话。

韩中玉校长的教育理念是：自信是成功之母，自卑是失败之父；"说你行，你就行"。

韩校长说，四中学生基础差，但不等于他们智力差，更不等于潜力小。因此，他在四中学生中提出了四中学生潜力无穷的口号，并在全校达成了共识。

为了充分挖掘学生内蕴的巨大潜力，他要求教师必须做到"三个一"：每天送给学生一个微笑，每天说一句鼓励学生的话，每天找一名学生谈话。学生从中

受益匪浅:"一个微笑"温暖了学生困乏疲惫的心灵,"一句鼓励"激发了学生的自信,"一次谈话"沟通了师生之间的感情。

韩校长认为,教师的一言一行非常重要,向学生注入一种什么信息,就会结出一种什么样的果实。持久的信息注入,就会定格在学生的心灵深层,对学生产生持久的影响。所以四中要求全校教师对学生不能说"不",更不准说"你不行",要说"你行""你一定行""第一是你的"……长期在这种"你能行"的话语氛围里,学生一个个都会感到自己真的行,学习成绩自然会逐渐提高。好的成绩又给学生带来好的心情与新的动力,一种心理与学习之间的良性循环也就形成了。

所以,四中的教师们在班会上经常向学生注入"你能行"的信息。不但讲述世界伟人如何在困难艰险中走向成功的生动故事,也结合在挫折中成才的身边真实的人和事对学生进行"你能行"的心理暗示。暗示开启了潜力的大门,树立了学生的自信。

四中教师不但深信学生潜力无穷,而且笃信"说你行,你就行"。因为教师肯定和激励性话语本身就是一种社会暗示和评价,长久的社会暗示会凝固成一种评价定势,学生就是在这种"能行"的评价定势中,一步步产生质的飞跃的。

在安丘四中,你可以看到一道独特的风景:激情宣誓。

通过宣誓提升学生的自信力,是安丘四中的一个创造。由韩中玉校长亲自拟定的50字学生誓词,张贴在各个教室左前方的醒目位置。每逢周日晚上班会之前,各班全体学生,举起右手,握紧拳头,在值日班长的带领下庄严宣誓:"我非常聪明,我潜力无穷。我要在老师的教导下,告别三闲,静专思主,刻苦学习,遵守纪律,加强锻炼,全面发展,为四十岁做准备!"

安丘四中不仅有班会宣誓,而且还有跑操宣誓,高考冲刺宣誓……

四中的同学说,"宣誓增强了我们的自信心。有时遇到困难或者苦恼,喊一喊,忧愁顿时烟消云散,心里变得一片明亮。"

韩校长说,"宣誓就是提醒——生命需要不断地提醒;宣誓就是暗示——自我暗示会焕发生命的激情;宣誓就是强化——强化会使意志坚韧。"

每年高一新生入校,四中还要对学生进行感恩教育,组织学生写"亲情作文",让学生通过作文的形式体念父母的不易和对自己的恩情,教育学生感恩亲人,刻苦学习,用成绩回报亲人。学校还把学生写好的"亲情作文"寄给家长。曾有一位家长拿着信哭着对韩中玉说:"我的孩子长大了,懂事了,我很感激学校对孩子的教育。"

"单纯抓高考,高考好不了。"韩中玉说,"知道感恩的学生因体悟到自己的责任而加倍努力学习。我们的学生首先应该是有责任感的人。有了对家庭——父母的责任感,才会有对社会、对国家的责任感。"

孙立平: 为学生创造有选择而无淘汰的教育

孙立平校长的名字是和诸城市龙源学校联系在一起的。孙校长深悟美育之道,早在任诸城皇华镇教委主任期间,即致力于"以美养德,以美启智",而龙源学校的校园文化建设、文化型管理是他的这一教育理念的更完美、更深刻的体现。

孙校长的另一为人称道之处是他提倡的建立在多元智能理论基础上的"有选择而无淘汰的教育"。他为全校教师定下一条铁则:"从最后一名学生抓起,决不让一名学生掉队",并关注学生个体发展的各个方面,亲自设计《学生成长册》,内容包括"个人小档案""迈好龙源生活第一步""金色的收获""摘下满天星""学科成绩分析""青春领奖台"等十大系列162个栏目,涵盖知识与能力、学习过程与方法、情感态度与价值观、专长与潜能等方方面面。以"摘下满天星"系列为例,其内容又具体分为"自立能力星""遵守纪律星""学习进步星""书写正规星""个人特长星""团结互助星""乐观上进星""劳动技能星"等8个栏目。每周进行一次评价,不管哪一项,只要有进步,都可得到一颗小五星。学校每年度开展一次"金星少年"评选活动,学生有了进步,就可以马上受到表彰。评价从单纯地考查学生学到了什么,转向对学生是否学会做人、学会学习、学会合作、学会创造、学会生存的综合评价。

"评价主体上强调多元化",实行"五评":学校评、教师评、家长评、同学评、学生个人评。评价成为老师、家长、同学、学生个人交互参与的过程,体现了教育过程的民主化和人性化。而这个过程本身就是一个学生自我教育、自醒自立的过程,是一个发展的过程,能够充分发挥评价者的主动性。

科学设奖,让学生人人受奖。不单纯用文化课考试成绩来衡量学生,增加了评价的尺子,设立如三好学生、优秀班干部、学习标兵、礼仪标兵、精神文明标兵、舞蹈小明星、体育小明星、丹青小明星、歌咏小明星、学习进步奖、劳动能手、拾金不昧奖等30多个奖项。多了一把评价的尺子,就多了一批优秀学生。2001年7月,在全国少儿书画摄影竞赛中,郝常秀获金奖,徐明、刘春等11名同学获银奖。同年,在首届全国中小学优秀美术作品评选中,汤志涛同学获金奖,管晓雪同学获银奖。2002年,在全国数学、物理、化学、英语竞赛中,初超等27人获一、二、三等奖,在省级学科竞赛中,王峥等28人获奖。

鼓励学生"自己给自己设奖"。每学期在评价过程中,学生人人写出演讲总结稿,在班内演讲,向同学们汇报自己一年来各方面取得的进步,请同学们评议,有半数同学通过,学校就批准予以奖励,受奖面积接近100%。

……

关于孙立平校长和龙源学校,还有许多值得谈论的话题。要全面评价,最好听一听来自家长的声音。一位名叫刘均刚的学生家长在给学校的信中这样写道:

"一年下来,儿子懂事了,成熟了,进步了——被同学推选为副班长。过去只知道顽皮的少年,现在懂得了以身作则,学会了关心他人,明白了团结友爱……作为家长,我从心里感谢龙源学校。我想,每一个望子成龙的家长,如果不知道怎么放飞你的希望,那么,你尽可以托付给龙源。"

的确,一个好校长等于一所好学校,但是,又不仅如此。昌邑一中的学生自我承诺牌,诸城市龙源学校学生家长刘均刚的信……应当让我们产生更多的联想,联想到社会,联想到每一个家庭。

潍坊市的校长还有许多可圈可点之处,可圈可点之人。现在,他们正在走向教育家,已经开始形成一个教育家型校长的群体。有了这样一个群体,不但可以保证潍坊市教育的可持续发展,而且能够为社会的全面进步注入动力。

早在上个世纪80年代,邓小平就说过:"忽视教育的领导者,是缺乏远见的、不成熟的领导者，就领导不了现代化建设。"当然，我们也可以这样说，一个不重视教育的民族，是不成熟的民族，是不可能迈入现代化的。

什么时候我们的"领导者"，我们这个民族能够真正成熟起来呢？能够亮出这样一张名片，上面写着两个镀金大字：教育。

潍坊市是值得骄傲的，她已经开始拥有了这样的名片。

（本文写于 2005 年，并发表于《中国教育报》）

这种体验不曾有过
——感受山东潍坊实验学校"实践基地"教育

"让孩子经历更多的'第一次'。"以潍坊市实验学校为龙头的"实践基地"教育,恰恰在基础教育的空白区找到了自己的角色定位,从而实现了教育教学内容与办学模式的双突破。这是一种有生命魅力的教育,它的出现,有可能预示着中国基础教育办学格局的改变。

潍坊市实验学校是一所很特别的学校。

说特别，是因为与普通中小学比，她并不"正规"，不是一般人所想象的学校的样子。例如，她并没有"自己"的学生，她的学生都是从潍坊市区的小学、初中"借"来的。学校主要承担潍坊市区小学、初中学生综合实践活动的培训工作，每周一期，每期500至700人，一年下来，培训2万人左右。学校于2001年与新课改一起诞生，至今已培训学生6万余名，所以她还有另外一个名字——潍坊市中小学生科技创新教育实践基地。而"基地"之类，在一般人看来，似乎是不在学校之列的。

但她又是一所真正意义上的"实验学校"。实验学校到处都是，但大多是有其名，无其实，所谓实验学校无"实验"，她们和一般的学校并无多大区别。而潍坊市实验学校是名副其实的，她有自己的教育思想、教育理念和办学的思路、模式，并认认真真地"实验"、实践，对潍坊市的中小学新课程改革进行了"先行一步"的探索，在短短五六年的时间内，便形成了自己的鲜明个性。渐渐地，"潍坊市实验学校"这个名字叫响了，而"实践基地"这个名字倒被人们淡忘了。

2006年5月12日，国务委员陈至立和教育部部长周济视察了潍坊市实验学校，所见所闻让国务委员陈至立十分激动。她高兴地连声称赞潍坊市教育局李希贵局长"有水平，有思路，抓得好"，称赞孙桂芳校长"当得非常好"，并欣然为学校题词："我们快活，我们成长，我们成功，我们杰出"，表示"下次我还要专门来看潍坊的教育"。

是什么让陈至立为之心动，对这里竟然如此难以释怀？

不妨让我们一起走进潍坊市实验学校，领略一下这里的另外一种风光。

一、"我们的课改就是要加强实践环节。" 综合实践活动是课程改革的一个重要组成部分，在这方面，潍坊市实验学校先行一步，弥补了一般学校教育的重大缺陷

陈至立视察潍坊市实验学校录像 I ——

（在潍坊市实验学校，陈至立等一行首先来到机器人教室）

陈至立：这是机器人啊！

学生：老师您好！

陈至立：这个机器人是你们自己做的吗？

学生：是。是我们几个人合作一起做的。

陈至立：这些来的时候都是元件，你们把它装成这个样子？

学生：对。最后再跟老师一起合作、一起交流，就做成了这个样子。

（继续前行）

孙桂芳：这是机器人踢足球。

周济：这个实践基地比那边（青岛）复杂。

陈至立：昨天我看了，就说应该再稍微复杂一点。今天就比较复杂了。

孙桂芳：全国机器人大赛冠军、季军全有潍坊的。获得奖次占全国的十分之一。

陈至立：（双手拍两个学生肩膀）将来长大后做民族的大机器人。

学生：谢谢鼓励，我们一定会努力！

孙桂芳：这里面是机器人的主要课堂，在这里面学编程序、设计。

陈至立：（指着一个实验场地）这个机器人怎么了？

孙桂芳：这是机器人走迷宫。像我们这样的机器人教室，潍坊各市、县都有，学生可高兴了！

陈至立：配合新课改。我们的课改就是要加强实践环节。

（走出机器人教室，走向实践楼途中）

李希贵：这是课程改革的一个组成部分。因为综合实践活动这一块，如果我们在每个学校单纯搞的话……

陈至立：浪费，另外搞不好。

李希贵：水平也很难提高……所以从1998年我们就在高密搞了一个，现在我们是9个。市区四个区就这一个，另外每一个县还有一个。

陈至立：这样综合起来搞的话水平就提高了。

陈至立：一个礼拜安排一个学校吗？

李希贵：对。这样的培训单纯每一个学校搞不了。

陈至立：设施、场地，还有设备……

孙桂芳：新课改的一些项目在这里先行一步。

陈至立：我再问一下，这个课改，同学们对这个新的课改喜欢不喜欢？

李希贵：（递给陈至立"潍坊新教育"2006年第二期，封面是学生的一幅漫画）这是学生画的对新课程的理解。你看课堂，现在是什么样的，过去课堂是怎样的。你看学生说"自主、合作、选择、参与、竞争、提高，课堂思维活跃了，敢和老师交流了，教材贴近生活了，我们喜欢新课改……"这是学生画的漫画。

孙桂芳：我们现在的课堂都是"自主、互助、学习型"的课堂。

陈至立：对，应该这样。

孙桂芳：陈委员，我当了30多年老师了。这几年，自从实施新课改，我才觉得学生真正地解放出来了，愿意学习了，而且学生是带着兴奋、强烈的学习欲望……

陈至立：你们现在全面推开了？

孙桂芳：（潍坊）全面推开了。学生是带着生活中的问题入手，带着问题去学习，去研究。所以课堂上讨论得特别激烈，老师和学生共同参与，思维都迸发出火花了。

陈至立：（指着校园挂着的一串串风筝）学生做风筝了！

孙桂芳：对了。那边是我们的消防灭火比赛。

陈至立：（望着浓烟滚滚的现场）灭火比赛？

孙桂芳：（培养）消防意识。这边是我们自己制作的风筝、航模。前面这个风筝是我们潍坊 13 中初一 171 个同学，一个也不少，每个人制一个，然后联起来。这次潍坊市中小学风筝大赛获得了一等奖，捐给我们基地的。

陈至立：其实这也不那么容易，它有个平台问题。

李希贵：我们有中小学风筝节。

孙桂芳：（指着路旁学生选修"菜单"栏）陈委员，这是晚上的选修内容。晚上学生要自由选择。

周济：他们这个很有意思，学生住在这个地方。

孙桂芳：吃、住都在这个地方，一个星期。学生可高兴了，天天盼着来，走的时候都不愿意走。我们的综合实践活动、综合素质评价也进入了中考。我们现在中考改革是等级制，A、B、C、D、E 等几个级别。

陈至立：好。

孙桂芳：综合素质和英语、数学等都是主要科目……

陈至立：平等的？并列？

孙桂芳：平等的。

陈至立：对！这个好！

（进入实践楼的模拟驾驶室）

陈至立：这一个是什么？

孙桂芳：这是我们的一个驾驶模拟教室。

陈至立：（指着汽车零件和汽车构造电动模型）这个呢？这个让他们装好，这个怎么没装啊？

孙桂芳：这个主要是让他们了解原理和构造，掌握一定的相同价值的知识。

陈至立：（走到汽车模型组装的同学前）你们这是在做什么？

学生：都拆了，再重新装起来。

陈至立：会开汽车了是吧？

学生：先踩离合，然后再把挡弄到空挡，然后再把挡拨到一挡，然后慢踩油门，轻踩离合。

陈至立：哎哟，这还是小司机来！

陈至立：（在汽车构造电动模型前）这个主要是把这个打开以后，然后关起来？

孙桂芳：对，让学生直观知道刹车在哪，油门在哪，怎么挂挡、传动，了解基本的原理。

（走入航模制作室）

孙桂芳：陈委员，咱们再往前走。这是我们的航模教室，把课程学的物理知识还有数学知识结合起来。

陈至立：有没有去试试，飞得起来吧？

学生：飞得起来。

陈至立：飞得起来？试过吧？我试一试！是你的吧！飞飞看看，飞得怎么样！

（试飞学生做的模型）

学生：肯定能飞起来，我们试过。

陈至立：你试过？那我就拿回去了！谢谢你！你叫什么名字？

学生：张宁（音）。

陈至立：将来你到北航去。我们国家现在缺大飞机，将来要有做大飞机的人才。

孙桂芳：将来成为神舟飞船宇航员！

陈至立：这里就把这些几何、物理知识都用上了。

孙桂芳：对。物理、数学都用上了。

陈至立：还有角度。

孙桂芳：角度，各方面的知识都在这里融合起来了。

［记者缀语］

"我们的课改就是要加强实践环节。"——潍坊市实验学校以及潍坊各县市的实践基地正是以此为基点进行"实验"的，并由此明确了自己的办学宗旨：弥补普通学校教育的不足，拓展新的学习领域，引领新的教学方法和学习方式，培养学生的实践品格和能力,发展学生的健全个性。根据这一宗旨,着力开发了探究类、技能类、实验类等五大类200多个综合实践活动项目,100多个研究性课题和百余个趣味试验。

一是与地域文化结合,开发了"风筝扎制"等项目。学生通过参观、学习、研究、展示和亲手削竹条、量角度、称重量、扎骨架、裱糊面、描绘画、试放飞,把所学的物理、数学、美术知识与动手实践、体育健身、陶冶情操融为一体。学生通过一次"风筝扎制"项目活动,还可以从一只小小的风筝身上了解潍坊市丰厚的地域文化底蕴,激发学生爱家乡、爱祖国的情感。"剪纸"项目源于中国民间剪纸艺术之乡——高密。高密市的实践基地充分挖掘这一乡土文化资源,组织项目教师参加剪纸培训,聘请剪纸艺人到学校给学生传授剪纸知识和技巧,让剪纸走进课堂,使这一乡土文化后继有人。此外,高密、诸城等基地还建立了民俗馆,一些面临绝迹的犁、耙、碾、车、灯等生活工具和传统工艺品摆上了展台,使地方文化在这里得到了很好的保护和充分的展示。

二是与生活实际结合,把生活作为课程本源,从满足学生基本的生活需要出发,开发设计了与学生生活实际紧密联系的"安全防护、烹饪、家庭电工、大棚种植、野外生存技巧、形态礼仪、生命见证(孵小鸡、生豆芽等)"等30个实践活动项目和"厨房中的化学、蛋壳上的秘密、水垢的清除、生活中的黄金分割、历史中的热门人物、音乐对生活的影响"等50多个探究课题与趣味实验。通过一个个贴近生活的实践活动项目和探究课题实验,学生走进最真实的生活,在生活中体验,在体验中成长,激发了学生的生命活力,产生了学习的自觉性和积极性。同时"教育即生活",学生只有从自身生活的直观性、本真性中去体验生活、理解生活、学会生活,才能使教育成为生活本身,成为生命本身。

三是与学科知识结合,开发设置了"航模制作、建模制作、保健养生、模拟法庭、无土栽培"等30多个实践活动项目。结合数学、物理、化学、生物等学科教学,开发设置了"小白鼠走迷宫、水中生火、'铁树'开花、彩票中的数学问题、空气的力量、昆虫奇妙的语言、寻找自身优势"等40多个探究课题与趣味实验。其中"航模制作"项目,让学生充分结合普通学校教育,利用物理空气动力学的常识，联系数学知识，了解飞机飞行原理，通过测量计算，加工制作飞机模型，经过试飞、调整，锻炼设计与动手能力，培养合作意识，品尝成功的乐趣。

四是与现代科技紧密结合，注重发挥一般学校不具备的资源优势，配置科技含量高的"智能机器人室、天文馆、生物探究室、细胞组织培养室、微生物研究室、生命孵化室、汽车模拟驾驶室、微型机床制作室"等各类技能教室。学校凭借科技含量高、专业性强的实验室，成功培育了马铃薯、草莓等若干果蔬新品种，并在周边地区推广种植；在实验学校带动下，潍坊全市已投资建立了72个智能机器人教室，智能机器人教育水平已走在全国前列。几年来，学生连续多年在全国智能机器人大赛中获得第一名，有2名学生在国际大赛中获奖，有4名学生获得全国"小小科学家"称号，79名学生在全国大赛中获奖。自2001年以来，有50多位学生因在科技创新方面成绩突出获高考保送资格。在潍坊市，"实践基地"教育已成体系，除了潍坊市实验学校这一大型综合实践活动基地外，其所属县市还建成了8处综合实践活动基地，实现了每个县市都有一处以上综合实践活动基地的目标。全市先后投资2亿多元用于基地建设，每年都有10万余名中小学生在基地参与活动，中小学生综合实践基地的"实验"教育在新课改中的作用显得日益重要。学生对新课改的体验在这里先行一步；学生在普通学校教育中获得的知识在这里深化一层，转化为能力；同时通过学科衔接、项目联动，基地的"实验"教育与普通中小学教育互为补充，连成一片，从而为实践能力和创新精神的培养搭建了平台，并使之真正落到了实处。

二、自主设计、自己动手，整个过程都是一个创意过程。带着从生活中来的问题自主探究，不仅比"在课堂里光听老师说体会得就深了"，而且学习也成了一件很"快活"的事情

陈至立视察潍坊市实验学校录像Ⅱ——
（陈至立一行在看完航模实验室以后，又来到机床创意模型室）

孙桂芳：学生要自己设计，设计出来自己做。整个过程都是一个创意的过程。

陈至立：这些材料都是买现成的？

孙桂芳：不是。这是他们自己带来的，有图纸，照着图纸做出来。

陈至立：哦。这是机器人啊？

孙桂芳：对。学生自己做的"机器人"。

陈至立：还有轮子呢！

学生：这是一个东风汽车模型。这是一个……

陈至立：都能倒着走？

学生：这底下是一个太阳能。这是一个太阳能式的。用太阳能发电，为的是环保……

陈至立：你这个是不是太阳能板？

学生：是太阳能板。

陈至立：有太阳就可以走？

学生：可以跑得很快。这样的话可以节约能源，保护环境。

陈至立：对。现在我们都提倡建设节约型社会。

陈至立：图纸是谁搞的？图纸是买来的，还是老师帮你们画的？

孙桂芳：图纸也有买来的，也有老师们自己画的，同学们自己设计的。

学生：老师，这是我们自己造的圆珠笔，送给您留作纪念。

陈至立：（拿着学生送的自制圆珠笔）真漂亮！

学生：做了两个小时。

陈至立：谢谢你啊！我们一起合个影。（与学生合影）

（走入化学探究实验室）

孙桂芳：这是生活中的化学。

陈至立：你们好。在做什么？哎哟，在做……

学生：我们这是在做"无字天书的秘密"探索实验。

陈至立：可以做什么保密传递的，是吧？过去我们的地下工作者就经常用这个，还有特务也用。密信。然后用这个画画就出来了，是吧？你们自己配的药水，是吧？

学生：是老师指导配的。

孙桂芳：这边在搞"铁树开花"！

陈至立：你们搞什么呢？

学生：我们正在研究鸡蛋怎么跳舞。

陈至立：鸡蛋怎么跳舞啊？

学生：通过盐酸与鸡蛋中的某些物质发生化学反应，产生二氧化碳，二氧化碳……

陈至立：遇气以后就鼓起来了。

学生：气体有扩散作用，低浓度的二氧化碳产生就可以使鸡蛋运动。

陈至立：这个比你在课堂里面光听老师说体会得就深了。现在快跳舞了吧？

孙桂芳：已经浮起来了。

陈至立：还得再加点热。

李希贵：铁树能开花啊！

陈至立：铁树如何开花啊？

学生：氨水是碱性物质，和钛相遇就会变化，因为氨水还具有挥发性。

陈至立：棉花是吧？然后就变成这样了。

学生：氨水滴到玻璃上，挥发到了棉花团上，棉花团上因为是用钛剂浸润的，然后花就开了。

陈至立：花开了，就有颜色了是吧？

孙桂芳：学生在这里解决了过去好多自己困惑的东西。

陈至立：对。这样他们回去以后再学课本知识就简单了。

孙桂芳：他们还没学《化学》，但是给他们奠定了基础。带着从生活中带来的问题在这里研究。走，咱上二楼吧！

（走入生物探究实验室）

孙桂芳：这是我们的生物探究实验室。

学生：我们在探究小白鼠的记忆力和分辨力。

陈至立：它不会走迷宫是吧？（面向陪同的李希贵等）你们的孩子多可爱啊！

学生：通过一步一步的实验……

陈至立：然后它就会走了。

学生：对。它一般就不会走弯路了，都直接走直径了。

陈至立：小白鼠怎么转弯呢？

学生：通过训练，小白鼠有了学习能力，然后听话了……

孙桂芳：这几个探究实验课题，学生非常非常喜欢！……

陈至立：你们在研究什么呢？

学生：嫁接！

陈至立：嫁接。现在敢上"嫁接"。

孙桂芳：这是植物，那是动物。

陈至立：哎哟，这个鸡蛋！

学生：鸡蛋的小秘密，蛋壳上的秘密。

陈至立：你这是往外抽还是往里打？

学生：往里打气。

陈至立：打气了以后怎么样呢？

学生：它就能显示出那些气孔来，因为里面有墨水。

陈至立：显示气孔。好。

孙桂芳：学生就愿意做这样的探究性实验。

（走入生命孵化室）

陈至立：哟！这里倒是有好多鸭蛋。

孙桂芳：孵小鸡、孵小鸭。这是数据记录。

学生：您看，这是我们孵出来的小鸡。

陈至立：孵几天就能孵出来？

学生：21天。

陈至立：21天？

学生：它叫小白，它长得白。小白还是小鸡呢，不能白白浪费生命，我们要珍惜生命。

陈至立：对。

（走出实践楼）

陈至立：非常好！（对孙桂芳）你这校长当得非常好！

学生：老师，给我们留个话吧！

陈至立：给你们留个话是吧？"基地，我们的乐园"……叫什么呢？"我成功，我成长！"

（陈委员在学生剪纸作品上留言："我们快活，我们成长，我们成功，我们杰出"）

陈至立：（对李希贵）你这个教育局局长有水平，有思路，抓得好！抓得好！（边走边对随行人员）当时我们从1999年开始筹备，然后2001年发布标准。现在看到效果了！

陈至立：（对送行的人）你们潍坊创造了很好的经验，都很好，你们要全面总结。下次我还要专门来看潍坊教育。

[记者缀语]

学习方式的转变是学习的革命。以潍坊市实验学校为龙头的潍坊全市各实践基地在教育过程中，始终把握四条原则，以推动学习方式和人才培养模式的转变，促进学生个性的健全发展。

注重实践。在潍坊市的各个中小学创新实践基地，实践成为每一名进入基地的学生的必然选择。实践的原则也就是"在做中学"的原则。它要求"有更多的实际材料，更多的资料，更多的教学用具，更多做事情的机会"（杜威）。所以在实践基地，无论是烹饪课、手工制作课，还是科学实验活动项目，都必须由学生自己动手完成。在动手中，学生们把书本的知识与实践进行有效结合，既锻炼了动手能力，又巩固和强化了书本知识，同时也使学校和学生的整个精神得到新生。

自主探究。自主探究是新课程改革对学生提出的新的要求，而学生在活动基地所处的环境，是一个完全崇尚自主探究的环境。基地设置的100多个具有探究性质的课题和趣味实验，可以吸引学生们不由自主地加入探究者的行列，并最终形成自己的探究与发现。

自主选择。综合实践活动以学生的直接经验或体验为基础,尊重学生的兴趣、爱好,注重发挥学生的自主性,将学生的有效需要、动机和兴趣置于核心地位。在这里,学生自己选择学习的目标、内容、方式及指导教师,自己决定活动结果呈现的形式,指导教师只对其进行必要的指导,不包揽学生的工作。在这里,学生有广阔的选择空间——学校为学生提供了200多个活动项目。这些项目分必修项目和自选项目,其中自选项目有150多个。学生在基地培训一周,可以根据自己的兴趣爱好,每天选择完成4至5个,一周共参与24至30个必修或选修实践活动项目和探究趣味实验。"必修"避免放任自流,"选修"尊重个体的兴趣爱好,二者互相结合,保证了培训的良性有序发展。

合作互助。合作是发展的前提。合作的过程是人际交往的过程,合作的过程也是一个互助互动、互化互生、相辅相成的过程,只有合作才能共同发展进步。潍坊的综合实践活动基地开设的200多个活动项目中,一半以上需要学生合作完成,像室外拓展训练、安全救护、建模制作、模拟法庭、智能机器人等等活动项目,都为学生提供了合作的机会。在活动中师生合作、生生合作,既有自我的充分展示,又有团队的和谐一致,从而进入一种"和而不同"的高境界。同学们开始有了团队意识,学会了倾听和交流,学会了礼让、宽容,学会了尊重别人。"自我中心"倾向开始得到矫正,个性开始趋于健全。

实践基地的建设和管理工作是一项全新的事业。在工作实践中,潍坊市教育局构建了四项机制,以保证上述有关教育教学思想的全面落实和实践基地的健康发展。

一是学生参加活动情况由教育行政部门统筹管理,学分记入中考。中小学生综合实践活动基地的培训分期分批进行,每年各县市区教育局统一协调调度,各中小学轮流安排一个年级的学生到基地接受一周左右的培训,培训时间纳入课程安排。每个学生都要完整地经历培训的全过程,各基地都有详细的活动过程记录、活动报告等结果性文本。根据学生在实践活动中的表现,采用学生自评、学生互评、教师评价等形式,综合评价学生发展情况,记相应学分。该学分是学生参加中考时录取的重要依据，达不到规定学分的不能录取。

二是探索建立基地教师专业成长机制。基地的教师不同于普通中小学教师，为给实践基地教师成长提供机会，潍坊市教育局单独设立基地教师教学能手系列，与普通中小学学科教学能手享受同等待遇。基地教师的教学能手评选，彻底改变了普通中小学教学能手的评价标准和评价环节，注重教师在基地活动项目开发利用方面的研究，注重学生对该活动项目的喜欢程度。基地教学能手一系列政策的出台，大大提高了基地教师工作的积极性。

三是优秀创新项目、优秀创新成果展评制度。潍坊市教育局每年举办一次优秀创新活动项目评选、优秀创新成果展评活动。基地教师们开发的优秀创新项目，以及学生在实践活动中创造的优秀成果都要进行展评，并予以奖励。到目前，全市已评选出基地教师的优秀创新项目市级奖励120多项，学生创新成果市级奖励5000多项。其中潍坊市实验学校的教师获得30余项。

四是建立基地建设督导评估制度。自2001年起，潍坊市开始建立每年一度的督导评估制度，对实践基地建设、维护和活动开展情况进行专项督导评估，评估结果计入对各县市区政府教育工作综合督导评估中，并占较大比重。每年一度的督导评估使基地建设成为政府行为，也使基地的活动全面走上正轨。在潍坊市，作为一种全新的办学形式，基地已经开始成为基础教育中不可缺少的一翼。

三、这种体验不曾有过，这种日子从未度过，这种感情不会忘掉，这段时间没有白过

一所学校成功与否，可以有许多标志，但归根结底，最为重要的一条是：她是否给了学生终生难忘，想起来就心动、眼热的东西。诚如李希贵局长所说："学校教育应该牵着学生的魂，将来学生无论走到哪里都有精神依恋，当他获得诺贝尔奖时也能回忆起学校的教育。"

对此，孙桂芳校长有同样的理解和更为真切的感受："是的，学校的一草一木，学生的一幅作品，一句感人的留言，一个精彩的故事，一个喜欢的老师，一个优秀的校长，都会牵着学生的魂，让学生终生难忘……一所好的学校，无论小

学、中学还是大学,都应该是能让每一个从那里出去的学生,在漫长的生命旅途中时时驻足回望的,是能让学生有一种精神归属感的。中小学正值人生最美好的年华,是生命之花含苞待放的时候,一所好的学校给学生提供的除了知识,更重要的还是一种求知的方法、路径,是一种精神的训练,是打开认知世界、观察社会的窗户,或者说提供一个眺望世界的平台,是启迪心智,点亮每个人心中的那盏灯,是对创造的鼓励和激发,是对个性的肯定和梦想的放飞。因此,学校应该让学生魂牵梦绕,学校应该成为学生心中的圣地。"

要做到这一点,是很不容易的。许许多多学校,学生在校期间或三年,或六年,一旦离开,便全无印象。但这一点,潍坊市实验学校做到了,虽然学生在这里的时间只有短短的七天。

陈至立视察时触景生情,对李希贵局长和孙桂芳校长感叹"你们的孩子多可爱啊",并题词:"我们快活,我们成长,我们成功,我们杰出""基地,我们的乐园"。这本身就是对潍坊市实验学校的一种评价。

最权威、最有说服力的评价还是应当来自学生。在潍坊市实验学校,从学生的壁报上、日记里、眼神中,你随时随处都可以听到看到感觉到学生的"心语",他们从各个角度诉说着自己的快乐,自己的成长,自己的成功和对学校的"精神依恋":

——在这里,我学会了用另一种方式学语文;在这里,我学会了自己动手实践;在这里,我学会了独立生活,自己照顾自己;在这里,我学会了开放自我,热情交往;在这里,我学会了团结协作,互助共进……在传统观念仍然不肯善罢甘休时,创新实践似一缕清风给我们带来了新鲜与活力。全新的课程、全新的学习方式,让我们体验到了不曾体会到的新鲜与快乐:原来学习是有多种方法的。没有必要固守一个模式,当别人都固守一条大路时,我们不妨换条小路走,学习本来就应该是灵活的。

——我学会了炒土豆丝,炒大头菜,炒鸡蛋;我学会了包水饺,熬稀饭……在家里衣来伸手、饭来张口的小公主,品尝到了劳动的快乐!这七天是充实愉悦的七天,是自我超越的七天。实践基地让我看到了一个全新的自己。

——我们在接受奉献的同时,也时刻把力量传递给他人。拓展训练给予了我们许许多多的启迪与感悟:独木不成林,团结力量大;胜利靠合作,胜利靠智慧,奉献自己也信赖别人……拓展训练的魅力还不仅仅是这些,它使懦弱的变得勇敢,它使脆弱的变得坚强,它使松散的变得团结。它强健着我们的体魄,也强健着我们的性格……感谢拓展训练,感谢它赋予我们的一切!

——我无法忘记:建模课上,我们用彩色的泡沫塑料支撑美丽的图案,来抒发自己对未来的向往;电工原理课上,我们学会了连接简单的照明电路,懂得了家用电器的电路原理;上生物课时,我第一次在显微镜下观察标本,看看真实的标本,再看看显微镜下的图案,感觉大自然是那么美妙!了解了潍坊风筝史的我们,把自己扎制的风筝送上蓝天,心中充满了喜悦,感觉就像自己也飞了起来;信息技术课上,我第一次尝试了上网,还学会了发电子邮件,真正体会到了网络的方便与快捷;我本来不喜欢音乐,可是在名曲鉴赏课上,那美妙的音乐和音乐背后的故事让我感动得落泪……在这里,我学到了很多很多,尝试了很多很多的第一次。

的确,同学们在这里几乎都经历了自己的第一次,并为此而感动:"我们第一次尝试了做饭,也许并不是那么可口,但我们体验了;我们第一次学会了洗衣,也许并不是那么白净,但我们成长了;我们第一次了解了自己,也许有点出乎意料,但我们收获了;我们第一次进行拓展训练,也许被晒得大汗淋漓,但至少我们开心地笑过……""当听着优美的歌曲从自己的手指间第一次流淌出来的时候,连我自己也陶醉了。""我开始发现,我变得积极了,变得主动了。在学习中遇到困难时,我开始能以乐观的态度来对待。""我在其他同学面前,第一次敢大胆表现自己了。"……

"第一次"对一个人,特别是对孩子的一生影响是巨大的。"第一次"意味着新的开始,意味着新的飞跃。有了新的开始,就会有新的希望、新的收获。

回想我们的教育,让孩子们经历"第一次"的机会太少了。结果,有多少创意的生命因此而胎死腹中,有多少创造的潜质因此而难以展现。而在潍坊市实验学校,孩子们因为经历了许许多多的"第一次",从而点亮了他们"心中的那盏灯"。或许因为如此,孩子们才会对这里"魂牵梦绕",刻骨铭心,才会发出这样的心声:

> 这种体验不曾有过,
>
> 这种日子从未度过,
>
> 这种感情从未忘掉,
>
> 这段时间没有白过。

在这里,老师们也都找到了当老师的感觉:

——通过周四的拔河,周五的联欢会,我感觉到他们渴望我们的宽容和理解,渴望我们的关爱和激励,渴望我们的赏识和认可。这可能是我至今为止,最感动的一个班级。我第一次和学生拥抱,第一次在学生面前痛哭流涕,第一次听到那么多学生对我说节日快乐,我哭了。我为自己能成为他们中的一员而幸福。一个孩子跟我说,老师,我们抱一下吧!那一瞬间,我又一次哭了。我想也许我还没长大,但我也从这里了解到了这些孩子需要的是尊重和理解,是赏识和认可带给他们的快乐。我很荣幸,自己带给他们这短暂的快乐。看着学生留下的"老师,我想对您说"中的言语,想起学生临行时的拥抱,我感受到了作为一名教师的光荣,一种欣慰。在我们成长的道路上,学生有着多么重要的作用啊,有很多时候,他们甚至掌管着我们的喜怒哀乐啊。

——"多一把评价的尺子,就会多一批成功的学生",我常常这样提醒自己。每次带班,我都要让学生寻找铅笔有多少种用途,结果会发现,一只普通的铅笔竟能列举出数十种不同的用途。我引导他们由铅笔联系到他们自己,联系到身边的有着生命、有着思想的每一个同学。其实我们应当知道,

"问题学生"也是笔财富,在他们身上有着社会不能缺少的宝贵财富,我们每个教育工作者都有责任珍惜这笔财富。

——上午第一节课后,班长孔玮气喘吁吁地来到办公室,我以为班级出了什么事情,她说咱班同学有个请求,请求我下午换套衣服,若是帅一点就更好了。我问她这是怎么回事,班长很坦诚,直接道出缘由:全班同学都发现,我这一周只穿一套衣服,一个形象都五天了,所以想在周五下午的时候看到一种别样的形象。……教师职业是神圣的,因此教师的生活应该是体面而优雅的。教师作为公众人物,应该十分注意自己的形象。教师对学生真心得好,学生自然会时刻关注你,哪怕是一个动作、一个表情、一个眼神,他们都会很在意,因此很多受学生欢迎的教师自然成了学生的崇拜偶像,将影响学生成长的一段时期,甚至一生。但有时候,教师不经意的一个动作、一句话,将会毁了自己在学生心目中的完美形象。为了学生,为了给他们一个好的标杆,让我们教师注意自己的形象吧!……

老师、学生们许许多多"第一次"的经历,许许多多"不曾有过"的体验,"不会忘掉"的感情,为潍坊市实验学校所坚持的办学思想、教育理念以及她所引领的新的教学和学习方式,作了生动的诠释,"培养学生的实践品格和能力,发展学生的健全个性"也因此由理想变成了现实。

潍坊市实验学校的"实验"为基础教育的发展带来了多方面的启发。

作为一种全新的办学模式,她以自己的成功告诉我们:基础教育不能只有一种办学模式。在所谓"正规"之外,学校也完全可以是另外的样子。《孙子兵法》上说:"夫战者,以正合,以奇胜。""奇""正"结合,才是全胜之道。战争如此,办教育也该如此。

长期以来,中国的基础教育一直存在严重缺陷,其缺陷一是缺少实践这个环节,二是缺少科普教育这个环节。所以,我们的基础教育其实是不全面的,是跛足的。在这方面,普通中小学教育尽管做出了种种补救的努力,但由于受到了各种限制,这种局面并无改观。在潍坊市,以潍坊市实验学校为龙头的"实践基地"教育,恰恰在基础教育的空白区找到了自己的角色定位,从而实现了教育教学内容与办学模式的双突破。这是一种有生命魅力的教育,是一个有普遍师范意义的实践例证,它的出现,有可能预示着中国基础教育办学格局的改变。

或许,像潍坊市实验学校这样的"实践基地"教育与普通中小学教育"和而不同",比翼齐飞,才应当是中国基础教育的正确选择。

(本文写于 2006 年 9 月)

"潍坊样本"对中国教育的示范意义

长期以来,潍坊市一直坚持将教育的公平性和公益性原则放在教育改革和发展的首位,并把这视为天经地义。在市教育局的会议室里,从李希贵任局长开始,就挂着一幅农村学校旧貌的油画,已经挂了十几年,见证了几任局长。他们一直挂着这幅油画的用心所在,我想每个人不用想也会明白。

发现 李希贵

多年来，我一直在关注着李希贵和他所引领的潍坊的教育改革；因为在这里，中国教育一系列的世纪难题已经得到了破解，一种符合中国现在国情的理想状态的教育正在成为现实，我们可以从中看到中国教育的希望和教育的巨大潜力。有人把潍坊教育称之为中国教育的一个样本，我同意这个看法。作为样本，潍坊教育对于中国当代教育具有多方面的示范意义，其内涵的丰富性是任何一种教育模式都涵盖不了的，要真正读懂，须从教育的原点出发，从教育的本质、教育规律出发。

一、在潍坊，"教育是国计，也是民生"得到了真正落实，教育的意义和价值得到了全方位的体现，教育的国民性、公平性、普惠性和公益性所达到的广度、深度和高度为全国所仅见，它也因此赢得了民心，成为当地最大的善政，成为潍坊的金色名片

在潍坊，多年来每当来到这里，都会谈到一个话题：潍坊教育存在的问题。无论是潍坊市教育局领导，还是当地中小学的校长们，都会很遗憾地表示：潍坊的教育有山无峰。这是事实。潍坊教育采取的是城乡一体、区域推进，多元教育、立体发展的战略。所以，潍坊的学校，从市、县城区，到广大农村，甚至是最偏远的山区，所有的学校水平都相对比较均衡，如果说有差别，也多为尺有所短、寸有所长之别；潍坊的各种教育，例如学前教育、普通中小学基础教育、实践基地教育、职业教育、家庭教育、社区教育，甚至特殊教育，等等，也都可圈可点，很难分出优劣高低。开始时，我也认为这应当是一个弱点。但后来经过深入思考，我的看法完全变了。这不但不应当是一个弱点，恰恰相反，这应当是潍坊教育的一大特点和亮点。潍坊教育不是一峰独秀,而是群山连绵、千山竞秀。一峰独秀好,还是群山竞秀好?答案应当是不言自明的。说这是潍坊教育最大的特点和亮点,还有一个更重要的原因是,它体现了教育的第一要义——教育的平民性、公益性、普惠性、公平性原则。长期以来,潍坊市一直坚持将教育的公平性和公益性原则放在教育改革和发展的首位,并把这视为天经地义。在市教育局的会议室里,从李希贵任局长开始,就挂着一幅农村学校旧貌的油画,已经挂了十几年,见证了几任局长。他们一直挂着这幅油画的用心所在,我想每个人不用想也会明白。在翻阅材料时,许立全市长的一番话让我特别感动:"教育是民族振兴、社会进步的基石,是提高国民素质、促进人的全面发展的根本途径。……教育是国计,也是民生,寄托着每一个家庭对美好生活的期盼。缩小不同群体发展差距,消除家庭贫困的代际传递,首先要保障人人享有受教育的机会。"于是,在潍坊市,我们看到,农村小学向农村社区集中,农村初中向乡镇驻地集中,农村高中大都进入县市城区;实施"农村小学每校新进一名英语教师计划",进城务工人员子女入学率达到100%;县市农村高中的高考升学率并不逊于甚至还要高于地市城区高中升学率;看到"亲子共成长",市、县两级分别组建家庭教育指导中心,中小学(幼儿园)成立家长学校,"百万父母进学堂,重新学习做家长",形成了覆盖全市的家庭教育网络;成立了由全国知名专家和潍坊市优秀教师组成的家庭教育讲师团,4年时间为农村学生家长举办报告会2450场次,惠及110多万个家庭……作为一个870万人口的地级大市,在全市区域内,教育的公平性、公益性、普惠性达到了这样的宽度和广度,为全国所仅见。特别是联系到教育的公平性、公益性、普惠性在全国范围内已经成为一个越来越严重的社会问题,潍坊教育在这几个方面能做到现在这个样子,就显得更加可贵,就更具有示范性。

潍坊教育坚持了公平性、公益性、普惠性,并不意味着方方面面都搞一刀切、千人一面、众口一腔,而是百花齐放、百鸟争鸣。在潍坊寿光市化龙镇的逢源小学,毛笔书法教育在刘守荣校长的推动下,多年来搞得有声有色。全校学生从三年级开始练毛笔书法,到小学毕业时,几乎所有学生都能写一手漂亮的毛笔字。有一位六年级的学生,寒假时三分之二的时间都在为村民写对联。刘守荣校长说:"毛笔书法是国粹,到我们这里,不能让它把根断了。"仅凭这一点,刘校长就称得上是一位有教育境界的教育家型的校长;仅凭这一点,这所农村小学就有了品位,有了个性,就足以成为名校。我曾到过潍坊市最边沿的位于沂山脚下的临朐海尔希望小学,在这里,韩相福校长的介绍也让人有一种别有洞天的感觉。韩校长说:"只要我们深入挖掘了我们周围的资源,我们就一定能够为孩子提供一流的课程。我们的综合实践活动课程就深入挖掘了沂山的丰富资源,所以深受孩子喜欢。我们围绕沂山的植物,从数学的角度统计它,从文学的角度描写它,从科学的角度观察它……艺术类课程的开发是我们的另一亮点。农村的孩子,买颜料就得走30公里到城里买,非常不方便,我们便把身边的材料随手引入我们的课堂。一片树叶就是一片风景,孩子们的动手操作能力、造型表现能力都在树叶画中得到了加强。铅笔画也能在我们的孩子手里变得美轮美奂。麦秆画也是我们自主开发的画,已经走出农村,在全国获奖。就这样,不用染料我们也让孩子接受到了优质的艺术教育。我们的孩子们还开展了独一无二的保护山区'绿色文物'实践活动。在潍坊全市的社会实践展示会上,我们的孩子说:大树长在山里,挺好的,为什么要移到城里去呢?让在座的所有的人都为之动容。"临朐县海尔希望小学的教育实践让我们明白了一个道理:城市有城市的教育资源优势,农村有农村的教育资源优势;只要有教育境界,就会有教育智慧,有了教育境界和教育智慧,你就会发现教育资源无处不有,教育机会无处不在。那种认为一讲教育的公平性、公益性、普惠性就意味着一切都要拉平,你有我也有,一人一勺吃大锅饭的观点,是极为幼稚可笑的。在这一方面,潍坊的经验是:"和而不同"才是真正的和谐、公平。当然,这样讲并不是说可以在教育投入上厚此薄彼,那是另一个问题。

潍坊教育的公平性、公益性、普惠性不仅具有相当的宽度和广度,而且具有相当的深度和高度;早已不是"基本扫除文盲,基本普及九年义务教育"的公平、公益、普惠,而是一种以高品位、高层级的教育教学质量做支撑的高水平的公平、公益和普惠。其高品位、高层级的教育教学质量,不管是在城区学校还是在农村学校，不管是在教育教学的哪一个领域，看过之后，你都会有一种大开眼界的感觉。

课程改革突出实践育人、活动育人，构建了励志修身、活动体验、实践研究、心理疏导与家庭教育等五大课程系列，开发了560多种校本课程，增强学生对课程的选择性，满足其个性化需求，着力培养学生的社会责任感、创新精神和独立解决问题的能力。全市90％以上的中小学开发了10门以上的校本选修课。

2005年9月，全市启动"五个一"（发现一位心目中崇拜的英雄，确立一条激励自己成长的人生格言，练就至少一项受益终生的体育技能，培养至少一种愉悦身心的艺术爱好，拥有至少一个服务社会的社区岗位）学生成长工程，全面促进了学生综合素质的提升，迄今为止，全市已有52％的中小学校达到了"五个一"示范校标准。

从2002年起，开始"自主互助学习型"课堂改革，调整教学关系——变以教师讲为主为以学生学为主，变学生听为主为学生"说和做"为主，变学生个体封闭学习为互助交流开放学习，变教师的讲堂为学生的学堂；保证学生人人都能找到自己的学习起点，保证学生人人学习都能基于解决自己的问题，保证学生人人在分享他人思考成果的同时生发心智，保证学生人人都能获得充分的情感体验和不断增长的自信，让学习成为学生喜欢的事情。在这一基础上，大面积提高常态下的课堂教学效益。

在全市初中学校开展人生规划与职业指导教育，每学年安排12个课时，引导学生正确进行人生规划，理性选择未来职业。

2001年开始，由财政投资2.5亿多元，在全市建立9处中小学生科技创新实践基地，开发11大类210多种综合实践课程，每年有500批次10万学生接受创新实践教育，以此弥补普通中小学教育存在的不足。

全市所有高中、城区初中和50％以上农村初中，分别达到每100人、150人拥有一个社团的目标，全市中学生社团、义工团队达到8444个。市区建立志愿者服务大队，各中小学成立服务中队，学校内部成立若干特色小队，双休日、节假日"走进社区，服务社会，感悟人生，成就未来"。全市91％以上的学校每年都举办体育节、艺术节、读书节、风筝节，等等。

在全市所有中小学开设"阳光60分"健身活动课程。学生自主开发、选择包括体育、舞蹈、趣味游戏等6大类近百种活动，上午、下午两个30分钟大课间，人人有项目，个个有活动。

开展"朝阳读书"活动，为不同年龄段学生提供系列必读和选读书目；2006年起，又在全市范围内开展以"语文主题学习"为主旨的大阅读活动，初中学段80％以上的学生年阅读量超过300万字，小学80％以上中高年级学生的年阅读量分别达到120至240万字，是义务教育课程标准规定阅读量的5倍。

潍坊教育的高品质还表现为它已经走向生态化、生命化。生态化、生命化意味着教育已经成为教育人（教育者和被教育者）的生活、生命本身。在潍坊高新双语学校，学校"全天生活皆教育，人人都是教育家"的教育理念，让每一位教师都找到了当教育家的感觉，成了魅力型教师。为了落实"五个一"学生成长工程，在袁月娥校长的带动下，全校教职员工先行一步，人人都掌握了一门乐器，半年时间便能够全员同台演出。他们的演出不但影响了学生，而且在北京也引起震动。他们的演出，让我们感到他们确确实实是在享受教育，教育已经和他们的生活融为一体。在潍坊全市实施的"语文主题学习"教改实验，也不仅改变了学生，而且改变了家长。一位学生家长对此体会极深："通过'语文主题学习'，我的孩子变了，变得敢说了、爱说了、会说了；而且爱读书了，能读书、会读书了，也爱写了。孩子平时嘴里还会时不时冒出几句古诗词和名人名言。我也和孩子一起走进了书中，还经常和孩子一起交流读书体会。受我们娘俩影响，我的先生也和麻将、扑克渐行渐远。我们一起被评为'最喜欢读书的家庭'，登上了孩子所在班级的'班吉尼斯'。"在潍坊的许多学校，你还会看到很多学生从小学三年级就开始编选自己的作品集，每年一本，自行装帧设计，父母动笔为孩子撰写序言……教育即生活，生活即教育；学校即社会，社会即学校。我想，这样的景象，就绝不是一般意义上的教育了。教育已经从学校走进了家庭，走进了社会，走进了学生的心灵、老师的心灵、家长的心灵；已经成为他们的生活，已经和他们的生命融为一体。达到了这样的水准，才算是终极意义上的真正成功的教育，才算是真正让"人民满意的教育",让国家满意的教育。这一点,应当是潍坊教育最引以为自豪的。

二、不为高考、不唯高考、赢得高考、超越高考。潍坊的教育实践证明:素质教育和所谓"应试教育"并不必然是对立的。概念之争毫无意义,只要从教育的本质、教育的原点出发,向教育规律靠拢,按教育规律办事,不但可以赢得升学——高考,也可以赢得素质教育

潍坊教育教学质量高度的另外一个重要标志是其高考"十连冠"——高考各项指标在全省已连续10年跃居冠军,并且在山东全省已经形成了不可动摇的地位。一提高考升学率,许多人都会心有余悸,怕被扣上"应试教育"的帽子。这也并不奇怪,因为有不少人硬要把素质教育和以高考为龙头的考试制度对立起来,似乎中国教育的一切问题都是缘于高考——考试。在这里,我不想过多评论其中的是是非非,只想说,中国的改革开放大业是从恢复高考制度开始的。改革开放30多年来,中国教育最有影响、意义最为重大的事件就是恢复高考。没有高考的恢复,中国的现代教育就无从谈起,中国的现代化事业就无以支撑。虽然高考存在不少问题,甚至存在严重问题,但其基本面是正向的,它对国家和社会所发挥的积极作用是难以估量的。它所存在的问题也不是考不考的问题,而是考什么和怎样考的问题。迄今为止,高考制度依然是实现社会公正的最有力的杠杆,是我国目前最公平、最得人心的制度之一。教育部考试中心和中国青年报曾做过一项调查,结果显示,有95.7%的中国民众赞成这项制度;这么多人认可高考,也说明高考确实是很公平的制度,不分阶层、贫富,它给人人提供了一个公平竞争、改变命运的机会,就凭这一条,它就应该名垂青史,而不是相反。所以,高考升学率高,是功,而且是大功,不是过。没有高考制度,对国家意味着什么,对社会意味着什么,对每一个家庭、特别是平民家庭意味着什么,对普通人民大众的孩子意味着什么,只要精神正常,还有一点教育良知,知道一点教育常识,谁也不难想象——那才是一场真正的灾难。我曾多次对市教育局前任局长李希

先生和现任局长张国华先生说过：仅一本，10年来潍坊平均每年就送出了一万多学生，这意味着起码每年给一万多个家庭带来了希望，改变了一万多个家庭的命运，每年给全市解决了一万多人的就业问题。什么样的功绩能大过这样的功绩？仅凭这一条，潍坊教育就能赢得全市的民心。什么是民心工程？这就是最大的民心工程！什么是政绩、公益、普惠？这才是真正的实打实的政绩、公益、普惠！

上个世纪70年代，中国国家乒乓球队提出了一个很有影响的口号："友谊第一，比赛第二"。周恩来总理对此解释说：说"友谊第一，比赛第二"，不是说比赛不重要，你赢不了比赛，还谈什么"友谊第一"？此言发人深思。所以，那种认为升学率高就是应试教育，搞素质教育就要远离高考、考试的观点，只能说明无知，是根本站不住脚的。

潍坊的高考成绩如此辉煌，但在潍坊，他们却很少谈高考。这是因为潍坊教育不但赢得了高考，而且已经超越了高考。长期以来，他们也并不刻意抓高考，只是遵循教育的本真和教育的规律自然而然为之，做好了"诗外功夫"，结果自然水到渠成。一位到潍坊参观学习的校长深知其中的奥妙，大发感慨说："潍坊的孩子在小学阶段阅读量就达到1000万字，就凭这一条，在高考方面，我们就无法和潍坊竞争。"所以，高考并不仅仅是表面上的分数的竞争。固然，高分数并不绝对等于高素质，但高素质必然意味着考场上的高分数。

说潍坊教育已经"超越"了高考，还在于他们能够看到高考制度的局限性，从而采取各种改革措施，尽可能地创造条件，为全体学生负责，为学生的终生负责，让具有不同潜质和材质的学生都能找到自己的着力点，都得到发展。

郭宗帅，高密实验中学2003届毕业生。上初中时，就是一个卫星迷，设计的海豚型液体小火箭即实验发射成功。中考时却落选了，但被高密实验中学特招。针对特长生，学校专门实行导师制；期间，其研究课题"宇宙探索路上的新型动力推进技术——抛子束"被确立为国家重大科普研究资助项目。2003年高考，被南昌理工学院航天航空系破格录取。大学期间，获首届"未来之星"中国优秀特长生荣誉称号；2005年10月被特邀到中国酒泉卫星发射中心观摩中国第二艘载人飞船"神州二号"现场发射。2006年大学毕业即被委任为南昌理工学院激光——离子组合式火箭研究中心主任。谈起现在取得的成绩，他说："我忘不了带给我希望的高密实验中学和指导过我的老师，没有他们，我可能现在还是一个在生活的漩涡里飘零的泥瓦匠。"

张晓菲，2005年高中毕业于昌乐二中，并考入中华女子学院广告模特与形象设计专业。2008年奥运会，张晓菲担任鸟巢主会场颁奖礼仪，与颁奖团队共颁奖250余次；2009年中华人民共和国成立60周年，又在盛大的阅兵式上担任女民兵方队领队；由于其出色的表现，被媒体誉为国庆60周年阅兵"徒步方队最美女队员"，并荣立二等功。

李蔚语，2010年毕业于潍坊一中，并考入北京服装学院服装表演专业；2011年第十一届CCTV模特电视大赛全国总决赛，19岁的李蔚语荣获本次比赛总冠军及最具潜质奖。

韩雪，2008年北京奥运会引领员；曲国艺，2009年国庆阅兵式预备役方队领队。二人同是潍坊市寿光现代中学毕业生。

……

上面提到的这些潍坊普通高中毕业的学生，都不是普通高考的优胜者，但他（她）们却都很快成为某一方面的特殊人才。这样的特殊人才比较集中地来自潍坊的普通中学，也从一个侧面说明了潍坊教育的全面成功。

为了最大限度地减少高考的负面作用，尽可能地避免和弥补千军万马争过高考独木桥给社会、家庭和学生个人发展所造成的损害，实现对所有学生负责，潍坊还统筹基础教育与职业教育，使二者协调发展。在初中阶段，就在转变学校、师生及家长的择业观上下功夫，要求学校逐个落实学生毕业去向，把初中毕业生升职高情况作为评价学校和教师的重要内容。在机制的引领下，潍坊中职招生近两年提高30个百分点，已占整个高中段招生总数的55%。职业教育的品质也位居全国前列，参加全国职业教育技能大赛金牌数量连续两年位居全省首位；2011年金牌数量更是达到22块之多，凭一个地级市的实力，所获金牌数量仅少于上海、江苏和北京3个省市。对高中毕业既未升入大学又未复读的学生，组织他们到职业学校接受短期培训；向待业大学生发布用工需求信息，安排到职业学校接受实用性就业技能培训……以此将教育部门真正建设成全市人力资源的供应部、保障部。

不为高考、不唯高考,赢得高考、超越高考。潍坊的教育实践证明:实践是检验真理的唯一标准,概念之争毫无意义。从教育的本质、教育的原点出发,向教育规律靠拢,按教育规律办事,该做什么就做什么,不但可以赢得高考,也可以赢得素质教育。这样做,才是教育的正道。

三、 潍坊的经验告诉我们: 进行教育改革, 既要从 "国计" 出发, 也要从 "民生" 出发, 既要为国家、 为社会负责, 又要为每一个家庭、 每一个孩子负责; 要善于从国家利益、 家庭利益和学生个体利益的契合处寻找改革的着力点, 改革才会有恒久的生命活力

在中国现在的国情之下,潍坊教育能够达到现在这样的宽度、高度和深度,应当说是一个奇迹。其成功恐怕和市前任教育局局长李希贵先生和继任教育局局长张国华先生有很大关系。李、张两位局长不但创造了一方教育奇迹,而且为各级教育行政主管确立了一个坐标。从两位局长身上我们可以明白:在中国,要当好一个教育局局长,须具备几个条件。一是要有责任感、使命感,二是要有教育家的境界和眼光,三是要有教育情怀和智慧,四是要有政治智慧。其中第四条似乎和教育无关,实则关联极大。因为中国是一个处处都讲政治的国家,办教育而缺乏政治智慧,将一事无成。潍坊教育是幸运的,其前后两任教育局局长都不但懂教育,是教育家;而且都懂政治,有政治家的胸怀和政治智慧。有一种说法是:思想决定思路,思路决定行动。这样讲并不完整。完整的表述应当是:立场决定思想,思想决定思路,思路决定行动。因为一个人的思想是和他看问题的立场紧密相关的。李、张两位局长都来自农家、农村,都有一种与生俱来的平民立场和平民情怀,自始至终不忘根本。所以他们考虑教育问题有一个共同之处,就是不但从"国计"出发,而且从"民生"出发,既为国家负责、为社会负责,同时又为每一个孩子负责、为每一个家庭负责。在市教育局的引导下,潍坊教育部门上上下下都善于从国家利益、家庭利益和学生个体利益的契合处找到教育改革的着力点和切入点。所以，看潍坊的教育，你会有一个突出的感觉，就是它的任何一项改革，都是既大又小。"大"，是说能从国家、社会、未来的"大"处着眼；"小"，是说能从学生个人和每一个家庭的切身利益入手，让其很快见到这样做的好处。做到这一些，又不仅仅是一个立场、境界问题，还有一个教育家的眼光和教育智慧问题。像中考制度改革、"亲子共成长——百万父母进学堂，重新学习做家长"工程、"五个一"学生成长工程、建构"综合实践教育基地"等一系列举措，都是"既大又小"的杰作，都受到了社会、家庭和学生个人的普遍欢迎和认同。例如，从在全市实施"亲子共成长"工程以来，在潍坊的城市和农村，常常可以看到家长们匆匆赶往家长学校"重新学习做家长"的身影，总能看到他们关注而投入的眼神，看到他们时而埋头疾书，时而抬头与老师一起讨论的情景，甚至能看到家长当众和孩子拥抱，亲子双方共享、泪水长流这样的场景。在青州市庙子镇朱崖小学，"家长学校"课后，一位农民家长写下了一段错字百出却感人至深的体会："马老师，听了你讲的课以后，我觉得自己是一个不称职的家长。我没文化，不懂得怎样教育孩子，只知道对她大喊大叫，抬手就打，别人家的孩子能学习好，你怎么就不行？现在我知道，不是孩子的问题，而是我不懂得教育方法。老师，我没有文化，可这是心里话，请别笑话我。"如前面谈到的寿光市化龙镇逢源小学在全校进行毛笔书法教育，也广受学生和广大农民家长的欢迎。刘校长说，孩子练毛笔书法，花钱再多家长也不心疼。所以，千万不要低估了家长们对教育的鉴别和理解能力，只要是真教育，而不是忽悠人的伪教育，即使是农民家长，也都会理解，也都会赞同。两任教育局局长的政治智慧则主要表现在领导管理上。他们领导管理的基本原则就是：明了教育行政主管部门——教育局领导机关该做什么，不该做什么；上帝的事情归上帝管，恺撒的事情归恺撒管，该管的要到位，不该管的不越位。该管的，没有部门利益和个人好处也当仁不让；不该管的，就是关系"既得利益"，也坚决放弃。有了这样的思想和思路，自然也就有了"教育年度综合督导"形成整体推进教育改革合力，有了"教师培训券制度"为教师专业成长提供个性化"营养"，有了"中小学职称改革评聘合一"下放权力助推教师专业成长，有了"教育惠民服务中心"统筹教育资源提供便捷的教育个性化服务……两任教育局局长的政治智慧还表现在为潍坊教育的发展营造良好的外部环境，特别是赢得党政领导和各个部门对教育的支持上。多年来，潍坊市的党政领导对教育的支持是倾心倾力的。举一个简单的例子，民办学校在其他地方的发展都极为艰难，但在潍坊却红红火火。其中主要原因是潍坊市政府实行了为民办教育提供师资支持的扶持政策。在潍坊市的党政领导眼里，民办教育是在替政府尽责，政府给予扶持自然就是分内之事。所以，在潍坊，十几年来已经形成了一个教育为党政增光添彩，党政为教育排难助力的良性互动。这样一种局面在其他地方可以说是绝无仅有的，其形成固然和市党政领导对教育的认知有关，但也在于市教育局李希贵、张国华两任教育局局长善于做工作。

潍坊教育奇迹的出现当然是潍坊教育人共同努力的结果，但谁也不能不承认，如果没有李希贵、张国华这两任会当局长的教育局局长，潍坊教育绝不会是现在这样的局面。

2014年，张国华局长离任，徐友礼接任潍坊市教育局局长位置。由此，潍坊教育顺沿前路，又翻开了新的一页……

（本文写于2012年，收入本书时，个别地方又有所补充和修改）

后　记

　　前不久，山东教育编辑部举行了一个命名为"致敬七十年，逐梦新时代——庆祝新中国成立70周年《山东教育》封面人物精英汇"的活动。作为山东教育社已经退休的老人，也应邀参加。在这之前，还应邀为这次活动写了一篇文章，题目就叫"发现李希贵"。这样，就要对过去的工作作一个回顾，有一个交代。如果要对我参与和主编《山东教育》十余年的工作作一个交代的话，我最可聊以自慰的是，在此期间遇到了李希贵，并利用《山东教育》这个平台，让他从一个偏僻的乡镇走向了山东，并最终走向了全国。但是，发现李希贵是一回事，如何解读李希贵又是一回事。人成名以后，往往立即会有人靠上来锦上添花，根据某种意志让其成为某种时髦"教育"的所谓典型，尤其在中国。锦上添花者可能是好心，但"添花"的结果往往会适得其反，使人变形，甚至会流于虚假。正是基于这样一种考虑，我把过去十几年围绕李希贵撰写并发表过的二十几万字的通讯报道汇集了起来，编辑成书，以期让读者对李希贵及其所实践的教育有一个"原来如此"的解读。这些文章大部分是在《山东教育》上首发的，由于种种原因，有些文章发表时并不是原稿的样子，这次成书一律按原稿恢复了其本来面目，以表示对历史的尊重，同时给真正想了解李希贵的人提供一些原生态的东西。

　　坦率地说，当记者写通讯报道并不是我的夙愿，因为我深知自己的个性并不适合从事记者这种职业。实际上，在遇到希贵之前，我也从来没有发表过一篇所谓通讯，甚至几百字的消息也没有写过。是希贵和他的教育实践震撼了我，使我写出了第一篇通讯报道，从而一发不可收拾，有了后来的一篇又一篇。这些文字称之为通讯报道或许并不合适,因为写这些东西的时候,我只是想把我的感动、我的思考充分地表达出来,让读者和我一起感动,一起思考,至于写出来的东西究竟像什么,并没有考虑。不过有一条我是坚信不疑的:自己真正感动的东西,也会让读者感动;自己真正思考过的东西,也会引起读者的思考。如果读了这本书,读者朋友能有这样的感觉,我也就满足了。至于文体是什么,就随它去吧。

山东是孔孟之乡。她不但是一个人口大省、经济大省,而且是一个教育大省,其丰厚的文化教育资源在全国更是无与伦比。但1949年以来,山东一直没有走出足以影响全国的教育名人,对此我一直耿耿于怀。接任《山东教育》主编以后,我发誓要通过《山东教育》这个刊物实现这一愿望。我把这看作是办刊成功的主要标志。感谢希贵,让我和我过去的同事们一起实现了这一梦想。

2019 年 12 月 1 日

图书在版编目（CIP）数据

发现李希贵/毕唐书著. —济南：山东文艺出版社，2020.6
ISBN 978－7－5329－6119－1

Ⅰ.①发… Ⅱ.①毕… Ⅲ.①报告文学—中国—当代 Ⅳ.①I25

中国版本图书馆 CIP 数据核字(2020)第 051876 号

发现李希贵

毕唐书　著

主管单位	山东出版传媒股份有限公司
出版发行	山东文艺出版社
社　　址	山东省济南市英雄山路 189 号
邮　　编	250002
网　　址	www.sdwypress.com
读者服务	0531－82098776(总编室)
	0531－82098775(市场营销部)
电子邮箱	sdwy@sdpress.com.cn
印　　刷	山东德州新华印务有限责任公司
开　　本	710 毫米×1000 毫米　1/16
印　　张	16
字　　数	240 千
版　　次	2020 年 6 月第 1 版
印　　次	2020 年 6 月第 1 次印刷
书　　号	ISBN 978－7－5329－6119－1
定　　价	42.00 元

版权专有，侵权必究。如有图书质量问题，请与出版社联系调换。